MichelAngelo DiFranco

Cuore azzurro, sangue rossonero

Parte 2

<u>Sangue Rossonero... Milan Forever!</u>

Prefazione

Ray Kroc aveva 52 anni quando ha aperto la sua prima franchigia. In una narrazione quasi senza precedenti, si vive la storia della sua vita, da lavapiatti a multimilionario. Ray Kroc era un cantastorie dotato e un indistruttibile appassionato. Senza questa natura, ciò che aveva raggiunto non sarebbe mai stato possibile. E non stiamo parlando di un normale franchising. Parlo della grande "M" d'oro. Ray Kroc non era altro che il fondatore di McDonalds. E per me, un'ulteriore prova che l'età non conta quando si tratta di realizzare i propri sogni o di cambiare la propria vita.
La ricetta di un sogno è molto semplice. Prendete il talento, la dedizione, l'emozione, la fiducia in se stessi. E tenete sempre in mente l'obiettivo, non importa quanti insuccessi si debbano accettare. Ascoltate il vostro istinto, perché nessuno vi conosce come voi stessi. Se iniziate chiedendo agli altri cosa è bene per voi, se avete il coraggio di fare le vostre cose, allora otterrete il novantanove per cento delle risposte dal punto di vista dell'altra persona. E non sempre vi piacerà questa risposta. Perché essenzialmente noi stessi sappiamo quello che vogliamo, quello che il nostro cuore desidera. Consciamente, di solito ci aspettiamo che l'altra persona lo confermi. Un'opinione diversa, una critica o un'invidia non è quello che vogliamo sentire quando chiediamo ai nostri amici e conoscenti. Se avessi ascoltato tutte le opinioni degli altri... perché anch'io ho fatto l'errore di chiedere ai miei simili all'inizio, ... allora non porterei un oceano di emozioni e ricordi in me oggi per l'eternità.

Edizione originale tedesca, pubblicata nel 2016:
«CUORE AZZURRO, SANGUE ROSSONERO»

2° edizione.
Diviso in due volumi.
Questo è il secondo volume della serie di libri in quattro parti
«SANGUE ROSSONERO... MILAN FOREVER»

Informazioni bibliografiche della Biblioteca Nazionale Tedesca:
La Biblioteca Nazionale Tedesca elenca questa pubblicazione nella
Bibliografia Nazionale Tedesca; dati bibliografici dettagliati sono
disponibili su Internet all'indirizzo dnb.dnb.de.
© 2020 MichelAngelo DiFranco
2a edizione

Design della copertina: Nikola Weigleova
Illustrazione di copertina: © MichelAngelo DiFranco
(foto dell'autore)
Herstellung und Verlag: BoD - Books on Demand, Norderstedt
ISBN 978-3-752-61030-7

Dedico questo libro ai miei genitori
Isabella e Rocco Fatelli

Voglio ringraziare tutti quelli che hanno creduto
in me. I miei saluti speciali vanno a
Silvia Bovolenta, Angela Zagami in Italia,
e ad Leonardo Defalco e Angela Zimmermann in
Germania.

Parte 2

SANGUE ROSSONERO...MILAN FOREVER

La lunga strada del Bayern

Euro 2000

Ora zero

Il 4 aprile

Gli dei devono essere pazzi

MILAN

La lunga strada del Bayern!

Molti tifosi dell'Bayern probabilmente non avranno dimenticato il 26 maggio 1999, così come io non ho dimenticato il 2 luglio 2000. Dopo che l'FC Bayern perse la finale della Coppa dei Campioni 2-1 del 1987 contro l'FC Porto, ai bavaresi fu negata un'altra possibilità di raggiungere la finale per i successivi 12 anni. L'ultimo trionfo in questa competizione è stato 22 anni fa. All'epoca con Beckenbauer, Hoeneß, Sepp Maier e Gerd Müller. Anche se la squadra di Monaco di Baviera aveva sempre lottato per la finale durante questo periodo di siccità, a volte mancava la fortuna necessaria. Ma nella stagione 98/99 avrebbe dovuto finalmente funzionare di nuovo. Avevano nelle loro file importanti artisti di spicco come Jancker, Zickler, Basler, Effenberg, Kahn e Matthäus. All'epoca queste stelle appartenevano davvero alla crème de la crème in Europa. Dopo aver vinto la Coppa UEFA due anni prima in una partita tra gentiluomini, poi con Jürgen Klinsmann, quell'anno c'è stato un solo vero gol per i bavaresi. Il girone di qualificazione per la fase a gironi contro FK Obilic è stato più che altro una partita di allenamento rilassato. D'altra parte, la fase a girone è stata dura. Con avversari come il Barcellona e il Manchester United, era considerato il girone della morte per eccellenza. Bröndby IF Copenhagen è stato anche più di un semplice sparring partner. I danesi erano un outsider sfacciato che non aveva nulla da perdere, e potevano giocare liberamente contro i grandi favoriti sui famosi palcoscenici europei. Dopo che i bavaresi avevano perso la prima partita a Copenhagen per 2-1, è seguito il pareggio allo Stadio Olimpico di Monaco contro lo United.

Tutta l'euforia dei bavaresi era sparita per il momento. Se non avessero vinto la loro terza partita di gruppo contro il

Barcellona, la loro eliminazione anticipata nella fase a gironi sarebbe stata probabilmente inevitabile. Ad essere sinceri, avrei potuto convivere abbastanza bene con questa sorpresa in quel momento. Il fatto è che i vincitori del gruppo di queste quattro squadre sono ed erano i favoriti per vincere il titolo. E non avrei potuto immaginare niente di peggio di un trionfo dei bavaresi della prima classe, perché non mi piacevano i bavaresi di allora. Ma per me era chiaro fin dall'inizio che l'FC Bayern non sarebbe sopravvissuto a questo gruppo. Anche il Manchester United, da sempre favorito negli ultimi anni, cercava di vincere la Champions League in questa stagione. Gli anni dell'Milan erano finiti per il momento. Alcuni giocatori avevano raggiunto la vecchiaia e i nuovi acquisti non stavano convincendo. Insomma, squadre come Real, Manchester e Barca erano i favoriti. Forse la Juve, che doveva far parte di quell'gruppo di favoriti anche dopo tre finali successive. Ma in realtà solo dietro le prime tre squadre. Dopo che la periferia alpina piemontese aveva perso due finali di fila, questa squadra ha dovuto superare un piccolo trauma legato alla Champions League. Non potrei immaginare la vecchia signora in questa nuova stagione in nessun altro modo. Inoltre, come tutti sappiamo, ogni epoca giunge al termine.

Ebbene, dopo che l'FC Bayern non aveva iniziato la stagione di Coppa Europa nel migliore dei modi, ha sconfitto i catalani intorno a Figo, Rivaldo e Kluivert 2-1 a Monaco di Baviera. Anche la vergogna contro Bröndby potrebbe essere cancellata da un 2-0 a Monaco di Baviera. Sì, i bavaresi con le loro virtù tedesche. Quando si è trattato di farlo, sono stati di nuovo facilmente raggiungibili. E se volevano, hanno giocato un calcio combinato davvero meraviglioso sotto il loro allenatore, Ottmar Hitzfeld. Al Barcellona è stato anche negato il successo contro i campioni del record tedesco nel proprio stadio, il Camp Nou. Ancora una volta i bavaresi hanno sconfitto il rappresentante spagnolo con una vittoria per 2-1. Tuttavia, il Manchester United non poteva andare oltre il pareggio 2-2. Infatti, contro le mie speranze e le mie previsioni, la squadra di Monaco è sopravvissuta a questo girone della morte. Nei quarti di finale, il secondo rappresentante tedesco, il FC Kaiserslautern, è stato molto fortunato. Se questa fosse stata una partita della Bundesliga, i bavaresi non sarebbero stati certamente così favoriti. Ma ai diavoli rossi del Betzenberg[1] mancava semplicemente l'esperienza internazionale necessaria per questo compito. Dopo un chiaro 2-0 e 4-0, avrebbero potuto pianificare la semifinale contro la Dynamo Kiev. Già nei quarti di finale, dopo l'accoppiata contro Lautern, era chiaro che i bavaresi avrebbero potuto incontrare la squadra più forte dell'Ucraina se fossero arrivati alle semifinali. Lentamente mi sono reso conto che la squadra di Monaco sarebbe arrivata in finale. Ma chi avrebbero incontrato

C'era la Juve, c'era il Manchester, l'Inter aveva giocatori come Roberto Baggio, Ventola e Zamorano che avrebbero potuto garantire una lunga stagione di Champions League. Ma per farla breve. Il Manchester ha raggiunto gli ottavi di finale per via dell'Inter e la Juve ha raggiunto la semifinale contro il Bayern dopo una partita molto drammatica allo Stadio delle Alpi di Torino. Dynamo Kiev aveva sprecato occasioni nella prima tappa. Alla fine di questa partita, avrebbe potuto essere 6-3 contro il Bayern di Monaco. La partita si è però conclusa per 3-3 e un brillante giovane Andrey Shevchenko non è riuscito ad evitare che la sua squadra venisse eliminata.

---

[1] Betzenberg= lo stadio di Kaiserslautern

La seconda semifinale tra Juve e United è stata piena di puro dramma. Il pomeriggio prima di questa partita ho incontrato Rado, Marco e suo fratello Leonardo (due amici italiani che vivevano a Monaco). Sono venuti appositamente ad Augsburg[1] per vedere la partita con me nell'appartamento dei miei genitori. Da quando mio padre e mia madre erano in Italia, avevo preso questa opzione. Perché, proprio come i miei tre amici, a casa mia non avevo canali italiani. Beh, anche la ragazza di Marco, Anette, e la mia ragazza di allora, Christin, erano (purtroppo) venute da me. Purtroppo, perché il telefono continuava a squillare e la madre di Christin era davvero fastidiosa. Si sono anche lamentate del nostro volume per tutto il tempo. Così, eccoci seduti lì, Leo il tifoso dell'Inter, Marco il tifoso della Juve, Rado e io. Direttamente e subito davanti alla TV, e sperava con ansia in un altro ingresso in finale della Juve. Dopo il sorprendente pareggio del Manchester (1-1), avevano creato un'ottima posizione di partenza per la partita di ritorno contro gli inglesi. Sapevamo che se la Juve fosse arrivata in finale contro il Bayern, noi quattro saremmo andati a Barcellona. Contro il Bayern, sia la Juve che il Milan, la cosa principale è l'Italia. Non sapevo proprio come avrei fatto a dirlo alla mia ragazza. Sono sicuro che si sarebbe di nuovo ribellata…

«Non puoi andare in Spagna senza di me.
volare! Tanti soldi per una partita di calcio!
Mio padre non va mai da nessuna parte
senza mia madre! Quando crescerai!»

…Oh, come mi ha infastidito quel pettegolezzo. Mi sono quasi trovato in quella meravigliosa situazione. Il Manchester è stato, a mio avviso, il favorito per questa finale di stagione. La Juve era arrivata in finale per tre volte di fila e

---

[1] Augusta

sembrava aver esagerato. Tuttavia, hanno perso anche le ultime due finali (come noto). Neanche la mia opinione era casuale. Certo, i giocatori della squadra torinese non sono stati affatto peggiori rispetto agli anni passati. Solo giocando costantemente al massimo livello e giocando per tre anni di fila per vincere il campionato nazionale e la Champions League fino alla fine, si può raggiungere il punto in cui le altre squadre sono più vivaci o affamate. La Juve aveva un vantaggio di 2-0 dopo poco più di venti minuti con veloci contrattacchi e errori difensivi da parte degli inglesi (entrambi gol di F. Inzaghi). Totalmente fuori controllo, noi quattro iniziammo a cantare…

«Finale, Finale. Ole, ole, ole»

… I compagni di stanza della mia abitazione, in Finkenweg 12b[1], pensavano che qualcuno avrebbe approfittato dell'occasione. E irruppero in casa dei miei genitori. Così alcuni vicini hanno suonato il campanello all'ingresso per vedere cosa stava succedendo nell'appartamento dei miei genitori. Quindi ora c'erano due possibilità. Parecchie squadre si sarebbero probabilmente rassegnate a questa situazione, e forse avrebbero subito una sconfitta ancora più grande. Ma un vero campione probabilmente avrebbe combattuto fino alla fine. Dato che gli inglesi non avevano più niente da perdere, ora hanno iniziato a combattere. Con il cuore di un campione. Gli italiani erano nervosi, probabilmente con il pensiero di non prendere il primo gol, e si ritirarono in difesa. Spesso gli europei del sud hanno festeggiato il famoso catenaccio italico. Non così questa sera! Con meno fortuna, e ora qualche errore imprudente nella struttura del gioco, il gioco è sfuggito dalle mani degli italiani. Il Manchester sapeva che se avesse voluto

---

[1] Finkenweg = una strada

raggiungere il suo obiettivo per la stagione, avrebbe dovuto segnare almeno due gol. E così è successo alla fine. Tuttavia, la Juve si e fatta sfuggire la partita dalle sue mani dopo il gol successivo. Lo United ha ribaltato la partita e ha finito per vincere 2-3, la prima vittoria del Manchester in terra italiana. Non è stato solo lo sguardo sul suo volto a dirmi come si è sentito Marco dopo. Il Manchester United contro il Bayern Monaco è sarebbe stata la partita finale a Barcellona. Tutte le mie paure si erano in realtà realizzate.

Christin ed io eravamo separati da poche settimane. Lentamente ho iniziato a sentire il dolce profumo della libertà, (il Milan contro l'Empoli, il primo campionato di Bierhoff con il Milan, e la mia prima partita a San Siro - ma questa è un'altra storia), non dovendo rispondere a nessuno! È stata una sensazione completamente nuova per me. Beh, non volevo perdermi la finale di questi due top club. Anche se non ero più abituato a fare il tifo per un rappresentante italiano in finale. Negli ultimi sette anni, almeno un club italiano, sia esso il Milan, la Juve o la Sampdoria, è sempre arrivato in finale. Visto dall'altra parte, ho potuto godere di uno spettacolo del calcio in modo completamente rilassato e neutrale (che noia). Rado ha dovuto lavorare fino alle 21:00 di quella sera e non ha avuto la possibilità di vedere la partita. Così ho deciso di assistere alla partita a Monaco, nello Stadio Olimpico. Lì la partita è stata trasmessa sullo schermo per i tifosi che non si sono recati a Barcellona. Nel mondo del calcio si dice che ci sono due tipi di tifosi, alcuni amano l'FC Bayern e altri lo odiano. All'epoca ero chiaramente uno di quelli che erano fondamentalmente contro i bavaresi. Era diverso quella sera, i due fratelli di Monaco di Baviera. Marco e Leo avevano sperato in una vittoria per i bavaresi, anche se la delusione di Marco per la mancata finale per gli italiani era ancora evidente. Senza pensarci molto, ma siccome quella sera ero solo per lo United, ho indossato la maglia di Teddy Sheringham, che avevo comprato durante la mia ultima vacanza a Lloret de Mar. Quando sono arrivato a Monaco di Baviera, sono rimasto molto sorpreso da quanti tifosi del Bayern erano stati attirati allo Stadio Olimpico quella sera. Alla fine, l'arena è stata riempita fino all'ultimo posto libero poco prima dell'inizio della partita. A causa del sole al tramonto sullo sfondo, noi spettatori che ci eravamo riuniti nella tribuna principale non riuscivamo a vedere cosa succedeva sullo schermo. Pertanto, il primo tempo assomigliava più a una trasmissione di calcio in diretta dalla radio. Tuttavia, era chiaro che la Baviera era la squadra assolutamente dominante. Tutta la squadra ha combattuto come un'unica unità. Matthäus, Scholl, Sahliamidzic, Jancker, Babel, Effenberg e come si chiamavano tutti. Un calcio di punizione di Mario Basler ha dato alla squadra di Monaco un meritato vantaggio. Anche nella seconda metà della partita, a seconda dell'andamento del gioco, il 2-0 avrebbe dovuto essere facile e rilassato. Invece, a mio parere, hanno commesso due errori cruciali.

Ottmar Hitzfeld non avrebbe a nessun costo, dovuto sostituire Lothar Matthäus e Mario Basler. Matthäus, che nel corso della sua carriera si è trasformato da attaccante a libero, è stato insostituibile per la squadra di allora, grazie alla sua esperienza e come leader carismatico. La scusa, di essere stato costretto a fare una sostituzione a causa di crampi non conta per me. Nella più grande finale del calcio europeo, un pastore non deve mai lasciare le sue pecore da sole in una fase così cruciale. Non trovo questa risposta credibile. La sostituzione di Mario Basler ha anche tolto il flusso del gioco. Due sostituzioni che non avrebbero affatto giovato alla psiche dei giocatori. Pier Luigi Collina, il miglior arbitro del mondo dell'epoca, che si è occupato della partita, ha assegnato tre minuti di supplementare all'89° minuto. E il destino ha fatto il suo corso. Teddy Sheringham del Manchester United, che era stato sostituito poco prima, ha segnato la svolta decisiva al 90° minuto dopo un calcio d'angolo, 1-1 nell'area di Monaco. Se si ottiene il pareggio in un momento simile in una finale, poco prima della fine, non si ha davvero la possibilità di tirarlo di nuovo... Fin dall'infanzia, si sognava di essere il più grande. Per vincere la corona con la tua squadra. Ti devono chiamare Campione. Giorno e notte, si vive per questo momento. Hai sudato sangue. Più e più volte avete avuto delle battute d'arresto, ma più e più volte vi siete alzati e siete tornati. I tuoi fan, i tuoi amici, la tua famiglia. Alla fine vuoi essere orgoglioso di te stesso. Volete rendere felici molte persone con queste emozioni e dare loro momenti che non dimenticheranno mai. Vuoi entrare nella storia del calcio. Allora è arrivato il tuo momento. Sempre accompagnati da questo pensiero, da questo desiderio, vi avvicinerete sempre di più alla vostra giornata, al vostro obiettivo. Date tutto quello che potete. E poi si trova davanti a voi, il grande trofeo d'argento... alla vostra portata. Accompagnato dai canti dei fan... Che incommensurabile bellezza e gloria irradia questo trofeo. Che immensa quantità di cibo assume. Senti già il suo fresco argento nella tua mano, e milioni di persone ti guardano e ti acclamano con gioia... E all'improvviso... Se n'è andato? La cosa ti viene strappata dalle mani! Le canzoni e le arie allegre si fermano all'improvviso. E un urlo silenzioso di dolore trafigge le membra. Il sogno scoppia prima di te come una grande bolla di sapone. I ricordi della tua vita ti attraversano la testa in una frazione di secondo. Quello che avete dato e sacrificato per questo momento! E tutto sembra così lontano e senza senso ora. Un vuoto infinito si diffonde dentro di te. Tutto sembra un unico brutto sogno, lontano da qualsiasi realtà. Non sai cosa fare per affrontare questo terribile dolore, per capire cosa è appena successo... Così devono essersi sentiti i bavaresi dopo la partita.

Due minuti dopo il pareggio Ole Gunar Solskjaer ha segnato il gol dell'eternità. Un giorno sarà sicuramente nominato cavaliere per quel gol, o inserito nella Hall of Fame del Manchester United. Sicuramente la vittoria del titolo per il Manchester era assolutamente giustificata dopo il corso di quella stagione. Solo che, dal punto di vista dei bavaresi, la sconfitta avrebbe potuto avvenire in modo diverso. Nessuna squadra al mondo merita di perdere così crudelmente in una finale così grande. Il Bayern non meritava niente di meno dopo quella stagione, e soprattutto dopo quella partita. Al contrario, sono stati la squadra migliore per tutta la stagione. Un giocatore come Lothar Matthäus avrebbe dovuto terminare la sua carriera all'FC Bayern senza vincere la Champions League. Tuttavia, a quel tempo non era ancora certo. Allo Stadio Olimpico, naturalmente, c'era uno stato d'animo estremamente scioccato e depresso. Al più tardi dal pareggio che avevo messo la mia giacca da allenamento del Milan. Dopo il fischio finale, le lacrime sono scese sulle guance dei tifosi bavaresi nello stadio. Sì, in realtà non vedevo l'ora di festeggiare nel centro di Monaco. Anche se non ero un fan della Baviera. Ma i primi canti di cattura -*We are the Champions*- o -*Stern des Südens*- (Stella del Sud) sono rimasti in silenzio subito dopo il gol del pareggio. Non avrei mai dato per scontato che avrei indossato la maglia del marcatore per pareggiare. Che dannata coincidenza. Per fortuna avevo con me la mia giacca da allenamento quando ho lasciato lo stadio. In seguito sono tornato a casa e ho dovuto rendermi conto da solo di quello che era successo a Barcellona.

Nella successiva stagione 99/00, ci sono state diverse notti spagnole a Monaco di Baviera. Nella fase di gruppo, l'FC

Valencia è stato ospite. Ma in entrambe le partite non si è mai arrivati a più di un pareggio. Nella seconda fase del gruppo, i bavaresi sono stati di nuovo attirati non meno del Real Madrid. Il Bayern Monaco aveva ancora un solo gol. Anche per Franz Beckenbauer la Champions League ha assunto una priorità maggiore di una "caramella", non solo dal punto di vista finanziario. Come aveva appena descritto la Champions League due anni prima. Dopo aver battuto il Real Madrid per 2-1 in entrambe le partite di gruppo, i bavaresi sono stati i favoriti per vincere il titolo. Ma c'era il Manchester United, che personalmente pensavo fosse un po' più forte dopo aver vinto il titolo del campionato. Ma hanno chiaramente sottovalutato la squadra del Real Madrid. Come outsider nei quarti di finale contro il Manchester, hanno giocato una stagione piuttosto magra per le loro anime. Del Bosque, che era appena stato nominato allenatore, doveva servire solo come allenatore di transizione fino alla pausa estiva, quando fu trovato un uomo adatto per la squadra del Real. Ma è stata questa soluzione provvisoria, questo ex giocatore Real, a portare esattamente ciò che mancava alla squadra. Fino ad allora il White Ballet non era stato nemmeno in Coppa UEFA nel campionato spagnolo in corso, ma Del Bosque è riuscito a motivare gli artisti del White Ballet fino a raggiungere il secondo posto e a sciogliere tutti i nodi. Il prodigio francese Anelka e il Real Madrid non si sono mai innamorati. Tuttavia, Anelka ha chiaramente beneficiato della sfortuna degli spagnoli nei quarti di finale contro il Manchester e ha potuto dimostrare le sue capacità. E come ha fatto? La gioia di un uomo, il dolore di un altro. Ancora una volta i bavaresi hanno dovuto affrontare i madrileni nei quarti di finale. Pieni di fiducia hanno viaggiato in Spagna. Al Bernabeu hanno saputo battere il Real. Ma questa volta non è andata molto bene. Il Bayern ha perso l'andata a Madrid per 2-0, con un gol segnato dal già citato Anelka. Alla fine, la semifinale era già finita in questa stagione. Perché i calciatori della Isar non sono andati oltre il 2-1 nello Stadio Olimpico di casa. Ancora una volta è stato Anelka a portare finalmente alla fine i bavaresi. Io e Rado abbiamo guardato la partita in diretta nella curva nord tra qualche centinaio di tifosi del Real. Uno dei sostenitori del Real in realtà aveva una bambola di gomma con sopra una maglia una vera maglia dello stadio. A causa dell'eliminazione dei bavaresi in semifinale, non si poteva più negare agli spagnoli il loro trionfo nella classe del Real. Nell'altra semifinale, il Valencia e il Barcellona si sono affrontati. Il finalista risultante è stato una piccola sorpresa. Il Valencia avrebbe avuto la possibilità di giocare contro il Real per il titolo. Ma questo gioco si è rivelato essere più di una vetrina per il Real. In seconda marcia, i madrileni hanno rivendicato il loro ottavo trionfo nella classe regina del calcio europeo.

Rado pensava che fossi fuori di testa quando sono andato completamente fuori di testa durante la telefonata con mio padre. Sono sicuro che la gente intorno a noi la pensava allo stesso modo. Quando mi ha chiesto dopo cosa fosse stato così grande, ho risposto con una domanda. Cosa avrebbe pensato, dove si sarebbe tenuta la finale di Champions League 00/01? Voleva dire solo…

«Sì, non lo so perché sei cosi entusiasta…
magari di nuovo a Roma o a Monaco di Baviera».
…Ho gesticolato con la mano verso lo stadio,
«Indovina di nuovo.»
…Naturalmente, l'eccitazione di Rado
è aumentata drammaticamente…
«No, mi prendi in giro, vero?»
                    …egli rispose.
«Sì, qui a San Siro».

…Ho confermato la mia dichiarazione e ho indicato ripetutamente con la mano la nostra cattedrale delle emozioni…

«Chiaramente, dobbiamo entrare in finale!!!»

…e con questa affermazione Rado ha messo a parole il mio pensiero.

Sicuramente il Milan aveva rafforzato la sua squadra per la successiva stagione di Champions League con i giocatori e sperava in Oliver Bierhoff, che aveva contribuito molto a vincere il campionato la scorsa stagione. Da non dimenticare Andrei Shevchenko, la sua conquista dell Milan era ancora in attesa. Tuttavia, anche se la finale si è tenuta a Milano, il Milan non è stato necessariamente una delle favorite. L'Inter è stata addirittura eliminata nel girone di qualificazione alla Champions League, anche se purtroppo contro l'Helsingborg IF. Non avevo mai sentito parlare di questa squadra prima di allora. Ma da allora in poi ho avuto un legame mentale con questa squadra. Bene, la storia del Milan in questa stagione di Champions League viene raccontata abbastanza velocemente. Se siete stati i vincitori del gruppo nella prima fase a gironi, siete stati eliminati nella seconda fase a gironi, e questo è stato giustificato da una performance molto deludente. Avevano in mano la situazione per sistemare le cose con una vittoria sul Deportivo La Coruña nella finale a gironi. Ma il Milan ha giocato un caos catastrofico. Quella sera, alla decisiva partita di gruppo, tutti i miei amici si sono riuniti a casa mia. Pino, Rado, Gordan, Neff, Stefan, Gennaro e Ronnie. Conoscevo Stefan attraverso Pino. Come Gennaro, anche lui era mezzo italiano e tifoso del Milan. Solo Ronnie era un ragazzo con cui ero più amico per via di alcune storie di donne dei giorni passati. L'intero soggiorno assomigliava a uno stadio di calcio. Manifesti del Milan, bandiere e sciarpe ovunque. Tutto era perfetto, tranne l'atteggiamento della nostra squadra. Solo negli ultimi minuti del primo tempo il Milan ha avuto la possibilità di segnare al cento per cento. Ma la speranza di migliorare nella seconda parte del gioco è stata vana. Invece, i nordisti hanno preso il comando di sorpresa con una penalità ingiustificata. Durante tutta la partita, i miei amici erano giustamente arrabbiati per le stronzate che il Milan aveva prodotto. Volevamo andare alla finale a Milano, nel nostro salotto del calcio. Dannazione, dov'era il morale, la volontà, lo spirito combattivo. Dieci minuti prima della fine, stavo bollendo dalla rabbia ed esplodevo come un vulcano quando La Coruña ha avuto la possibilità di segnare 2-0. Mi sono tolto la maglia di Sheva e ho cercato di strapparla. Ma ho solo danneggiato il collare. Pieno di rabbia mi sono precipitato verso la mia TV e ho colpito quella scatola con entrambi i pugni…

«QUESTI FOTTUTI FIGLI DI PUTTANA, QUESTI STRONZI STRAPAGATI, SPENDO I MIEI SOLDI PER VEDERE QUANTE PIÙ PARTITE POSSIBILI A SAN SIRO E POI GIOCANO DI MERDA... VOGLIO ANDARE ALLA FINAAALE... GIOCARE E SEGNARE!».

…E ancora una volta ho distrutto la TV. Nel mio salotto nessuno ha osato fare un suono. Improvvisamente bussò e suonò alla mia porta d'ingresso. Katharina cercò di calmare metà del mio quartiere, che era arrivato nel corridoio in vestaglia. Il seguente sermone morale sul mio tesoro mi ha accompagnato in un'atmosfera mentale…

«Baciami il culo».

Il Milan ha segnato il pareggio con un calcio di rigore, ma il pareggio è stato sufficiente per eliminare la squadra. Dopo la partita, Rado ha rifiutato di accettare il mio generoso regalo di maglie, bandiere e sciarpe. Volevo dargli la mia gamma completa di fan. La casa era tranquilla. Pino era esausto. La sua figura un po' corpulenta all'epoca e la sua acconciatura ora un po' da tempesta lo facevano sembrare un orso selvaggio, considerando il suo stato d'animo. I miei amici mi hanno salutato e sono entrati nel corridoio con Pino davanti. Improvvisamente la porta dell'appartamento della famiglia Ehrenreich si è aperta dall'altra parte della strada e la padrona di casa è uscita infuriata. Non ricordo la sua esatta scelta delle parole, ma ricordo quella di Pino...

> *« Vecchiaccia, chiudi il becco*
> *o ti butto giù dalle scale!»*

...Cinque di loro nella sua Fiat Punto, in corsa nella notte. Rado e io abbiamo discusso ancora per qualche minuto della possibilità mancata di vincere il titolo davanti al pubblico di casa, finché non è squillato il telefono e Gordan è stato in linea.

> *«Noi stavamo per svoltare in Ackermannstrasse[1]*
> *quando all'improvviso uno di loro ha preso*
> *il nostro diritto di precedenza e si è*
> *schiantato su un lato della strada.»*

...Fortunatamente, a parte Gordan, nessuno è rimasto gravemente ferito. Gordan è stato operato al ginocchio dopo l'incidente. Che umile serata per me e i miei amici. Molto insoddisfacente.

Era la stagione dell'FC Bayern Monaco. Il 23 maggio 2001 avrei voluto andare a sud. Di certo non mi sarebbe dispiaciuto mettere il mio culo sul sedile del conducente di una Mercedes Vito. Anche se in sottofondo, già a Landsberg, metà della troupe avrebbe cantato da ubriaca. Ma, come il destino vuole, ho guidato con Katharina verso Dortmund

---

[1] Strasse / strada

quel mezzogiorno. Ci eravamo presi una settimana di vacanza e volevamo passare qualche giorno a Meinerzhagen. Poiché avevamo programmato di sposarci presto, era tempo di incontrare il resto della sua famiglia. Ancora e ancora una volta, durante il finale, non riuscivo a vedere l'ora della prossima serata. Che evento incomparabile sarebbe stato. Essere votato come la migliore squadra d'Europa nel mio stadio. Ma non c'era niente di sbagliato nel grande sogno. Speravo solo che i tifosi di entrambe le squadre finali potessero trovare una coreografia ragionevolmente buona. Il pensiero che il Bayern avrebbe vinto il titolo nel mio stadio mi ha davvero colpito. Sì, ero piuttosto geloso. Nella mia San Siro, la mia coppa preferita, oltre alla Coppa del Mondo. I bavaresi erano ora i favoriti per vincere la Champions League. Anche se hanno dovuto giocare contro la finalista dell'anno scorso, l'FC Valencia. Ma quattro vittorie convincenti, sopra il Manchester nei quarti di finale, il Real in semifinale (1-0 in trasferta e 2-1 in casa), hanno lasciato pochi dubbi sulla forza e la determinazione dei bavaresi. Certamente, la paura di non raggiungere mai più una finale di Champions League come giocatore attivo ha giocato un ruolo importante per una o l'altra star bavarese. Credo che questa paura abbia motivato immensamente la squadra. Mancavano ancora cinque ore alla resa dei conti di Milano. Ma non ci ho fatto caso. Eravamo ancora sulla strada per Meinerzhagen, una piccola città vicino a Dortmund. Sarebbe stato scortese chiedere di vedere una partita di calcio dopo poche ore, nel bel mezzo della conoscenza? Katharina ha aumentato ancora di più le mie riserve. Dopo che lei ha detto...

> *«Beh, ci vorranno almeno altre tre ore per arrivare
> a Meinerzhagen, e non si può irrompere
> e guardare la TV, vero?»*

…Mi ci sono voluti solo cinque minuti per capire che mi stava prendendo in giro…

«Quindi non preoccuparti, mia nonna è una
fan assoluta del Bayern.
E non credo che si perderà questa partita.»

…Subito dopo questa dichiarazione siamo passati davanti al cartello della città di Meinerzhagen e Katharina si è messa a ridere gongolando. Adolf, il compagno di vita di nonna Irmhild, era proprio il contrario e, con mia grande gioia, non era un grande fan della Bayern. Una cittadina davvero maneggevole e accogliente, dove Katharina ha potuto vivere la sua infanzia. Nonna Irmhild e Adolf ci hanno accolto calorosamente con una deliziosa casseruola di pasta. Pochi minuti dopo il benvenuto il ghiaccio era già rotto, che spesso è presente a questi primi incontri. Una casa enorme con un enorme giardino avrebbe dovuto essere la nostra casa per i prossimi giorni. Gli abitanti di questa zona residenziale erano, inequivocabilmente, abbastanza ricchi. Enormi bunker in lungo e in largo, giardini curati con amore e cura. Una zona residenziale, dove in realtà tutti conoscevano tutti. E inoltre tutti conoscevano molto bene tutti gli altri. Il pomeriggio si è concluso con grandi passi. Senza molto accennare al grande evento della sera, era chiaro che quei due non si sarebbero persi nemmeno la finale del Bayern. All'inizio si poteva credere che Adolf si schierasse con gli spagnoli. Così dopo cena ci siamo messi tutti a nostro agio nel soggiorno e abbiamo acceso la TV. Il gioco dovrebbe sarebbe dovuto iniziare entro pochi minuti. Man mano che l'immagine diventava più chiara, RTL trasmetteva già le immagini in diretta dallo Stadio San Siro (il mio salotto) tutto esaurito e all'inizio non mi sentivo bene. Ero davvero triste da morire. Dall'incrocio si vedeva solo un mare di palloncini e bandiere arancioni, bianchi e neri. Non può poteva essere vero. I tifosi bavaresi sono stati infatti premiati con la nostra Curva di Milano. Devo ammettere che la coreografia, che è stata presentata alle star bavaresi quando sono entrate in campo, era già mozzafiato. I colori del club dell'FC Bayern erano chiaramente visibili sugli striscioni bianchi e rossi. Nel mezzo si è formata un'enorme coppa di Champions League. Inoltre, su di esso era scritto un banner bianco che si estendeva per quasi tutta la lunghezza della curva...

"Oggi è un buon giorno per scrivere la storia"

Questo è stato attaccato alla ringhiera della sezione centrale della curva. I tifosi bavaresi mi avevano davvero sorpreso in questo senso. Rado ha detto in seguito che questo è stato organizzato dai tifosi del Milan. Ma non posso confermare questa affermazione con il cento per cento di certezza. Oh, cosa sarebbe successo se il Milan fosse arrivato in finale, anche contro l'Inter. Incredibile! Una finale del millennio nel nostro stadio! Con un po' di malinconia ho aspettato il calcio d'inizio e non ero ancora esattamente dalla parte dei bavaresi. In senso stretto sarebbe stata una catastrofe per me. Il nostro stadio, la nostra curva... E poi avrebbero dovuto trionfare anche i bavaresi? Oh Dio, per favore, non farlo! Molti tifosi del Bayern ricordano ancora i primi dieci minuti di questa partita, quando Gaizka Mendieta ha preso un calcio di rigore dopo soli tre minuti dal calcio d'inizio, e a segnato dopo un presunto tocco di mano. Una partita tattica era prevista nella fase di preparazione, ma dopo i primi tre minuti e il vantaggio spagnolo, le carte sono state rimescolate. Al settimo minuto, dopo un fallo su Stefan Effenberg, sempre in area di rigore, Mehmet Scholl avrebbe potuto mettere a posto le cose. Ma ha mostrato dei nervi d'acciaio inquietanti. Ci è voluto un bel po' di tempo perché l'FC Bayern si riprendesse da questo doppio shock dei primi minuti. Non sarebbe dovuto bastare per il grande lancio questa volta? Di solito Milano era un buon posto per le squadre tedesche. Ma dal ventesimo minuto in poi, le cose cominciarono lentamente a migliorare per i bavaresi. Prima Elber ha provato un tiro basso da un angolo acuto nel ventiquattresimo minuto, poi è stato Scholl a fallire con un calcio di punizione finemente tagliato. Hitzfeld ha dovuto agire e ha portato un altro attaccante nel secondo tempo, Carsten Jancker. Il secondo tempo è iniziato in modo simile al primo. Di nuovo con fallo di mano, ora per i bavaresi. E ancora una volta Mehmet Scholl si è assunto la responsabilità, e questa volta ha fatto tutto bene, 1-1. Ora la finale sarebbe potuta finalmente iniziare per i bavaresi. Ma dal cinquantesimo minuto in poi, il gioco è diventato visibilmente più lento. Gli spagnoli si sono barricati quasi solo nella loro metà. Quindi non c'era quasi nessuna possibilità per i bavaresi di diventare offensivamente peri- colosi. Nell'ottantacinquesimo minuto di gioco Zahovic avrebbe potuto deciderla nel tempo di gioco regolare, ma Olli Kahn ha letteralmente tolto la palla dai piedi. Adolf è cambiato tra i fronti (cosa per me del tutto comprensibile). All'inizio della partita un po' di più per gli spagnoli, ma ora aveva chiaramente deciso di tifare per il calcio tedesco. Ho dovuto tirarmi su, perché una vittoria dei bavaresi non mi sarebbe piaciuta per niente, come ho detto abbastanza spesso. Non volevo assolutamente che a Milano vincesse la squadra di Hitzfeld. Fin dall'inizio, ai tempi della scuola, ho sempre avuto scontri con i tifosi bavaresi. Poteva essere più facile per me e avrei potuto scegliere una società tedesca, ma nessuna società era carismatica come il Milan. E per me è stato semplicemente amore a prima vista. Speravo davvero che il Valencia avrebbe segnato il gol della vittoria, dopo tutto. Ma temevo il peggio. Ora anche i messaggi SMS di Rado stavano diventando sempre più frequenti. Non era diverso. Se a me non piacevano i bavaresi, lui li odiava. La sua tensione era chiaramente visibile nelle sue e-mail. Più del 50% dei suoi colleghi del centro di smistamento postale tedesco, dove ora lavorava come smistatore dopo aver completato il suo apprendistato come chef, erano appassionati bavaresi. A causa delle modeste condizioni di lavoro nel settore della ristorazione, Rado ha deciso di cambiare professione. Potrei benissimo capirlo! Nei tempi supplementari, entrambe le squadre avrebbero potuto prendere di nuovo la decisione. Una volta Elber con un colpo di svolta nel novantatreesimo, e ancora una volta Zahovic. A parte una deviazione di Sergio, che nel frattempo è stato sostituito da Scholl, non è successo nulla degno di nota. Così alla fine non c'è stato modo di aggirare la lotteria dei calci di rigore. Adolf era completamente rilassato. Se fossi riuscito ad appassionarmi al calcio tedesco, probabilmente sarei morto di nervosismo. Anche in questo caso c'è stata una grandine di messaggi SMS. Rado ha avuto un brutto presentimento per buone ragioni. Con Olli Kahn, i bavaresi avevano probabilmente il portiere più forte del mondo al momento. Puramente dal corso della partita, i bavaresi erano ora in vantaggio per me. Tuttavia, i calci di rigore per il detentore del record tedesco sono iniziati altrettanto brillantemente con un botto come all'inizio della partita. Dopo che Sergio ha mancato il primo rigore, Mendieta ha convertito il risultato in 1-2 e Salihamidzic ha pareggiato. Ancora una volta gli spagnoli hanno preso il comando attraverso Carew. Prima che Zickler convertisse il risultato in 3-3. Poi ancora il duello Zahovic/Kahn. E ancora una volta il portiere bavarese ha deciso il duello per sé stesso. Il Bayern aveva ora un chiaro vantaggio. Anderson avrebbe sparato. Anche lui non poteva mettere i bavaresi in testa quella sera, fino a questo punto della partita... Patrik Anderson avrebbe potuto finalmente lasciare un segno nella mente dei bavaresi

...la partita su Schalke era già finita. Ad Amburgo, il tempo di recupero si stavano esaurendo. Migliaia e migliaia di tifosi blu reali sono scesi in campo e stavano già festeggiando il campionato a Gelsenkirchen. Schalke ha avuto davvero una stagione incredibile. Ad Amburgo, il tempo di recupero era ancora in corso. I secondi finali erano arrivati... poi, dopo un passaggio di ritorno al portiere dell'Amburgo, che ha preso la palla in mano, c'è stato il calcio di punizione probabilmente più indimenticabile nella zona dei 16 metri nella storia del calcio tedesco. È stato Patrik Anderson a decidere il campionato nazionale per i bavaresi con il probabile ultimo gol nella storia della Bundesliga tedesca...

Kahn contro Carboni, Carboni corre... tira... Kahn tiene. 3-3. Che thriller snervante. Effenberg 4-3, i bavaresi in testa per la prima volta questa sera. Baraja 4-4, Lizarazu 5-4, Gonzales 5-5. Ottmar Hitzfeld e Uli Hoeneß aspettavano il rigore di Linke, così come l'intera panchina del Bayern e le migliaia di tifosi che avevano viaggiato con loro. E anche questo cambiò in 6-5 Hoeneß sopportava la tensione, completamente comprensibile, scritta in faccia. Un manager che, rispetto a molti altri, ha tratto il massimo da pochi soldi. In tutti questi anni, nessuna top star come Ronaldo, Beckham o Zidane è mai stata veramente iscritta. Ma ora era in finale di Champions League, proprio come due anni prima. Anche se non sopportavo i bavaresi. È stato senza dubbio quello che più si è sbizzarrito nel titolo. Il suo Oscar personale per anni di lavoro eccezionale. Ma anche dalla parte degli avversari si è seduto un uomo sulla sedia dell'allenatore che si è meritato il titolo. Hector Cuper ha raggiunto la finale della competizione vincitrice della coppa due anni fa. A quel tempo ancora con l'RCD Mallorca. Ma all'epoca fallì a causa della Lazio. Anche l'anno scorso la sua squadra è stata fermata solo nella finale di questa Champions League, contro il Real Madrid. Dovrebbe essere finalmente in grado di vincere un titolo sulla scena europea? Pellegrino si è spostato verso la curva del Bayern. Se voleva dare alla sua squadra la possibilità di vincere il titolo, doveva segnare ora! Milioni e milioni di spettatori lo guardavano sugli schermi televisivi. Corre su, calcia la palla, la palla vola verso l'angolo in basso a sinistra... e Kahn ha scelto il lato destro. Mai prima d'ora avevo visto il portiere tedesco così entusiasta. Aveva a malapena tenuto la palla, ancora mezzo in aria, quando ha iniziato a gridare un grido di incoraggiamento. Come se fosse stato punto da una tarantola, si è poi imbattuto nelle braccia dei suoi compagni di squadra. C'erano festeggiamenti e festeggiamenti come se non ci fosse un domani.

Lacrime di gioia con Uli e Ottmar... sì, era davvero meritato, e in qualche modo anche bello! Il fuoco dei fumogeni è stato acceso nella Curva del Bayern. Finalmente l'hanno avuta, la pentola d'argento con il manico d'argento con le grandi orecchie. Il trionfo dei bavaresi è stato più che meritato per tutta la stagione. E anche atteso da tempo! Dopo tre anni eccezionali in questo concorso. L'anno scorso, nonostante un record di gol in 8-5 e una sola sconfitta e tre vittorie su quattro partite contro il Real Madrid, non erano riusciti. Per non parlare del trauma finale di giocare Uniti a Barcellona. Quando ho visto le foto di Milano, per un attimo mi è venuta anche la pelle d'oca. San Siro sarebbe probabilmente esplosa se l'AC o l'Inter avessero vinto quella sera. Il cancello dell'inferno avrebbe sicuramente avuto concorrenza. Effenberg, Lizarazu, Elber, Jancker e Kahn. Meritavano di fare la storia del calcio quella sera. E ancora una volta Milano ha avuto un ruolo decisivo in questa storia.

Euro 2000

Tredici secondi mancavano, tredici secondi hanno distrutto un sogno. Tredici secondi che avevano trasformato un'estate indescrivibilmente bella in un incubo. Così ho continuato a chiedermi il perché. Perché ho dovuto essere italiano? Perché non sono nato brasiliano? Perché noi italiani abbiamo sempre dovuto soffrire così tanto e perdere così crudelmente? Perché non potremmo vincere una volta sola, o se dovessimo perdere, allora non ai rigori, ma semplicemente vincere chiaramente con un tre o quattro a zero? Perché ho amato così tanto il calcio? Perché il calcio ha determinato la mia vita in modo così esclusivo? Perché mio padre mi aveva allevato per essere un tale maniaco del calcio? Domanda dopo domanda. Non ero orgoglioso di essere italiano. No, più che altro ero follemente innamorato di un paese che non esiste una seconda volta al mondo. Sì, nel profondo della mia anima, ero felicissimo del sangue italiano che scorreva nelle mie vene. Orgogliosi di essere italiani? No, non è vero! Quale grande ragione dovevo avere per esserlo? A che cosa ho dovuto contribuire in gran parte? Ho fatto grandi cose per il mio paese finora? In pratica, niente di niente. Non conoscevo nemmeno la lingua italiana al punto che la gente non si accorgeva o non sentiva che ero cresciuto in Germania. Avevo anche rifiutato il servizio militare italiano. Quindi non c'era motivo di essere orgogliosi di tutto ciò che avevo fatto per la mia patria. Ad ogni modo, ero e sono ancora dell'opinione che sia una sensazione sbagliata sentire l'orgoglio nazionale. Perché il vero orgoglio può venire solo dalle cose che hai fatto tu stesso. Chiamiamo questo falso *"orgoglio nazionale"* piuttosto *"beatitudine"*. Naturalmente, sono rimasto più che colpito dalla storia d'Italia e ho apprezzato l'una o l'altra delle conquiste storiche del mio Paese. Infine, ma non meno importante, sono rimasto impressionato dall'atteggiamento verso la vita e la cultura della gente e delle loro tradizioni. Era un amore che sentivo per l'Italia che negli anni era cresciuto sempre di più. Naturalmente, è stata anche influenzata da molti eventi e situazioni della mia prima infanzia. Anche se ho una madre tedesca, il mio cuore si era innamorato dell'Italia molto tempo fa. A volte, quando la luce della luna piena non mi faceva addormentare, sguazzavo nei pensieri della Puglia e ricordavo il fastidioso clacson dei motorini che correvano nei vicoli di Ruvo la mattina presto. Oh, quanto avrei voluto essere svegliato da questi rumori ogni mattina - naturalmente, tranne nei fine settimana quando ero libero. O il rumore delle onde a Bisceglie... La mattina presto, quando siamo andati in spiaggia, il mare era ancora completamente calmo... quasi come un disco piatto. L'alba sul mare Adriatico, quando eravamo sulla strada per Bisceglie, o il bagliore serale ai piedi del Vesuvio, con la vista mozzafiato sul Golfo di Sorrento. Nessun altro posto al mondo è più adatto per una vacanza romantica in due di Sorrento e della Costiera Amalfitana. Se dovessi sposarmi di nuovo, non verrebbe comunque in discussione nient'altro che Sorrento o Roma. Si dice di sì…

«vedi Napoli e poi muori»

…e questo non ha niente a che fare con la mafia. Gli odori seducenti della cucina italiana dalle finestre aperte all'ora di pranzo. O quello che il turista non conosce, i piagnucoloni del mercato che pubblicizzano le loro merci, che si tratti di frutta e verdura, salsicce, prodotti ittici e caseari, vestiti o souvenir ai mercati. Naturalmente anche gli italiani sanno come celebrare le loro feste. Chiunque abbia vissuto questa esperienza sa di cosa scrivo. Nonostante queste delizie, c'è anche un lato negativo. Disoccupazione, criminalità e corruzione sono tra i maggiori problemi dell'Italia. Il Sud si distingue in particolare. È davvero giunto il momento che gli italiani cambino i loro atteggiamenti e ripensino il loro comportamento. Iniziate a lavorare sulle piccole cose e su voi stessi. Anche prima di puntare il dito contro gli altri. Non è solo la politica ad essere responsabile di questo. Ci sono ancora così tanti problemi in Italia che hanno davvero bisogno di essere affrontati. Se gli Italiani si occuperebbero di questi problemi, sono sicuro che non ci sarebbe nessun altro Paese al mondo in grado di offrire una qualità di vita così fantastica. Tuttavia, anche oggi, a tanti anni di distanza dal volgere del millennio e dalla visione oggettiva della realtà, pensare all'Italia mi fa ancora sognare. Ma tutto questo solo di sfuggita. Quello che in realtà voglio spiegare qui sono i miei sentimenti per uno dei paesi più belli del mondo. Che sia il sud o il nord... Ogni singola provincia in Italia ha un potenziale, di questo sono assolutamente convinto. E forse nel prossimo futuro avrò la fortuna di poter montare le mie tende in Italia. Sia come bracciante per una stagione in Puglia, sia come scrittore alle porte di Roma. Non ho niente da perdere. Batte maledettamente forte, il mio cuore italiano!

Purtroppo, è già da diversi anni che non torno a casa a Ruvo. Nostalgia di casa per amici e conoscenti, ospiti costanti della mia anima. Ma a causa di alcune circostanze non mi era stato possibile andare a Bari per un po' di tempo. Soprattutto in quegli anni, la nostalgia per la Puglia mi tormentava come una malattia che non si poteva curare. Il calcio è come il mio amore per l'Italia, una sola passione infinita. Con questo sport ho imparato a rappresentare al meglio il mio attaccamento alla mia patria e alla bandiera. Non per costrizione. Tutto per libero arbitrio e per pura emozione - calcio e poche altre cose, ma non voglio ancora menzionarle.

-Un'emozione per sempre-

Per me il calcio non è stato solo un gioco. Il calcio era per me il puro sentimento della vita. Un mix di passione, amore, sofferenza e le basi per una grande comunità. Sì, è un atteggiamento verso la vita ed è diventato da tempo la mia denominazione personale. Tuttavia, vorrei chiarire una cosa fin dall'inizio. Il calcio e la simpatia per una certa squadra non hanno nulla a che vedere con il razzismo o il crimine per me. L'idea che vari gruppi di tifosi vengano alle partite solo per combattere con i tifosi avversari e che questo sia organizzato anche da persone che sono saldamente radicate nella loro vita professionale o familiare mi dà semplicemente il mal di testa, e non ho alcuna comprensione di questo atteggiamento. Troppo spesso, i civili che vogliono solo fare il loro lavoro o passare una piacevole serata in uno stadio di calcio diventano vittime. Io deliberatamente non chiamo queste persone fan, li chiamo criminali! Si dovrebbe essere molto più duri contro di loro. I radicali di destra e gli hooligan non hanno posto nel mondo dello sport. La loro sola presenza inquina l'atmosfera. Chiunque entri a far parte di tali associazioni tradisce la sua squadra e la sua famiglia. Ci sono molti esempi che confermano quanto ho detto. Non c'è bisogno di essere un tifoso di calcio per sentirsi così. Se la massa cerebrale funziona nel modo giusto, allora anche l'atteggiamento si adatta.

Il 2000 è stato un anno di emozioni per me. All'inizio di maggio mi trovavo in un periodo della mia vita in cui a volte mi sentivo davvero bene. Ma d'altra parte, avevo un problema psicologico dannatamente grande. Ero single da un buon anno, avevo perso 20 chili, avevo completamente arredato un appartamento di 100 metri quadrati e parcheggiato la mia BMW 316i vecchia di due mesi, davanti alla mia porta. Sì, in realtà mi sentivo dannatamente bene. Durante la settimana ho lavoravo con il cuore e l'anima, ma anche se ero esausto alla fine di una lunga giornata di lavoro, avevo almeno un sorriso soddisfatto. Giovedì e venerdì mi sono preso più cura della mia casa (se c'era qualcosa che odiavo, era il disordine). Nei fine settimana lasciavo che tutto si svolgesse. Il tempo volava. Il Natale e il cambio di millennio mi erano passati senza lasciare traccia. Per il resto queste feste sono sempre state per me il momento clou dell'anno, ma non nel 1999. Il giorno di Santo Stefano 99 ho sofferto di un'acuta influenza intestinale, causata da un'allergia alle proteine. Mi portavo dietro questa sofferenza sin dall'infanzia. E solo molti anni dopo sono stato informato dell'alto contenuto proteico del pesce e dei frutti di mare, davvero per puro caso. Quando penso a quante quantità di queste prelibatezze mangiavo ogni anno a Natale, mi viene da chiedermi perché non ho avuto uno shock proteico a quei tempi. Il giorno dopo Natale, sono stato invitato a cena a Monaco di Baviera da una buona amica... più di una buona amica che conoscevo da anni. Siccome voleva farmi una sorpresa culinaria e non vedevamo l'ora che arrivasse questa sera da un bel po' di tempo, non ho voluto rifiutare. Era passato molto tempo, ma nessuno dei due aveva perso l'interesse reciproco, che non si basava solo sull'amicizia. Ma per motivi tecnici non ci siamo mai incontrati. Quando ero impegnato, lei era libera. E nel corso degli anni è stato il contrario. Ma per fortuna a quel tempo eravamo entrambi single. Avevamo pianificato di incontrarci da un bel po' di tempo. Ma Sarah (per chiamare la signora per nome) non viveva ad Augsburg da tempo. La bella bionda con il bel broncio rosso e i grandi occhi blu si era trasferita a Monaco. In realtà non era il tipo di donna a cui mi rivolgerei normalmente. Ma ho avuto l'opportunità di conoscerla attraverso la porta di servizio attraverso la nostra reciproca cerchia di amici. Sarah era vivace, un po' goffa, estremamente sensuale, in un certo senso imparziale, sapeva esattamente cosa voleva e come avrebbe dovuto ottenerlo alla fine. Poteva essere stronza, lunatica e davvero difficile. Ma d'altra parte era incredibilmente tenera e romantica. In realtà era esattamente la donna che volevo avere in quel momento... Mi piace ancora oggi ripensarci! Non per fare paragoni, per l'amor di Dio, no! Solo perché sono bei ricordi. Per aiutare i miei lettori a usare un po' la loro immaginazione... era una piccola Pamela Anderson in giovane età, visivamente parlando.

Ebbene, a causa del nostro calendario pieno di appuntamenti, c'era sempre qualcosa che ostacolava i nostri appuntamenti. Non ci siamo mai sentiti per diverse settimane o mesi. Questo appuntamento doveva semplicemente svolgersi! Così ho combattuto a modo mio, pieno di farmaci, come un rompighiaccio sull'oceano attraverso la tempesta di neve fino a Monaco di Baviera. In condizioni meteorologiche normali e nelle condizioni di salute della mia piccola, non avrei avuto bisogno di più di venti minuti per questo viaggio. Purtroppo non è stato così nel pomeriggio di Santo Stefano 1999, dove ho dovuto fare una breve sosta a metà del viaggio per riposare. Il mal di stomaco e la sensazione di vomitare non si fermavano. Alla fine questa tensione sull'autostrada è durata quasi due ore prima del mio arrivo a Monaco. La serata è stata quindi molto confortevole. Tutta la serata? No, non proprio, perché con mio grande dispiacere c'era di nuovo il –pesce– e anche il dessert era purtroppo molto ricco di proteine. A proposito del lieto fine mancante, ora vorrei avvolgermi nel silenzio. Nelle prime settimane di gennaio, quando mi guardavo indietro durante le vacanze, ero depresso dalla fredda simpatia della mia persona verso i miei genitori e nel frattempo…

«Baciami il culo»

Sarah era un po' con me. Ma naturalmente non volevo ammetterlo a me stesso e sono rimasto nel mio stato di malumore. Sicuramente non ho potuto fare a meno di avere questa indigestione durante le vacanze di Natale, ma anche il Capodanno non è stato esattamente un grande successo. Anche se Sarah era venuta ad Augsburg in particolare. All'improvviso non ho più avuto il necessario interesse per lei e certamente non per il nostro unico rapporto di amicizia. Dio, era un dado difficile da rompere. Poteva succedere solo a uno come me. Qualcuno che ha sentito la parola…

-Pazienza-

…come se mi venisse in mente una parola straniera. Oggi devo ammettere a me stesso che all'epoca mi mancava ancora un rapporto solido e intimo. Anche se inizialmente ho resistito a questi sentimenti. Ma poi immagino che fosse più per abitudine. Sette anni con Christin sono stati un periodo molto lungo. Anche perché avevo solo 22 anni al momento della separazione. Non che mi sia mancata Christin. Al contrario, sono stato felice di aver chiuso quel capitolo. Volevo qualcosa di nuovo, qualcosa di fresco. Avevo idee piuttosto specifiche. Doveva essere bella in ogni caso, di successo nel suo lavoro, determinata, della mia età e naturalmente amorevole, magra e sexy. La donna dei miei sogni avrebbe anche dovuto avere temperamento e una mente propria. Ma mi sono anche reso conto che se volevo vivere il successivo Natale, il mio atteggiamento nei confronti della vita avrebbe dovuto cambiare radicalmente. Sarah incarnava questa donna da sogno quasi perfettamente. Purtroppo solo in apparenza. Perché gli obiettivi professionali e il caro denaro erano per lei solo secondari. Devo anche dire che ha avuto un leggero che era un po' fusa di testa a causa del suo passato (senza offesa). E abbiamo entrambi condiviso un terreno comune, che ha ostacolato la nostra felicità. Aveva da tempo superato la bulimia. Era fuori dal circolo vizioso! Io, invece, ci ero in mezzo. Sono sicuro che se questa malattia non fosse esistita nella mia vita, ci saremmo trovati molto tempo prima. Perché andavamo così d'accordo. E posso ben capire che non abbia deciso di avere una relazione con me a causa delle mie condizioni di allora. Non me lo sarei mai perdonato se avesse avuto una ricaduta.

Sì, ma nonostante fossi indirettamente alla ricerca di un equilibrio, di una nuova partner, ho comunque vissuto una vita sempre più chiusa. Solo guardando dritto davanti a me. Le cose belle che mi circondavano, che erano così abbondanti e anche se spesso erano così piccole... non le notavo più. Ero in uno stato di paraocchi attivi! Tutto era così evidente. Mi facevo spesso pena. Stavo solo facendo il bucato, giorno dopo giorno. E la bulimia era la punta del mio iceberg, che mi ha quasi affogato. Così la primavera successiva la mia vita sarebbe cambiata di nuovo all'improvviso. Come la fenice dalle ceneri! Se non fosse stato per i miei due migliori amici Rado e Pino, non avrei certamente vissuto per vedere l'anno successivo (cosa che nessuno dei due conosce ancora).

Nel marzo 2000 ho avuto un peso record negativo di 54 chili. Ero nervoso quasi prima del crollo. Ho avuto una perdita dell'udito e diversi collassi circolatori alle mie spalle. Quante volte avevo chiamato Rado con un dito in gola dopo essere andato in bagno. Prima gli attacchi di eccesso di cibo e poi il grande vomito. Spesso ho avevo attacchi di debolezza, sudorazione e la circolazione è scivolava improvvisamente in cantina. Spesso mi sdraiavo sul pavimento del mio soggiorno e fissavo il soffitto... Spesso ho avuto la sensazione che le luci stessero per spegnersi. Ma in quei momenti non ho mai voluto essere completamente solo. Avevo una paura fottuta di morire, ma l'impulso di dare il dito medio era troppo forte. Sentire la voce di qualcuno di cui mi fidavo mi ha faceva un mondo di bene in quei momenti. Ma Rado non aveva mai saputo cosa fosse successo pochi minuti prima, quasi ogni volta, prima che lo chiamassi. Ho finalmente raggiunto l'apice della mia autodistruzione in un fine settimana di aprile. Con la bocca e la gola completamente infiammate, mi era impossibile uscire quel sabato sera. Ma non riuscivo ad addormentarmi a causa del dolore. E questo dolore era davvero insopportabile. Così ho deciso di andare al pronto soccorso dell'ospedale centrale alle due e mezza del mattino. Ho potuto capire l'espressione sconcertata del medico e probabilmente non la dimenticherò mai. Dopotutto, non capitava spesso che un paziente venisse portato in ospedale nel cuore della notte a causa di alcune infezioni in bocca. Ma, secondo il suo aspetto, si è resa subito conto di come si era venuta a creare questa condizione. Certo, sarei rimasto deluso se non l'avesse capito da sola. Dopo che il medico mi aveva chiesto di sedermi in sala visite, mi sono sentito improvvisamente così piccolo, quasi impotente e ho sperato che il trattamento passasse in fretta. Da un lato, ero incredibilmente sollevato dal fatto che finalmente qualcuno avrebbe fatto qualcosa per questo dolore insopportabile. D'altra parte, mi vergognavo incredibilmente.

Ero lì, seduto su una di quelle enormi e mostruose poltrone che di solito si trovano presso i dottori o i dentisti. Un giovane adulto, che presumibilmente aveva la vita sotto controllo ed era sulla corsia di sorpasso. E non ha avuto altri problemi. Ma questa bulimia era proprio questa nota macchia nera sul mio gilet bianco e quindi non avevo nulla sotto controllo. Ho sempre pensato che fosse tutto così perfetto. Mai provato droghe, mai fumato, ok due o tre volte tirando su una sigaretta. Non ho neanche quasi mai consumato alcolici. Problemi di soldi erano parole straniere nel mio vocabolario.

Tutto sembrava andare alla perfezione. Ma ho dovuto ammettere a me stesso che avevo una malattia mentale. Una malattia dalla quale probabilmente non mi sarei mai liberato completamente. Proprio come un sobrio alcolizzato. Oggi so che la bulimia e l'anoressia sono malattie moderne. questa affermazione va corretta perché bulimia e anoressia in realtà colpiscono più le donne che gli uomini. Secondo uno studio, più del 95% di tutte le persone colpite soffre di bulimia a causa della mancanza di auto-accettazione, della scarsa fiducia in se stessi o semplicemente di problemi d'amore. Quando ho letto questo rapporto, ho cominciato a chiedermi a quale di questi gruppi appartengo. Dopo che la dottoressa si era messa i guanti protettivi, ho aperto lentamente la bocca in un dolore lancinante. Continuava a farmi domande. Come si è manifestata l'infiammazione, da quando e con quale frequenza ho avuto le lamentele. Sapeva esattamente cosa stesse succedendo. Ora non ho risposto in modo così corretto e veritiero come lei aveva immaginato. Dopo aver terminato la diagnosi, ha messo da parte lo specchietto per la bocca e il tampone di cotone, ha messo il paradenti sotto il mento e ha girato la sedia verso di me...

«Allora, signor DiFranco...»
...Mi ha interrotto di nuovo, perché la luce della sua lampada da esame mi ha abbagliato gli occhi. L'ha messa da parte e l'ha accesa una seconda volta...

«Allora, signor DiFranco,
dovremo fare un'altra visita per
le sue ferite o qualsiasi altro
sintomo, le darò una terapia piuttosto che farla ricoverare.
Ora cauterizzerò le sue ferite,
ma questo ha senso,
se non metterà le dita in futuro in gola.
Puoi promettermelo?»

...Se prima mi sentivo piccolo e indifeso, ora avrei voluto sparire sotto un tappeto molto velocemente. Quelle parole erano proprio lì! Le fissavo come uno scolaretto, cercando di non sembrare particolarmente indifeso. Sì, questo mi aveva davvero colpito. Sapevo esattamente cosa voleva dirmi, che aveva più che ragione con la sua breve dichiarazione e aveva colpito il chiodo sulla testa. Sollevato, tornai a casa nelle prime ore del mattino. Ho dato un breve ringraziamento ad un succoso Big Mac, ma solo un pensiero davvero breve! Sono stato contento che nessun McDonalds fosse aperto a quell'ora del giorno. Non riuscivo ad addormentarmi quella notte. All'inizio è stato il dolore alla gola a tormentarmi, e anche le poche ma precise parole del medico che hanno rivelato la mia miserabile esistenza. Nei giorni successivi ho anche iniziato a pensare sempre di più alla mia vita. Le domande dopo domande mi sono passate per la testa. Cosa avevo perso negli ultimi quindici mesi, ma cosa avevo guadagnato? Il dolore, l'esperienza, la mia libertà. I paragoni sulla mia situazione del passato e del presente hanno risvegliato i miei sentimenti più e più volte. Alla fine sono sempre tornato al punto di dovermi interrogare...

«Quali sono i tuoi obiettivi, i tuoi sogni?
Quali sono i desideri e bisogni interiori?
Cosa sei disposto a sacrificare
per raggiungere questi obiettivi?»

...All'improvviso mi sono reso conto che la mia situazione attuale non era poi così male. Solo la mia autocommiserazione e la bulimia mi ostacolavano come un'enorme montagna. Neanche perché ero single. Per niente. Ho potuto sperimentare l'amore anche in altri modi, ad esempio dai miei genitori e dagli amici. Ma prima di tutto ho dovuto imparare ad accettare e ad amarmi così com'ero. Solo allora potevo eliminare i miei errori, per quanto possibile. Perché se non ti rendi conto di te stesso, se fai di te stesso ciò che vuoi vedere allo specchio ogni mattina dopo esserti alzato, se non ti senti bene nella tua vita quotidiana come essere umano, allora non sarai mai in grado di amarti. Tuttavia, anche se si fallisce, bisogna essere in grado di affrontare le sconfitte e cercare di trarne il lato positivo. Perché è nelle sconfitte che le persone crescono nel mondo reale. E la caduta a volte non è poi così male. Soprattutto quando si è smarriti. La caduta è come un nuovo inizio, o un pulsante di reset. E più si cade in profondità, più si può risalire in alto. In primo luogo non è importante cosa gli altri pensano di te o ti chiedono. Siete voi stessi a decidere della vostra vita e solo voi ne siete responsabili. Se dovessimo cadere, ci rialzeremmo di nuovo. Con questo atteggiamento ero allora sulla strada migliore per accettarmi così com'ero. Solo in questo modo ero aperto all'amore degli altri e potevo davvero godere e apprezzare i doni che la vita mi offriva. Nelle settimane successive, ho intensificato i miei sforzi per essere vicino a Pino e Rado. Alla fine sono andato di nuovo sulle piste, mi sono divertito e ho giocato di nuovo a calcio nel fine settimana. Nel mese di maggio ho finalmente esaudito uno dei miei desideri a lungo attesi. Ancora una volta, domenica mattina presto sono tornato a casa dal club (da solo per una volta). La forte stanchezza ha influenzato il mio stile di guida altrimenti sicuro. Per questo mi sono perso la partenza per Kriegshaber, un quartiere di Augsburg, dove vivevo da più di un anno. Fortunatamente, ho dovuto accettare la piccola deviazione di pochi minuti dopo. Mi ha portato direttamente davanti al concessionario Toyota di Oberhausen, il vicino quartiere di Kriegshaber. È stato come un amore a prima vista. Mi sentivo come se la BMW che stava lì in piedi mi sorridesse. Per un attimo ho pensato, e per quanto folle e spontaneo fossi e sia tuttora, ci ho messo il mio timbro e l'ho messo al contrario.

Poco prima della falena nera che brillava (questo termine mi è venuto in mente spontaneamente quando ho visto la macchina) la mia Astra si è fermata. Ho aperto la portiera della mia auto, ma ho lasciato il motore acceso e sono sceso dall'auto per un attimo. Lentamente mi sono avvicinato alla BMW come se ci guardassimo dalla testa ai piedi. Credo che quella sera non fossi del tutto sobrio. Un rapido sguardo attraverso il finestrino sul lato del conducente e poi ai cerchioni. La mia decisione è stata chiara. Quattro giorni dopo la mia Astra è stata venduta ed ero l'orgoglioso proprietario di una BMW 316i.

Sì, cari lettori, lentamente ma inesorabilmente mi sono scongelato sempre più dalla mia personale era glaciale. Mi sono lasciato il passato alle spalle e ho aspettato l'estate che sarebbe arrivata. Amici, feste, sesso e calcio. Mi sentivo benissimo. Nei fine settimana ho acceso un mare di luci per il tè nel mio bagno, nel soggiorno e nella camera da letto. Queste candele hanno creato un'atmosfera meravigliosa sul mio parquet, che è stato sempre pulito di fresco e ha inondato di luce calda le stanze del mio appartamento. Il mio impianto stereo ha riprodotto gli ultimi successi in classifica. Ho impiegato due ore per prepararmi alla vita notturna. Sì, sono stati i sei mesi migliori della mia vita finora, un piccolo errore di dolce vita. Beh, il meglio deve ancora venire, la ciliegina sulla torta, o diciamo il coniglietto che a volte salta fuori dalla torta. Un evento in cui io e milioni di altri avevamo riposto tante speranze. Il conto alla rovescia dei mesi e dei giorni è stato costante. Il mio sogno azzurro avrebbe potuto finalmente avverarsi e la squadra italiana vincere finalmente un titolo?

Il Campionato Europeo non era stato troppo bello per l'Italia. Buffon, il numero uno in Italia, si era rotto la mano.

Vieri avuto un infortunio a lungo termine e Del Piero era ancora lontano dalla massima forma dopo il lungo infortunio al ginocchio. Non sapevo cosa aspettarmi da questa nazionale italiana. Alla vigilia del Campionato Europeo in Olanda e in Belgio i miei preparativi erano in pieno svolgimento. Ho pulito il mio appartamento da cima a fondo. Inoltre ho dovuto registrare alcune cassette musicali per la macchina. Non ci sono risultati normali.

Solo canzoni di calcio. -*Un'estate italiana*- di Gianna ed Edoardo, -*Da me a te*- di Claudio Baglioni, -*Nessun Dorma*-, -*Carnival de Paris*-, -*Campione*- di Dario G. e molti, molti altri.

Quando sono uscito di casa alle cinque del mattino per andare alle prove della banda, tutto è stato preparato per la grande festa del calcio che si sarebbe tenuta la sera. Nelle successive tre settimane ci sarebbe poco tempo per altre grandi attività. Le strade erano ancora deserte quando le ho percorse sabato mattina. I ricordi mi sono passati per la mente. Italia 90, il campionato del mondo in casa. La merda nei quarti di finale del 1998 contro il futuro campione del mondo Francia. Per non parlare della sconfitta al Brasile nella finale di Los Angeles del 1994. Ed è sempre stato quel dannato rigore che ci ha negato quel trionfo. Per prendere un po' d'aria fresca e per calmarmi un po', ho fatto abbassare i finestrini dell'auto. Oh, è stato bello, dopo una notte così lunga, finalmente avevo finito con le pulizie e i preparativi. Ero perfettamente preparato per un lungo mese di calcio. La fresca brezza mattutina che soffiava nella mia auto... Oh sì, avevo dimenticato tutto sui nastri appena registrati. Alla fine, queste canzoni hanno davvero rotto gli schemi. Al più tardi quando i suoni di "One Moment in Time" con la voce divina di una Whitney Houston ruggirono fuori dalle casse della mia BMW, mi giunsero le lacrime agli occhi. A un certo punto l'Italia doveva finalmente vincere un titolo. A un certo punto avrebbe dovuto essere di nuovo il nostro turno. Perdere in modo così crudele doveva finire. Non dimenticherò mai questo viaggio mattutino per le strade di Augsburg. Sentimenti di speranza, soddisfazione e impazienza scorrevano nella mia mente e nel mio corpo. Il sangue mi formicolava nelle vene. Sembrava quasi di accendere la benzina. Le riflessioni sugli ultimi sei mesi e sul prossimo Campionato Europeo si mescolavano a un gioco di pensieri emotivi nella mia testa. E avrebbe dovuto essere davvero un'estate indimenticabile. La giornata era appena volata via. È stato un bell'inizio di fine settimana, questo sabato. Quasi troppo bello per lavorare. Il sole bruciava senza sosta per le strade di Augsburg. A causa dell'imminente evento, l'attesa della serata era diventata quasi insopportabile. Mi sono chiesto più e più volte quando passeggiavo nella zona pedonale prima di una grande partita o di un torneo, o quando tornavo a casa in auto nell'ora di punta…

-Tutte queste persone che mi passano davanti o che passano in macchina sanno cosa succede stasera?-

…È stato in quei momenti che ho spesso desiderato di avere la capacità di leggere la mente. Naturalmente, mi rendo conto che non tutti hanno gli stessi interessi, non tutti sono appassionati di calcio. Tuttavia, mi interesserebbe sapere quante persone si sentono e pensano come mi sentivo allora e come mi sento ancora oggi. Che non siano già in pochi a pensare alla loro squadra, alla grande partita che li attende e che non trovino altrettanto difficile concentrarsi sulla vita quotidiana che si sta svolgendo. È semplicemente incredibile, addirittura inimmaginabile per me che molte di queste persone non sappiano nulla dell'imminente evento, cioè di una partita di Coppa del Mondo o di Campionato Europeo.

Riprendiamo l'esempio con le strade affollate. Sono fermo con la mia auto al semaforo rosso. Nella macchina accanto a me c'è un uomo. Diciamo intorno ai quarant'anni. Anche lui sta tornando a casa in questo momento. Arriverà lì tra una ventina di minuti, parcheggerà la sua auto, entrerà e saluterà la sua famiglia (se ne ha una). La cena sarà servita e dopo potrà uscire in giardino per potare la siepe, o andare a fare la spesa o a portare a spasso il cane... qualsiasi cosa! Ma ora sono le 21:00 e la sua TV rimane spenta quella sera. Impensabile per me, un orrore assoluto! La Nazionale gioca oggi dalle otto e quarantacinque di sera. E così tante altre domande vengono fuori. Che interessi ha quest'uomo oltre a tagliare le siepi? Perché non gli piace il calcio? Come è cresciuto? Che cosa ha plasmato la sua vita?

Ma a questo punto, naturalmente, mi è del tutto chiaro che ogni persona pensa in modo diverso, vede la propria vita con occhi diversi, ha interessi diversi. E anche questi sono probabilmente più o meno influenzati emotivamente. Ma la questione determinante rimane per me. Quale situazione deve verificarsi perché una persona esca da se stessa emotivamente, proprio come un vero tifoso di calcio? Non posso davvero dare una risposta a questa domanda. Potrei vivere una vita senza il calcio? Inimmaginabile, MAI! Preferisco rinunciare alle donne e al sesso... Ok, forse per un po'! Supponiamo che avessi raggiunto l'età orgogliosa di ottant'anni, che l'Italia fosse in una finale di Campionato Europeo o di Coppa del Mondo e che fosse in testa 3-2 o 4-3, o 0:0, qualunque sia. Ora succede la cosa più improbabile... Mi viene un infarto per tutta l'eccitazione.

Cari lettori... Giuro, su tutto ciò che ritengo sacro! Non avrei messo piede in quell'ambulanza fino alla fine della partita. E dico sul serio. Preferirei morire in una partita finale con la partecipazione italiana piuttosto che in ospedale dopo aver perso anche il resto della partita. I miei genitori e molti altri che mi conoscono un po' meglio dubitano comunque che raggiungerò quell'età con tutto lo stress che ho scelto per me stesso. E sì, non posso nemmeno essere in disaccordo con loro su questo punto. Dopo la mia entusiastica partecipazione a grandi partite e tornei, questo sarebbe un piccolo miracolo. È davvero lo stesso teatro ogni volta. Prima di ogni partita importante di una squadra italiana, il mio sangue ribolle pericolosamente. Il Milan e la Squadra Azzurra sono la mia religione. È come se la magia mi circondasse. Nell'aria, nel vento, nel rumore degli alberi, tutto è diverso. Cerco di concentrarmi sulle cose e sui doveri che altrimenti mi occupano nella vita di tutti i giorni. Ma mi ritrovo sempre più spesso in profondità nei miei pensieri e nelle mie attività con la mia squadra. Se solo ci fosse stato lo scambio delle cassette musicali (per scaramanzia) con le canzoni del calcio. Katharina (la mia ultima moglie) era sempre molto eccitata in quei giorni. La nostra vita familiare è sempre stata come una danza sul vulcano. Ha detto che ero estremamente odioso durante quel periodo. Tanto più che con me potevano parlare solo di calcio e io sembravo estremamente disorientato, smemorato e disinteressato ad altre attività e argomenti. Dopo una giornata di passeggio molto veloce, ora ero seduto nel mio soggiorno. Ero ancora solo e non sapevo cosa aspettarmi nelle quattro settimane successive. Il mio televisore era ancora spento e la calma prima della tempesta era abbastanza piacevole (sì, una breve pausa). La luce calda del sole al tramonto splendeva attraverso la porta del mio balcone sul pavimento laminato del mio soggiorno. Mancavano cinque minuti alla cerimonia di apertura. Quindi sarebbe dovuta iniziare ora. Tre settimane intere di follia calcistica, tre settimane di vacanza libera, tre settimane di paradiso (o forse anche di puro inferno). Tre settimane che aspettavo con ansia da oltre due anni. Ho lasciato che la mia testa sprofondasse di nuovo nella morbida pelle del mio divano, ho chiuso gli occhi e ho ricominciato a sognare...

Accidenti, è stato allora che i miei conigli affamatissimi hanno cominciato a spuntare sul balcone. Non avevo dato da mangiare alle povere creature per una buona giornata. Mi sono precipitato in cucina e per festeggiare il giorno ho mangiato una porzione extra large di cibo secco con lattuga sopra. Così, ora finalmente avrei potuto fare l'ouverture. I telecomandi accanto a me sul divano, a portata di mano, e via. Prima che l'immagine sul mio televisore diventasse visibile a poco a poco, il telefono ha squillato. Di nuovo mi sono affrettato nel corridoio per rispondere alla chiamata e poi per finirla il più velocemente possibile. Tipico, avrei dovuto immaginarlo. Era il turno di mia madre. Voleva solo ricordarmi della cerimonia di apertura. Avrebbe dovuto immaginare che non me la sarei persa per nessun motivo. Eccola lì, la pace e la tranquillità. Perché dopo che mi sono precipitato in soggiorno, il telefono ha squillato di nuovo. La mia cara madre aveva la fastidiosa abitudine di chiamare più volte di fila. Si ricordava sempre qualcosa e poi si spiegava sempre con la solita giustificazione…

«Oh, a proposito, ho dimenticato di dirti...»
…ma questa volta non era affatto mia madre. Era Rado. Con il suo tipico saluto...

«Ciaaaaao, come stai?»

…Naturalmente non gli ho lasciato molto tempo per continuare a parlare, l'ho interrotto già a metà "Ciaoooooo"... e gli ho spiegato che volevo finalmente assistere alla cerimonia di apertura. Se era possibile, allora, per favore, farlo in pace. Dopo aver concordato un breve scambio di parole per la partita italiana del giorno dopo, sono tornato di corsa in salotto. Ora, però, si è manifestato un bisogno urgente della mia vescica. Quindi non ho visto molto della già breve cerimonia di apertura. Ciononostante, ho potuto immortalare alcuni momenti davvero belli ed enormemente pomposi nella mia memoria. Diversi artisti in molti abiti coloratissimi hanno presentato una favolosa coreografia con una musica allora molto moderna. Avevo finalmente ceduto alla pressione della vescica e, per precauzione, avevo staccato la spina del telefono, per poter finalmente assistere alla fine dei festeggiamenti in pace. Un gonfiabile gigante alto circa quindici metri è stato spostato nello stadio di Bruxelles da artisti in costume bianco-blu. Davanti c'era un palloncino gonfiato ad elio. Più o meno un gigante del calcio. Mentre centinaia di palloncini colorati si innalzavano nel cielo azzurro, Dario G. si è sintonizzato sull'apertura ufficiale del torneo con la canzone del Campionato Europeo 2000 –*Campione*-. Finalmente era arrivato il momento, finalmente l'attesa era iniziata, l'attesa era finita. È stata la prima volta nella storia del calcio che due nazioni insieme hanno ospitato un torneo così grande. Anche se il Belgio e i Paesi Bassi erano culturalmente molto simili come vicini (so che entrambe le nazioni non amano sentirselo dire). Così l'inizio è stato fatto ed è stato un prologo molto promettente. Allo stesso tempo, questa cerimonia di apertura è stato un nuovo inizio tardivo per lo stadio, pieno di tanti ricordi negativi. A quel tempo era ancora conosciuto con il nome di –Heyselstadion-. Nel 1985 vi si è disputata la finale della Coppa dei Campioni, tra la Juve e il Liverpool. Me lo ricordo ancora oggi molto bene. Secondo il libretto del programma televisivo, la partita doveva essere registrata alle 22 sulla Prima Televisione tedesca. Ma a causa di un cambio di programma, la partita è stata trasmessa in diretta alle 20.15. Mi sono seduto, come sempre quando la sera guardavo la TV con i miei genitori, nel mio posto preferito, direttamente davanti alla TV su un piccolo cuscino, appoggiato alla stufa a olio della nostra cucina. All'epoca non sapevo nulla dell'importanza di questo gioco. Poiché mio padre non mi aveva spiegato di cosa si trattava, per me era ancora una normale partita di calcio in quel periodo. Ma quello che è successo in quelle due ore in quello stadio è, grazie a Dio, ancora unico nella storia del calcio europeo. In primo luogo, uno stand marcio è crollato a causa dei tifosi inglesi in rivolta. Poi ci sono stati gravi scontri tra i due campi dei tifosi. Alla fine sono morti 39 tifosi di calcio. La maggior parte di loro erano italiani, e in alcuni casi, naturalmente, molti spettatori sono rimasti gravemente feriti. Inoltre, lo stadio era semplicemente completamente sovraffollato. Al giorno d'oggi, una partita verrebbe abbandonata o probabilmente non avrebbe nemmeno luogo in tali condizioni. Ma comunque, dopo un duro intervento della polizia, il calcio è stato giocato nonostante tutto. Molto probabilmente, temevano un'escalation ancora maggiore della situazione se la partita fosse stata abbandonata. Per gli inglesi questa partita è stata la fine temporanea di tutte le competizioni europee. Un divieto di cinque anni avrebbe dovuto essere una lezione per loro. Ma lasciamoci il passato alle spalle e torniamo ai bei ricordi del calcio. Il fatto è che lo Stadio Heysel era stato completamente rinnovato per il Campionato Europeo, ha offerto una cerimonia di apertura molto impressionante e ha brillato in nuovo splendore sotto il cielo serale di Bruxelles.

Il Belgio ha dominato contro gli svedesi molto riservati nei primi trenta minuti di gioco. La prima mezz'ora è stata caratterizzata da un grande calcio offensivo da parte dei padroni di casa. Fino a quando gli scandinavi hanno lentamente trovato la loro strada nel gioco e hanno lasciato il campo piuttosto sfortunatamente dopo la fine della partita con un punteggio di 1:2 come perdenti. Con tutta la pressione sul Belgio per vincere davanti al pubblico di casa, gli svedesi avrebbero potuto essere più liberi nel loro ruolo di sfavoriti. Il primo giorno del torneo si era concluso. Mentre le relazioni preliminari sulle successive partite e i preparativi per le stesse erano in TV fino a tarda notte, io mi stavo preparando per domani. Nell'armadietto a specchio del mio bagno ho cercato il colore del viso verde-bianco-rosso. Ho provvisoriamente tappezzato le pareti del mio soggiorno con i poster di Roberto Baggio, Vieri, Del Piero, Totti, Inzaghi e Maldini; natural-mente non potevano mancare i poster della vittoria dell'82, del Mondiale. Con le canzoni del calcio, che suonavano un po' più ovattate dal mio stereo a quell'ora tarda, mi sono addormen-tato molto velocemente. Il giorno dopo, verso mezzogiorno, sono partito per Rado dopo una tazza di caffè, che era tutta la mia colazione. Il centro della città era come estinto rispetto ai giorni della settimana. La calma prima della tempesta, o solo una normale domenica pomeriggio? La mia auto era perfettamente equipaggiata con le bandiere. E non è stato difficile vedere che gli occupanti erano Tifosi italiani. Due sciarpe italiane erano incastrate nei finestrini posteriori a cerniera della mia BMW, ben attaccate. Ma prima che Rado entrasse nella mia auto, gli ho consegnato cerimonialmente la bandiera italiana montata sull'asta. L'estremità dell'asta della bandiera di 1,60x2.60 metri, saldamente ancorata al vano laterale della porta del passeggero, sventolava con orgoglio al vento. Ma prima di andare al Cinemaxx[1], il più grande cinema della città, ho sentito un fortissimo ringhio nello stomaco. Anche se eravamo un po' in anticipo, Rado era già molto eccitato e non riusciva a capire perché avessi deciso di mangiare una pizza nel mio ristorante italiano preferito. Rado voleva solo   andare al cinema e voleva farlo nel modo più

---

[1] Il cinema

veloce possibile. Ma non ho mollato e non gli ho chiesto il permesso per molto tempo, cosa di cui non avevo comunque bisogno. Passando per Königsplatz[1] ho corso verso il teatro della città, scendendo verso la Park-and-Ride-Platz[2], girando verso Donauwörtherstrasse ancora poche centinaia di metri e potevamo vedere Michele e suo figlio Francesco già in piedi davanti al Ristorante Michelangelo. Dato che il tempo era così bello e a quell'ora del giorno non c'erano ancora ospiti nel ristorante, i due guardavano le auto di passaggio mentre fumavano una sigaretta e si godevano un po' i caldi raggi del sole. Naturalmente ci hanno notato da lontano per via della BMW decorata. Senza perdere molto tempo, abbiamo girato la macchina in pochissimo tempo e l'abbiamo parcheggiata sul marciapiede in una zona di sosta assolutamente vietata. Dover cercare un parcheggio ora avrebbe richiesto troppo tempo. Inoltre, quel giorno avevamo comunque affittato la libertà di essere pazzi. Di Francesco si poteva vedere direttamente la tensione. Le braccia incrociate e con un ampio, ma un po' teso sorriso sul viso. Il sole, che bruciava senza sosta sul suo viso, lo costringeva a fare questa smorfia torturata. Michele, suo padre parlava solo brevemente e allegramente…

«*Ecco che arrivano i veri fan,*
una Pizza Italia, giusto?»

…Ha tirato il mozzicone di sigaretta un'ultima volta, l'ha gettato per strada ed è tornato al ristorante per fare l'ordine anche senza il mio consenso. Rado era completamente perplesso e con una leggera scossa di testa ha seguito Michele al ristorante e con un sorriso ha detto…

---

[1] Piazza del Re
[2] Il parcheggio

...Faceva parte del mio rituale mangiare una Pizza Italia prima di ogni grande partita italiana. Naturalmente doveva essere la migliore pizza di Augsburg. E questo era ed è disponibile solo da Michelangelo a Oberhausen. I miei amici mi chiamano sempre fanatico superstizioso. Tuttavia mi sento molto meglio dopo. Ebbene, aver contribuito in qualche modo alla vittoria della mia squadra mi ha dato una sensazione di soddisfazione e di rassicurazione. Un piccolo rituale, come le canzoni del calcio, i poster, le bandiere, la pittura del viso e la pulizia superficiale e il riordino prima di ogni partita importante. Quando l'arbitro dà il calcio d'inizio alla partita, tutto doveva andare a posto. Così siamo entrati nel Ristorante Michelangelo e abbiamo aspettato nell'area d'ingresso per la pizza. Alla nostra sinistra c'era il lungo bancone con i rubinetti, la macchina per l'espresso e i liquori sulla parete a specchio, dove la moglie di Michele ci salutava calorosamente e ci offriva due bevande. Alla nostra destra c'era un grande forno a legna incassato nel muro, circondato da un grande piano di lavoro, dove i pizzaioli si dedicavano alla loro attività e creavano le pizze più deliziose della città. Era davvero un posto molto bello. Arredamento molto mediterraneo e tipicamente italiano. Alle pareti di stucco bianco erano appesi numerosi quadri i cui motivi raffigurano opere d'arte italiane fuse in argento e incorniciate da un passe-partout a specchio. Il pavimento era in cotto caldo e il soffitto era coperto da un enorme soffitto rustico in legno. Michele, l'oste era un italiano meridionale non troppo alto, ma estremamente simpatico. Si vedeva che gli anni non lo avevano lasciato senza traccia. I suoi capelli non erano più ricchi come quelli di Francesco e il nero lasciava il posto al grigio. La sua pancia da buongustaio molto allenata e i suoi baffi corti lo rendevano inconfondibile. Ma con l'ottima cucina quotidiana del suo ristorante non c'era da meravigliarsi. E sono sicuro che era anche un ottimo cuoco. Ho sempre sentito la sua gentilezza calorosamente e ho visitato il suo ristorante sempre con gioia e naturalmente con grande fame. Pertanto, non abbiamo mai mangiato meno di tre portate (non importa con chi sono andato a mangiare). Ma questa domenica avremmo dovuto mangiare solo una Pizza Italia. Francesco aveva davvero l'eccitazione scritta in faccia. Probabilmente non si sbagliava del tutto sulle sue paure. Dopotutto, questa partita tra Italia e Turchia è stata molto più di un semplice punto o di una partita d'apertura di un grande torneo di calcio. Era molto più di questo. Erano in gioco il prestigio e l'onore. Dal punto di vista sportivo, probabilmente lo è stato molto di più da parte italiana. Subire una sconfitta sarebbe stato fatale. Così ci saremmo certamente sentiti, per i prossimi dieci anni, ridicoli davanti ai tedeschi e ai turchi...

«Com'è stato al Campionato Europeo 2000?
Contro chi ha perso la prima partita l'Italia?»

...Anche se le prime settimane sarebbero state certamente le peggiori. In ogni caso, quindi doveva essere una vittoria. Tra le altre cose, volevamo un buon inizio del torneo. Bene, qual era la situazione di partenza prima di questa partita? Con il Galatasaray Istanbul, i turchi hanno fornito i vincitori della Coppa Europa appena incoronati e i primi vincitori della Coppa di Turchia nella storia del calcio. Con la loro sensazionale qualificazione e qualche vittoria a sorpresa, la parte del Bosforo è stata facilmente favorita. Francesco era come se fosse stato sostituito; per il resto sempre ottimista, ma questo pomeriggio è stato particolarmente attento alle sue previsioni. Costantemente si accarezzava nervosamente la mano tra i capelli. Rado distribuiva sempre la stessa senape...

…Si vedeva chiaramente in lui la repressione della sua paura della sconfitta. Più della metà dei colleghi di Rado nel centro di smistamento merci delle poste tedesche provenivano dalla Turchia. Lo capivo fin troppo bene. A costo zero volevo tornare all'inizio di un incubo alla fine della giornata. Gli ultimi anni sono stati semplicemente troppo crudeli per la nazionale italiana. Mi sono aggrappato all'idea e all'augurio di vittoria e me ne sono vantato in modo piuttosto pomposo…

«Oggi li ripuliremo, non avranno la possibilità di metterci in imbarazzo»…

Ma non volevo scommettere più di 1-0 o 2-1 per l'Italia. La TV, che era appesa al soffitto vicino all'uscita sulla terrazza, mostrava già le azioni preliminari. Quel giorno sembrava un'eternità. Il tempo non voleva e non voleva passare. Ore dopo, a giudicare dai miei sentimenti, la Pizza Italia era finalmente pronta per me. Una grande pizza al forno a legna con mozzarella, basilico, spinaci, pomodori freschi e ricotta. Semplicemente deliziosa! Solo che in qualche modo non è stato possibile farla scendere giu. Se avete la rana in gola e l'eccitazione negli arti, può essere davvero tortuoso se provate a mangiare una pizza calda in cinque minuti. Ma questo sgranocchiare letteralmente non ha assolutamente nulla a che fare con il mangiare con piacere. Ora che ero riuscito a mangiarne la metà, non potevo più restare al ristorante. Certo, avremmo potuto guardare la partita anche lì. Ma puramente da una sensazione nella zona dello stomaco, non volevo affatto abituarmi al breve pensiero di questa possibilità. Abbiamo fatto confezionare la pizza e abbiamo lasciato il ristorante di nuovo con molte congratulazioni reciproche. Mentre i canti di battaglia uscivano dalle casse della nostra auto e Rado sventolava la nostra bandiera dal finestrino, lentamente mi si è accorto di come sarebbe andato il pomeriggio. Mi è parso chiaro che moltissimi appassionati di calcio erano a conoscenza della trasmissione in diretta del Cinemaxx. Ma era anche chiaro che noi italiani saremmo stati chiaramente in minoranza, anche contro i turchi molto vivaci. Rado ha confermato i miei pensieri. Perché ciò che temevo solo nei miei pensieri, lui lo esprimeva a parole. Ma tutto questo, stranamente, non mi ha spaventato molto. Tanto più grande era l'attesa di una possibile vittoria.

Abbiamo guidato su Schätzlerstrasse fino a Königsplatz, dove abbiamo girato in direzione di Maxstrasse. Il mio registratore ha suonato –Campione- a tutta velocità. Era inconfondibile e imperdibile per i pochi passanti che erano in strada in quel momento. Oh sì, uno avrebbe dovuto vederci. Con una mano sul volante e l'altra sul finestrino posteriore. Abbastanza figo, naturalmente, come si era abituati a fare da parte degli italiani. Che grande senso di patriottismo e di falso orgoglio nazionale. Ma in giorni come questo non mi importava affatto. A tutti gli appassionati di calcio va ricordato oggi, soprattutto ai tedeschi, che uno dei più grandi contendenti al titolo sarebbe entrato oggi nel torneo. L'Italia è stata davvero maledetta dalla tradizione e dall'impegno dei suoi tifosi a vincere contro i turchi. Era semplicemente il momento di essere finalmente incoronati campioni. In un mese pieno di amore, orgoglio, coesione e speranza. Perché ancora una volta non potevamo e non volevamo aspettare. Erano passati quasi vent'anni quando l'ultimo grande titolo era andato all'Italia. Dannazione, avevo solo cinque anni all'epoca e non riesco nemmeno a ricordare quel mese memorabile. Ora era finalmente il nostro turno. L'unica notte alla fine di questo torneo volevamo essere incoronati dei, essere immortali. Ubriaco di felicità e di scrivere la storia. Un popolo, una fede, una squadra. Uno per tutti e tutti per uno. Forza Azzurri. I turchi sarebbero stati solo un piccolo ostacolo sulla strada per il titolo. Abbiamo fatto un giro sulla strada panoramica di Augsburg prima di svoltare verso Cinemaxx. Gli ultimi duecento metri, però, abbiamo dovuto percorrerli a piedi. Il più grande cinema di Augsburg aveva solo pochi mesi all'epoca. Il nuovo edificio, ad eccezione del cinema, era ancora in costruzione. Quindi c'era solo uno spazio limitato di parcheggio direttamente davanti al Cinema. Un enorme complesso di acciaio, cemento e vetro si innalzava nel cielo ai margini della città vecchia. Dove un tempo si trovava il centro della polizia di Augsburg, oggi è stato costruito un enorme e modernissimo centro commerciale. Fortunatamente, però, il cinema, che era direttamente adiacente al centro, era già completato. Così ora ci trovavamo davanti alle porte ancora chiuse. Ancora un sacco di tempo e nel frattempo una pizza fredda nel nostro bagaglio, che era ancora abbastanza gustosa. La situazione mi ha permesso di sedermi sul pavimento davanti all'ingresso del cinema. Appoggiando la schiena contro la porta a vetri, ora ho mangiato l'ultimo pezzo di pane italiano in pace. Avrei voluto davvero che Rado avesse fatto lo stesso. Invece, saltava da una gamba all'altra. Eravamo ancora gli unici visitatori che volevano vedere la partita nel buio freddo del cinema. Ma col passare del tempo, questo fatto è cambiato. A poco a poco sono arrivati i primi fan. Come si temeva, sono stati quasi esclusivamente i tifosi turchi. Sguardi poco invadenti sono stati scambiati attraverso la piazza. Ognuno era in qualche modo modellato dall'altro. C'è stata una leggera tensione nell'aria con l'aumento del numero di visitatori. Finalmente sono arrivati i nostri amici. Pino, con il quale non facevo niente da molto tempo fino a poco prima di questo campionato europeo, e Gordan, uno dei miei migliori amici d'infanzia. Rado, Gordan e Pino. Quando noi quattro eravamo insieme, ok, per non dimenticare Neff, in realtà era tutto perfetto. Ora il gioco poteva iniziare. Eravamo pronti per la battaglia. Improvvisamente... e la situazione che ne seguì arrivò al momento giusto, gli ormai cinquanta guerrieri turchi cominciarono a cantare...

«Türkiye... Türkiye... Türkiye... Türkiye».

...Ma tra queste grida, sempre più forti, voci possenti si levano in sottofondo, le voci di un italiano alto e tarchiato e di un italiano più piccolo e snello - entrambi della nostra età...

«Italia... Italia... Italia»

...Tuttavia, sotto il fischio stridulo del concerto dei turchi, il suo canto è inizialmente affondato miseramente. Per me personalmente il canto davanti al cinema era troppo stupido. Non ero nello stadio dove i miei ragazzi potevano sentirmi. Ma naturalmente ci siamo uniti ai due italiani, ci siamo fatti conoscere brevemente e eravamo in sette. In seguito si è scoperto che i due, Leonardo e Daniele, con nostro grande disappunto, erano fanatici dell'Inter e non erano affatto inferiori a noi nel loro fanatismo. Ma quel pomeriggio non ci importava affatto, soprattutto l'italiano. La squadra nazionale ha semplicemente esaminato tutto. Ora finalmente, dopo alcuni esercizi di canto, si sono aperte le porte del palazzo del cinema. Nonostante l'ingresso gratuito abbiamo dovuto prendere un biglietto pro forma. In questo modo si è voluto determinare il numero di spettatori. Ci siamo affrettati al cinema numero quattro, partita di gruppo Italia contro

Turchia. Abbiamo comprato rapidamente due litri di coca e un secchio di popcorn e siamo andati via. I posti al cinema sono stati distribuiti rapidamente. Noi, i circa venti italiani, ci siamo messi nelle prime due file direttamente davanti allo schermo. Alle nostre spalle la frazione turca di circa centotrenta persone.

Le azioni preliminari si sono rapidamente concluse. Non potevamo aspettare il calcio d'inizio a causa di tutta l'eccitazione. Ora avremmo avuto le risposte alle nostre domande. Quanto bene Toldo ha sostituito l'infortunato Buffon. Senza quattro top star per il Campionato Europeo sarebbe andato bene? Solo contro una nazionale turca che non era mai stata più forte di allora. Finalmente era arrivato il momento, niente più lunghe attese. Lasciate che le azioni parlino da sole. Dieci minuti prima del calcio d'inizio, la tensione era quasi insopportabile. Avevamo deciso di non rivoltarci contro i turchi, di non prestare loro attenzione e di non preoccuparci di quello che sarebbe successo alle nostre spalle, di ignorarli, di guardare dritto davanti allo schermo, di concentrarci sulla partita e di dimenticarci di tutto il resto. I tifosi turchi di allora erano considerati molto facilmente irritabili e non volevamo davvero rischiare nulla. Rado, che si divertiva a conoscere Gordan e Pino, era molto meno nervoso di me e Leo. Così abbiamo aspettato le due squadre nei posti migliori del cinema, proprio in prima fila. Un mare di bandiere verde-bianco-rosso si stendeva davanti a noi sul tappeto. Naturalmente non potevano mancare le singole bandiere del Milan, della Juve e dell'Inter. I tifosi turchi, però, non l'hanno trovato così bello. Ancora e ancora, quando alcuni fan dell'Italia hanno voluto aggiungere le loro bandiere, c'è stato un concerto fischiettante dalle retrovie. Potevo guardarlo Pino, lui la pensava come me. Non c'era più una goccia di saliva, perle di sudore scorrevano sulla fronte e il battito del cuore non era del tutto inconfondibile. Le squadre sono entrati in campo... quindi ora avrebbe dovuto finalmente iniziare. I giocatori si sono formati per gli inni. L'italiano è stato il primo ad essere suonato. Naturalmente ci siamo alzati dalle nostre poltrone e abbiamo guardato lo schermo un po' perplessi. C'era qualcosa di nuovo, qualcosa di mai visto prima sul prato. Una cosa che non era mai stata così prima di allora. Tutta la Squadra Azzurra è rimasta in campo, abbracciandosi e cantando al meglio l'inno nazionale. Era come se stessero festeggiando...

> *"Siamo forti. La squadra è la star.*
> *Insieme siamo imbattibili.*
> *Un'unità, fratelli d'Italia".*

...E ci sono voluti solo pochi secondi prima che ci trovassimo davanti allo schermo ed eravamo come i giocatori. I turchi dietro di noi al cinema hanno smesso di fischiare per due minuti per rispetto. Naturalmente siamo stati altrettanto rispettosi nei loro confronti quando è stato suonato l'inno turco. Inzaghi e Totti sono rimasti in attesa del calcio d'inizio di Hugh Dallas. Accidenti, ero nervoso. Avevo la sensazione che la pizza mi sarebbe tornata su, fuori dal mio stomaco. Ma con un piccolo aiuto dall'alto avrebbe dovuto funzionare. Finalmente l'attesa era finita. Due anni maledettamente lunghi e ora mancavano solo pochi secondi. Dopo un solo minuto di gioco, i turchi hanno ricevuto un calcio di punizione proprio sulla linea di metà campo. Un cross nell'area di rigore che non doveva essere pericoloso perché Buruk non riusciva a raggiungere con la testa, ma Toldo si è giudicato un po' male alla prima azione, ma per fortuna è riuscito a respingere all'angolo. In seguito gli italiani hanno preso le redini molto rapidamente. Subito dopo l'azione, Totti è passato a destra e ha attraversato l'area di rigore su Inzaghi. Ma Ümit è riuscito a liberare la palla in tempo per l'angolo. Seguirono alcune occasioni di segnare sul box turco e ci volle quasi mezz'ora perché i giocatori turchi tornassero in partita. Opportunità di gol, tuttavia, come il tiro di svolta di Sergen, sono state piuttosto rare. Il primo tempo apparteneva chiaramente agli italiani. Anche se all'inizio ad Arnhem non è stato segnato nessun gol, è stata una partita vivace. Nel nostro cinema c'è stata davvero molta azione. Ogni fallo contro i turchi, così come i calci di punizione per l'Italia, sono stati fortemente criticati dai sostenitori turchi. Ma la piccola frazione italiana, che era in prima fila, ha opposto una forte resistenza...

«Italia... Italia... Italia»

...e fischiettava dalle ultime file per interrompere il nostro tifo. A volte l'atmosfera era davvero come allo stadio. Gli applausi turchi di solito andavano giù pietosamente con le possibilità di gol degli italiani. Alla fine della giornata non mancava molto e ci saremmo saltati tutti alla gola. Quindi la pausa dell'intervallo è arrivata proprio al momento giusto. Le menti avrebbero potuto calmarsi un po'. Anche il nervosismo di Pino, Rado ed il mio si è tranquillizzato un po'. Ma Pino era da notare, questo pomeriggio odiava i turchi non meno di Rado (in termini sportivi). Così mi sono seduto con loro come su una polveriera e ho potuto solo sperare che non si arrivasse a un'esplosione. L'Italia ha giocato bene, ha avuto l'avversario sotto controllo. Ora abbiamo avevamo una sensazione migliore nel nostro stomaco per vincere la partita. Tuttavia, il secondo tempo non è iniziato in modo ottimale come speravamo. I turchi sono tornati dalla pausa in modo molto più aggressivo e hanno avuto una buona possibilità di prendere il comando con un tiro lungo da Taifur. Ma già al 51° minuto gli italiani hanno ripreso da dove avevano lasciato verso la fine del primo tempo. È stato Stefano Fiore che, con un pallonetto al limite dell'area di rigore, ha messo Filippo Inzaghi in posizione di tiro. Pippo si allontana, ma il difensore turco Alpai riesce a respingere la palla appena prima della linea. La palla è volata sul portiere della Juve. Quest'ultimo è partito con una sforbiciata e ha lasciato il portiere Rüstü, senza possibilità di difesa. 1-0 per l'Italia. Un grido di gioia degli italiani, che ricorda un po' l'urlo di Tardelli nella finale di Coppa del Mondo 1982 contro la Germania. La prima fila del cinema ha preso d'assalto lo schermo come se fosse l'inizio di una corsa di 100 metri. Le nostre mani si sono lanciate in aria in modo sincrono e siamo sprofondati l'uno nelle braccia dell'altro con un grido liberatorio di gioia. Finalmente l'incantesimo è stato spezzato. Davanti a quasi trecento occhi turchi, Rado, Pino, Gordan ed io ci siamo sdraiati l'uno nelle braccia dell'altro e abbiamo rimbalzato in cerchio. Cavolo, è stato fantastico. A un metro di distanza da noi, sul grande schermo, i nostri cari italiani, in dimensioni sovrumane, che erano felici con noi come bambini piccoli. Dietro di noi i tifosi turchi delusi. Sì, a volte la provocazione è una sensazione davvero forte. E la nostra gioia veniva davvero dal cuore.

Al più tardi ora era iniziato il Campionato Europeo per l'Italia. Al 56', appena quattro minuti dopo il gol di testa, Francesco Totti si è diretto verso la traversa dopo un calcio di punizione di Albertini. La palla è rimbalzata a Inzaghi. Ma ancora una volta Ogün ha raschiato la palla fuori dalla linea e ha salvato la sua squadra da un knockout finale. Gli applausi turchi dalle file posteriori dell'auditorium si erano spenti in un lampo. Invece, un lamento Oooh o Aaaah è stato sentito molte volte. Inoltre, molti più turchi sono rimasti sconvolti dai nostri canti di gioia rispetto all'inizio del gioco. Oh sì, l'aria diventava sempre più densa. Abbiamo deciso di non rispondere alle provocazioni dei turchi nell'ultima mezz'ora. Tuttavia, dopo il sorprendente pareggio di Sergen al sessantesimo minuto, questo era in realtà quasi impossibile. Un turco è corso dal suo posto in avanti verso lo schermo in preda all'estasi di gioia ha afferrato una bandiera italiana, l'ha gettata sul petto di Pino ha chiesto cos'altro volevamo qui. Avremmo dovuto fare i bagagli e andarcene. Pino e Leonardo sono impazziti completamente. Anche in me e Rado il punto di ebollizione è stato finalmente raggiunto. Se io e Rado non fossimo stati consapevoli dell'inferiorità numerica, non avremmo certo impedito a Pino e Leo di picchiare questo contadino turco. Raramente prima avevamo avuto tanta voglia di colpire un altro tifoso in faccia a una partita di calcio. Ma dovevamo darci una regolata. Ora alcuni tifosi turchi, che avevano assistito allo spettacolo, si erano uniti a noi. Ma invece di istigare una vera e propria rissa, hanno trascinato il loro amico al suo posto in mezzo a discussioni accese. Come se non bastasse, popcorn e pezzetti di carta mi volavano in testa dalle file posteriori, ancora e ancora. L'ho semplicemente ignorato e ho pensato tra me e me, sperando che il 2-1 accadesse presto. Pino, già furioso, teneva d'occhio il suo compagno turco…

«Dopo la partita, si farà prendere a calci in culo.
Non gliela farò passare liscia.»

…E Rado era come…

«Un popcorn mi cadrà sulla testa un popcorn,
allora marcerò al piano di sopra.
Perché non sali tu Michele, noi veniamo con te.
Andiamo!»

…Era già successo… e un popcorn era atterrato sulla testa di Rado. Prima che potessi afferrarlo per il braccio per evitare il peggio, era già scappato. Almeno altri quattro turchi si sono alzati accanto al colpevole idiota e sono passati al peggio. La maggior parte delle teste ora seguiva quello che succedeva al cinema, non quello che gli attori sullo schermo offrivano. Rado non aveva modo di arrivare al buco del culo, uno spettatore lo ostacolava. Pino, Gordan, Neff, Leo, suo fratello ed io gli siamo corsi dietro. Uno dei sostenitori turchi ha gridato...

«Hai un problema?»

...Gli ho detto...
«Siete tutti un unico problema!»

...Ora ancora più turchi si sono alzati e ci hanno minacciato con espressioni e gesti che potevano solo portare a una rissa. Rado non se ne è accorto e ha chiesto all'idiota gongolante che continuava a buttarci fuori di casa di venire con noi. Il turco che bloccava la strada a Rado diceva solo...

*«Torna indietro e siediti, il tizio in fondo è
fuori di testa, è solo un ragazzino.
E tu, Murat, smettila con le stronzate!»*

«Vieni Rado, siediti!»
...Pino lo ha sfidato,
«Voglio solo guardare la partita in pace».

...Dino Zoff, il nostro allenatore, ha dovuto agire. Al 62° minuto è entrato per Pessotto Juliano. Quindi è stato un cambiamento interno, se volete (entrambi i giocatori hanno firmato con la Juventus). Un difensore fresco doveva assicurarsi almeno il pareggio in fondo. Se pensavate che l'Italia fosse rimasta scioccata dall'pareggio dei turchi, tutt'altro, cari lettori. La Squadra Azzurra ha avuto molte occasioni negli ultimi 20 minuti, come nel 64° quando Ogün ha bloccato ancora una volta un tiro da Inzaghi sulla linea. Ma appena due minuti dopo è stato di nuovo Inzaghi, che ha fatto un intelligente pallonetto all'interno dell'area di rigore e ha dato all'Italia un altro vantaggio con un rigore contorto. Potremmo ben capire i fischi e l'eccitazione dei turchi. Pochi arbitri avrebbero considerato fallo il gol di Ogün contro Inzaghi. Beh, si dice che un fallo non dovrebbe mai essere un calcio di rigore. Pippo ha sfidato questa vecchia saggezza contadina e alla fine ha voluto segnare il suo primo gol. Rüstü non ha avuto la possibilità di tenere la palla. In modo tipicamente allegro, come ci si aspetterebbe da un Pippo Inzaghi, probabilmente ha infettato tutti i Tifosi nello stadio e davanti ai televisori (nel nostro caso era lo schermo). Un salto in aria e il pugno proteso verso i sostenitori turchi. Solo pochi istanti dopo sono stato sbattuto a terra dai miei amici. Alcuni turchi hanno lasciato il cinema delusi dopo il nuovo gol. Ma ora finalmente era giunto il momento. La speranza dell'Italia. Il successore di Roberto Baggio è stato chiamato Al 74° minuto è finalmente entrato in gioco. Fiore, che aveva giocato un'ottima partita, ha dovuto lasciare il campo. Alessandro del Piero, che aveva vinto la Champions League con la Juve alla tenera età di vent'anni. Le nostre aspettative nei suoi confronti erano molto alte. Aveva giocato per l'Italia solo una volta. Era sicuro di giocarne altri due o tre. Uno di loro, ero sicuro che avrebbe vinto di sicuro. Quando all'ultimo minuto della partita l'arbitro non ha dato un gol regolare del sostituto Di Livio a causa del fuorigioco, solo noi, i circa venti italiani, siamo rimasti al cinema e abbiamo già iniziato a giocare con canti da tifoso come...

-Francesco Tot-ti- o
-Italia, e Forte, e Vin-ce-rai-

...Le tifose erano particolarmente di buon umore. Sono quasi impazziti ogni volta che Del Piero ha toccato la palla. È stato fatto, la vergogna è stata scongiurata. Grazie a Dio abbiamo vinto questa prima partita, ma è una partita così importante. Nel complesso, la vittoria dell'Italia è stata davvero meritata. Quante volte i difensori turchi hanno dovuto risparmiare sulla linea. Il regolare gol di Di Livio e i tiri della traversa. Alla fine, l'Italia ha avuto un'inferiorità di campo del 41-59 per cento, ma è comunque riuscita a tirare undici tiri a sei. Una bella sensazione dopo questa importante vittoria nella prima partita a gironi. Se avessimo perso, avremmo perso il nostro jolly e avremmo avuto le spalle al muro. Di conseguenza, avremmo dovuto vincere le ultime due partite di gruppo per raggiungere i quarti di finale. Così, con il cuore pesante, abbiamo iniziato a fare i primi giri attraverso il centro di Augsburg. Un bel po' di auto italiane erano in viaggio in questo pomeriggio di sole. Concerti di clacson per quanto le orecchie possano sentire. La polizia ha reso impossibile guidare lungo il Corso, ma questo non ha impedito agli italiani di andare a piedi alla Fontana dell'Ercole. Un mare di bandiere verde-bianco-rosso si estendeva intorno alla fontana nel centro della Maxstrasse. Per quanto belli fossero questi momenti di beatitudine. Pino, Rado ed io sapevamo che questo era solo l'inizio di un lungo viaggio, questa era solo una vittoria sulla Turchia. Era una squadra che non aveva mai fatto un'apparizione speciale sul grande palcoscenico del calcio, e non era proprio tra i favoriti. Sulla via del trionfo assoluto, ci era chiaro che ci sarebbero state delle partite molto difficili. C'era l'Olanda, uno dei due padroni di casa, una squadra per la quale solo l'egoismo e l'arroganza potevano diventare nemici. Con giocatori come Kluivert, Overmars, Cocu, Zenden, Davids, Seedorf e i gemelli De Boer, potevano essere sconfitti sul loro terreno solo nei loro sogni più sfrenati. La Francia, campione del mondo in carica con Zidane, Deschamps, Henry e Wiltord. Da non dimenticare Anelka, Dugarry e Djorkaeff. Una squadra su cui è stato necessario fare un solo commento: -*super favorito assoluto*-. Inoltre, la Germania come campione in carica, la Spagna, la Jugoslavia e gli inglesi erano anche in gioco. Da non dimenticare il Portogallo con l'epoca d'oro come ex campione europeo U21. Sapevamo che avremmo colpito almeno due di questi pezzi. Ma la nostra sensazione è stata molto più positiva dopo questa prima partita. Il nostro portiere di Buffon, Toldo, non sembrava male. È stato certamente in grado di costruire una certa fiducia contro i turchi. L'interazione tattica ha funzionato abbastanza bene. Ma Totti e Del Piero avrebbero saputo certamente migliorare, e lo avrebbero fatto sicuramente durante il torneo. Vediamo quale altra sorpresa avevano in serbo i sostituti.

Il programma giornaliero per le tre settimane successive era il seguente. Prima abbiamo dormito prima di goderci il sole del lago Ilse. Tranne naturalmente per i giorni in cui l'Italia giocava. La preparazione mentale e spirituale ha richiesto un bel po' di tempo. Nel pomeriggio siamo andati di nuovo al cinema. Non ci siamo persi neanche una partita. Spesso ci capitava persino di guardare un film la sera dopo le partite. In realtà saremmo stati pronti per il Guinness dei primati dopo queste tre settimane. La gioventù di Augsburg con gli occhi quadrati". Ma è successo anche che durante le pause del pomeriggio ci siamo presi il tempo di giocare a calcio nella piazza del municipio, tra gli ombrelloni dei caffè. Ci sono molte giovani donne abbronzate e belle giovani donne in minigonna o in abiti corti che si godono una fresca bevanda rinfrescante. Ma non ci interessavano affatto.

È stata semplicemente un'estate che non avrebbe potuto essere migliore. Solo i biglietti per le partite italiane negli stadi e un camper avrebbero superato tutto. Il giorno prima della seconda partita di gruppo contro il Belgio, ho avuto l'idea per la prima volta di far stampare il numero di un giocatore sulla mia nuova maglia dell'Italia. Visto che Del Piero giocava per la Juve e non per il Milan, ma io volevo

indossare il numero dell'attaccante, solo il numero 20 di Totti
è stato messo in discussione. AS Roma non ha mai gareggiato
con il Milan, quindi non ho avuto problemi con Totti. Certo
c'era un Montella, un Del Vecchio o un Inzaghi. Ma con
Inzaghi era come con Del Piero, che allora era ancora un
giocatore della Juve! Gli altri due scioperanti non incarnano la
stessa cosa di Francesco Totti. Era uno dei miei preferiti già
allora, e mi sarebbe piaciuto vederlo giocare con la maglia a
righe rosse e nere. Come Del Piero, ero sicuro che Totti
avrebbe vinto un titolo con l'Italia a un certo punto. Perché
all'epoca aveva solo 23 anni. Al più tardi dopo il suo primo
gol nella partita contro il Belgio avevo perso il mio nuovo
soprannome con tutti gli italiani che hanno festeggiato al
cinema e poi a Maxstrasse. La partita contro il Belgio viene
raccontata in fretta. L'Italia ha giocato in modo estremamente
disciplinato, non ha lasciato alcuna possibilità agli avversari,
ha fatto solo il necessario e ha segnato due gol con il minimo
sforzo, il catenaccio, tattica inventata dagli italiani, che sono
stati sufficienti per raggiungere i quarti di finale. Punteggio
finale 2-0 per l'Italia. Totti ha segnato il destino dei belgi al
sesto minuto. Prima che un tiro lungo di Fiore al 63' sigillasse
il punteggio finale. Il conto di un allenatore coraggioso aveva
funzionato. Chi pensava di vedere giocare Del Piero fin
dall'inizio si è dimostrato ancora una volta in errore. E Zoff ha
osato un altro sorprendente esperimento. Maldini, uno dei
migliori difensori di sinistra del mondo, è stato sostituito nella
sua posizione da Juliano. Maldini ha invece giocato sul lato
sinistro del centrocampo. All'inizio eravamo molto perplessi
su questo schieramento e non eravamo veramente convinti.
Ma in retrospettiva è stata un'ottima decisione di Zoff. Perché
ora cinque difensori di prima classe si comportavano così.
Con Maldini, avevano un giocatore che poteva effettivamente
disturbare precocemente il gioco degli avversari, a centrocampo, ma che era anche in grado di avanzare alla velocità

della luce e di saper animare pericolosamente il gioco d'attacco italiano. Così, mentre eravamo in grado di pianificare i quarti di finale, i turchi non sono riusciti ad andare oltre il pareggio 0-0 contro gli svedesi. La domanda che non riuscivo a togliermi dalla testa dopo il secondo giorno di gara era: chi era il nostro avversario nei quarti di finale? Naturalmente volevamo i tedeschi. Ma il giorno della decisione, tutto doveva andare diversamente.

Beh, eravamo già vincitori del gruppo. L'Italia, con la seconda squadra ha vinto 2 -1 contro la Svezia. Di Biagio e Del Piero hanno chiarito tutto. Al 77° minuto Larsson ha eguagliato 1-1. Ma a due minuti dalla fine, Del Piero ha segnato il suo primo gol per completare la terza vittoria della terza partita. Nello stesso periodo la partita era in corso, la Turchia contro il Belgio. Nel cinema accanto, la tremenda suspense e la speranza dei turchi era inconfondibile. Se i tifosi turchi non hanno avuto la possibilità di festeggiare nelle prime due partite, hanno finalmente potuto lasciarsi andare alle emozioni dopo la vittoria per 2-0 sul Belgio. La loro superstar Hakan Sükür aveva bisogno di tre partite complete per segnare il primo gol per la sua squadra. Ma stava per fare il nodo, visto che entrambi i gol sono stati segnati quel pomeriggio. Maxstrasse era spietatamente affollata quella sera. Mentre io mi sintonizzavo sulle canzoni dei miei amici italiani sulle spalle di Leonardo, i turchi celebravano i loro eroi in modo simile. A un certo punto, nell'estasi della beatitudine, un fan turco si avvicinò a me e Leo con la sua bandiera in mano, sempre sulle spalle di un amico. Ci siamo scambiati le bandiere e abbiamo cantato nuove canzoni. Non ci è voluto molto, visto che centinaia di italiani cantavano…

«Türkiye... Türkiye... Türkiye... Türkiye»
…e i sostenitori turchi…

«Italia... Italia... Italia».

...Per me questi momenti sono indimenticabili. Sì, è stato per noi uno dei momenti più belli di questo Campionato Europeo. Mi fa capire sempre di più quali effetti può avere il calcio sulle persone. C'è un torneo che si svolge in Olanda e in Belgio. Ma l'entusiasmo porta via la gente in quasi tutte le parti del mondo. In nessun altro sport, tranne che nel calcio, si può trovare un tale patriottismo, passione ed entusiasmo. Molti critici chiamano me e i miei amici o altri fanatici o semplici appassionati di calcio. Sì, sono davvero entrambe le cose. Ma non ne sono infelice. Al contrario, il calcio è la mia religione. Ma un fanatico non deve necessariamente essere associato allo sport. Se qualcuno è ossessionato dal collezionare francobolli, monete o treni, non è anche questo una sorta di fanatismo? Anche le persone che mettono tutte le loro energie nelle loro famiglie sono dei fanatici. Proprio per questo motivo, questo termine non può essere sempre applicato solo allo sport. Nella prima partita a gironi contro la Romania, i tedeschi non sono andati oltre il pareggio 1-1. Dopo che i rumeni avevano preso il comando attraverso la Moldavia dopo soli cinque minuti in una partita non proprio entusiasmante, è stato Mehmet Scholl a correggere il risultato al ventottesimo minuto. Non una bella serata a Liegi per i tifosi tedeschi. Nell'altra partita, tra Portogallo e Inghilterra, è stato uno spettacolo assoluto. A mio parere la miglior partita di questi europei. Gli inglesi sono andati in vantaggio molto veloce 2-0 attraverso gol di Scholes (3) e McManaman (17). Ma poi il Portogallo, partito tardivo, si è davvero messo in moto. Il centrocampo dell'Inghilterra è stato superato con meravigliosi passaggi brevi e diretti. Figo ha segnato il gol successivo al 22° minuto con un tiro lungo da 25 metri. Da questo momento in poi, la squadra del Portogallo ha giocato una splendida combinazione di calcio. Il pareggio era solo una questione di tempo. A sette minuti dalla fine del primo tempo, Joao Pinto ha segnato il pareggio che meritava. L'Inghilterra è rimasta scioccata ed era sull'orlo della sconfitta nonostante il vantaggio iniziale di 2-0. Un gioco di martello assoluto, grande arte calcistica e belle mosse! Ma Michael Owen era completamente fuori linea dalla parte degli inglesi è stato sostituito nell'intervallo. Per lui è entrato in gioco Heskey. Ma non è riuscito a respingere la sconfitta, che è stata finalmente sigillata da Nuno Gomes al 59° minuto. Il Portogallo è stato tra i favoriti dopo questa sensazionale performance. Dopo tutto, questa brillante performance non avrebbe dovuto essere un incidente isolato. Gli europei del Sud si erano già qualificati per i quarti di finale dopo la seconda partita di gruppo contro la Romania. Anche se il gol vincente è stato segnato al 94° minuto da Costinha, che aveva sostituito Rui Costa solo cinque minuti prima. Per la Germania non era solo una questione d'onore contro l'Inghilterra, ma di sopravvivenza. Non essendo riusciti a segnare una tripla dalla prima partita, avevano bisogno di un pareggio se volevano passare al turno successivo con le proprie forze nell'ultimo giorno. Ma molto presto in questo campionato europeo i tifosi tedeschi hanno dovuto rendersi conto che gli dei del calcio non sventolavano bandiere nero-rosso-oro. In una partita che non meritava di essere vinta, gli inglesi hanno finito per vincere 1-0 con un gol di Alan Shearer. La Germania può aver giocato meglio di quanto non abbia fatto contro la Romania, ma in nessun momento della partita sono stati in grado di fare quello che sono stati abituati a fare nel corso degli anni. L'impegno, lo spirito combattivo e il calcio combinato scarseggiavano. E le cose sarebbero andate molto peggio. La Germania è stata letteralmente spazzata via dal torneo da una tripletta di Sergio Conceicao. Che era anche contro una cosiddetta seconda squadra dei portoghesi. In futuro si ricorderà come la peggiore nazionale tedesca degli ultimi tempi. L'unico gol di Mehmet Scholl. A un giovane e scatenato Portogallo, che ha mostrato un grande calcio. E a un'Inghilterra che ha dovuto rinunciare a una partita dopo oltre trent'anni di vantaggio per 2-0. Infine, dopo un'altra sconfitta per 2-3 contro... "solo la Romania", che era stata trattata come una palese estranea nella fase di preparazione alla partita. Ma anche i gruppi C e D hanno avuto il loro lavoro da svolgere. Gli spagnoli in realtà... sono arrivati come ultimi favoriti in questo campionato europeo. Hanno perso 1-0 nella prima partita di gruppo contro la Norvegia, e i vichinghi hanno fatto un ottimo lavoro per eliminare la sezione offensiva degli iberici. La squadra slovena ha opposto molta più resistenza del previsto. Nella loro prima partita, tra tutte le partite, hanno incontrato i vicini jugoslavi. Questo gioco è stato chiaramente segnato dall'interesse politico. Solo pochi anni fa la Slovenia non faceva parte della Jugoslavia. Piuttosto e nient'altro che uno Stato indipendente. Inoltre, era la prima volta che entrambe le squadre si incontravano in un torneo internazionale. Ultimo ma non meno importante, il tecnico della nazionale jugoslava Vujadin Boskov ha allenato per cinque anni la squadra italiana della Sampdoria. All'epoca era ancora un giocatore attivo, Srečko Katanec, che ora voleva rendergli la vita difficile come allenatore sloveno. Il gioco è stato estremamente emozionante. All'inizio, la squadra di Katanec aveva gli avversari sotto un ottimo controllo ed era in grado di accumulare un vantaggio di 3-0. Tuttavia, anche gli jugoslavi, come i portoghesi, avrebbero trovato la loro strada nel torneo un po' più tardi. Dopo Zahovic, poi un giocatore del Karlsruhe SC appena retrocesso dalla Germania, e il suo compagno di squadra Pavlin aveva rapito due volte il mondo del calcio, la squadra di Mijatovic e Stankovic ha iniziato una favolosa corsa per recuperare il ritardo. Al 57° minuto era solo Milosevic (a 1-3) prima che Drulovic segnasse il gol successivo appena dieci minuti dopo. Anche in questo caso, solo 300 secondi dopo, è stato Milosevic ad assicurarsi il punto finalmente meritato dei serbi. Neanche questa partita meritava un vincitore. Un 5-5 o 6-6 avrebbe rispecchiato la qualità del gioco. Nelle seconde partite i ruoli sono stati distribuiti abbastanza velocemente. Gli spagnoli e gli jugoslavi erano i preferiti fin dall'inizio. Anche per la qualità e l'esperienza internazionale che i giocatori di entrambe le squadre avevano portato con sé. Tra gli esperti, era certo che i due favoriti contro la Norvegia e la Slovenia non avrebbero permesso che accadesse qualcosa. Ma non è stato proprio così. La partita tra Spagna e Slovenia è stata abbastanza regolare. Ma gli spagnoli sono stati un po' più fortunati e forse alla fine sono stati un po' più intelligenti. Raul li ha già ringraziati dopo quattro minuti. Zahovic ha pareggiato 1-0 nel sessantesimo, ma solo due minuti dopo Etxebarria ha ripristinato il vantaggio. La Spagna ha vinto 2-1 e la Jugoslavia è riuscita a battere anche la Norvegia. Alcuni di voi ricorderanno Kezman, che è stato sostituito da Mijatovic nell'87° minuto. Sì, sì, Kezman, è venuto, ha visto, ha fatto fallo ed è volato fuori dal campo al novantesimo minuto. Sicuramente non ci si sarebbe sorpresi di una sorpresa norvegese. Avevano giocatori come Tore Andre Flo, Carew o Solskjaer nei ranghi. Ma anche nella finale contro la Slovenia, questi giocatori, alcuni dei quali sono stati firmati anche dai migliori club europei, non sono stati in grado di impedire la loro eliminazione. Più di un 0-0 contro i nani della Slovenia non è stato purtroppo possibile.

La partita di spicco di questo gruppo avrebbe dovuto portare con sé l'ultimo giorno di partita. La Spagna contro la Jugoslavia. Entrambe le squadre hanno vissuto un viaggio sulle montagne russe attraverso il paradiso e l'inferno quel giorno. Una partita piena di combattimenti, una bella combinazione di calcio e un sacco di gol. La posizione di partenza era la seguente: solo il vincitore di questa partita era davvero qualificato al 100%. Anche la Slovenia avrebbe potuto arrivare al turno successivo con una vittoria per 1-0 sulla Norvegia. 23000 spettatori hanno assistito a una partita snervante a Bruxelles quel pomeriggio. La Jugoslavia è passata in testa con Milosevic al trentesimo minuto, prima che Perez pareggiasse, nove minuti dopo. Govedarica al 51° minuto per la Jugoslavia e Munitis solo 60 secondi dopo ancora per la Spagna. Sono stati informati del risultato dell'altra partita. A quel punto, Norvegia e Jugoslavia sarebbero state nei quarti di finale. Ora è diventato drammatico. Al 75° minuto Komljenovic ha dato di nuovo il comando agli slavi. Il tempo passava contro gli iberici. Il gioco è diventato frenetico e disperso! La Spagna era fuori, potevano fare le valigie. Chi avrebbe ereditato Camacho come allenatore? Ma, come tutti sappiamo, una partita di calcio dura più di novanta minuti. E infatti, dopo un fallo di Govedarica su Abelardo nell'ultimo minuto di gioco, Gaizka Mendieta, da due volte finalista di Champions League FC Valencia, ha mantenuto la calma e ha pareggiato il punteggio per 3-3. Ma questo non era ancora abbastanza per gli iberici per raggiungere le fasi ad eliminazione diretta. La Spagna doveva vincere! La Norvegia è stata in testa a pari punti battendo la Spagna in un confronto diretto. Come sono spesso pazzi gli dei del calcio. Solo un minuto dopo, gli spettatori non avevano nemmeno elaborato il 3-3. Non importa se la folla tifava o imprecava nello stadio, il gol vincente è arrivato nei secondi finali dopo un potente tiro di sinistro di Alfonso Perez da Siviglia. Povera Norvegia. Mancava solo un gol per segnare e vincere il gruppo. Invece sono dovuti tornare a casa con l'ingrato terzo posto. Lo gnomo del calcio Slovenia aveva certamente sorpreso non solo l'Europa con il suo modo sfacciato di giocare a calcio per infastidire i grandi favoriti. Dopotutto, proprio come la Norvegia, anche per loro sarebbe bastato un altro gol per i quarti di finale. Potevano essere abbastanza orgogliosi della loro inaspettata performance e salutarsi a testa alta. Ebbene, Spagna e Jugoslavia avrebbero dovuto migliorare se i quarti di finale non dovevano essere la tappa finale per entrambe le squadre. Gli avversari erano il gruppo D. Probabilmente la costellazione più forte con l'Olanda ospitante, il campione del mondo Francia, il vice campione europeo Repubblica Ceca e il campione europeo del 92, Danimarca. La storia dell'ex campione europeo viene raccontata velocemente. Completamente sotto sforzo, la squadra intorno a Peter Schmeichel non è riuscita a segnare neanche un punto. Così nella partita contro i francesi, nonostante una netta sconfitta per 3-0, hanno fatto una bella figura. L'unica differenza era un brillante Zidane, un Enrico e un Anelka. Inoltre, i danesi hanno dovuto aprire la difesa molto presto, visto che Blanc ha segnato il vantaggio per la Francia dopo soli 16 minuti. Contro gli olandesi sono stati ancora più vicini a una sensazione fino al 57° minuto. Ma quando Kluivert ha ottenuto il vantaggio per l'Oranje, tutti i sogni di un quarto di finale erano destinati a fallire. Punteggio finale 3-0 per l'Olanda. Anche contro i cechi, non si è potuto segnare nemmeno il gol della bandiera. 0-2, con una doppietta di Smicer. Sì, quei cechi erano ancora più perseguitati dalla sfortuna. L'Olanda ha segnato l'accordo nel L'89° minuto ha visto la sconfitta dei mitteleuropei con un rigore ingiustificato. In questo modo Smicer e Nedved hanno avuto diverse occasioni per punire l'arroganza dell'Oranje. I cechi erano anche vicini alla vittoria nella partita contro la Francia, dopo che Poborsky ha pareggiato al 35° minuto con un rigore. In precedenza, Henry aveva portato i francesi in testa al 7° minuto. Ma già al sessantesimo minuto Djorkaeff ha segnato il gol decisivo per la Francia per 2-1. Così anche i cechi sono dovuti tornare a casa. Alla fine, è stato tra Paesi Bassi e Francia che la vittoria del gruppo era in gioco. La Francia ha avuto anche il coraggio di affrontare l'Olanda con la seconda squadra.

Deschamps, Zidane, Henry o Anelka non erano nella formazione iniziale. Anche se gli olandesi hanno vinto 3-2 a metà tempo, la seconda tuta della Francia si è adattata perfettamente ed è stata di ottima qualità. Francia contro Spagna, Olanda contro Jugoslavia, Italia contro Romania e Turchia contro Portogallo. Tutto sommato, tutto tranne la squadra tedesca era avanzata ai quarti di finale.

Io e Pino abbiamo approfittato dei giorni senza partita dopo la fase a gironi per andare a nuotare al lago Ilse, per rilassarci un po' e prendere il sole. Poiché non era ancora stagione di vacanze, non abbiamo mai avuto molti problemi a trovare un posto libero per prendere il sole. Ricordo ancora il giorno prima del primo quarto di finale. Eravamo sdraiati sulla riva del lago a goderci il sole e ad abbronzarci. Tra l'altro, ci siamo fatti una bella risata su una coppia di pensionati, anch'essi distesi nel prato a pochi metri da noi. L'uomo era un po' più grasso e aveva solo qualche capello grigio sulla testa. Non riusciva a godersi il sole. Ecco perché si è seduto sul suo divano un po' esausto e si è asciugato le perle di sudore dalla fronte con un fazzoletto. Perché tenesse i calzini è ancora un mistero per me. Il pover'uomo ha fatto un'impressione estremamente tormentata. La ragione di questo è stata probabilmente sua moglie, che era sdraiata accanto a lui su una coperta con un walkman e per il nostro grande rammarico cantava costantemente a squarciagola. Quando non poteva sentire la richiesta del marito di non cantare così forte perché il walkman era troppo rumoroso, Pino ed io avevamo solo la possibilità di mordere i nostri asciugamani. Perché eravamo molto vicini a ridere. Ma dopo pochi minuti, il vecchio era davvero stufo. Così alzò così tanto la voce che alcune teste tra i bagnanti si voltarono nella sua direzione e sua moglie si rese finalmente conto di quanto fosse fastidioso il suo canto. Era ora che io e Pino facessimo una piccola passeggiata intorno al lago. Per scoprire se c'era qualcosa di reattivo del sesso opposto. Purtroppo quella mattina erano presenti quasi esclusivamente pensionati. Avvicinandoci al chiosco, abbiamo riconosciuto sul prato davanti a noi, alcuni amici, che passavano il tempo al lago come noi. Hanno giocato due contro due a calcio ed erano quindi abbastanza esausti dal caldo. Siamo venuti da loro come chiamati a sciogliere il cerchio. Naturalmente, abbiamo anche discusso in seguito delle squadre ancora presenti nel torneo e delle possibili squadre che l'Italia avrebbe potuto incontrare. Eravamo tutti d'accordo. Per favore, non l'Olanda! Per l'amor del cielo. È inimmaginabile ad Amsterdam, il calderone della strega dove Ajax era di casa. In un'arena esaurita da una folla per lo più olandese. Con la maggior parte, stiamo parlando al massimo di due o tremila fan italiani Alla fine, però, la squadra olandese, così dannatamente offensiva, ci ha fatto venire più mal di testa. Gli jugoslavi avevano chiaramente le nostre simpatie dalla loro parte. Francia, no, piuttosto contro Spagna o Portogallo in finale. Ma sapevamo che la nostra fantasticheria non era altro che una bolla di sapone. Ciononostante, potevamo essere ancora di buon umore grazie alle nostre convincenti prestazioni nella fase di gruppo. Dopotutto, una squadra italiana deve essere battuta per prima. Forse non abbiamo avuto l'attacco migliore, ma nel complesso siamo stati comunque abbastanza bravi per un grande titolo. Non è stata una mancanza di qualità d'attacco da parte dei giocatori. No, è stata la tattica difensiva dell'allenatore. Eppure, con una delle migliori linee difensive del mondo, alla fine siamo stati i favoriti. Proprio come in quasi tutti i tornei. Naturalmente ci sono state anche accese discussioni su chi fosse la squadra migliore. Inter o AC. Ma con l'avvicinarsi delle ore serali, abbiamo preso appuntamento per la partita di domani contro la Romania.

Naturalmente abbiamo guardato di nuovo la partita al Cine-maxx. Ed eravamo abbastanza sicuri di avere qualcosa da festeggiare dopo. Quando all'inizio eravamo una ventina di italiani contro la Turchia, potevi già contare quasi centoventi Tifosi entusiasti. Come sempre, quel giorno ho avuto molti problemi con tutte le cose che avevo pianificato di preparare in tempo. Così è successo che sono arrivato giusto in tempo per gli inni nazionali, insieme a Rado e Pino. Naturalmente la Pizza Italia non poteva mancare in anticipo. Non avendo più tempo di comprare popcorn e Coca-Cola, ci siamo precipitati nella sala del cinema completamente senza fiato. La paura di Pino di non riuscire ad ottenere un posto non è stata confermata. Leo e suo fratello ci avevano riservato tre posti in prima fila, proprio nel mezzo. Naturalmente, questi posti erano diventati i nostri habitué e siamo stati molto contenti quando la folla ci ha applaudito quando siamo entrati al cinema…

> «*Ciao Ragazzi*», ci salutò Leo.
> «*Ecco due vaschette di popcorn dolce*
>   *e tre litri di Coca-Cola.*»
> «*Sponsorizzato per noi dalla direzione del cinema*».
> «*Perché ci hanno regalato i popcorn?*», chiese Pino.
> «*La direzione del cinema ti incolpa*
>   *per il fatto che tanta gente viene*
>   *al cinema alle partite di calcio*
>   *e che l'atmosfera è grande come allo stadio*».
> «*Beh, quando ha ragione, ha ragione.*»
> ha detto Daniele.
> «*Senza di noi, questo posto non sarebbe qui*
>   *come uno stadio di calcio!*»

…Si era sparsa la voce che avevo motivato i fan a cantare con il mio tamburello a forma di stella. Le bandiere davanti allo schermo erano ora molto più numerose che durante le partite nella fase a gironi. E i 120 tifosi dell'Italia avevano tutte le ragioni per essere felici. L'Italia ha giocato come nella fase a gironi in modo del tutto convincente ed efficace, il percorso di marcia era chiaro! Dopo trentatré minuti, l'Italia ha preso il meritato vantaggio con Francesco Totti. La squadra intorno a Hagi, il famoso Maradona dei Carpazi, non aveva nulla da contrastare. La Squadra Azzurra è stata semplicemente troppo intelligente. Inzaghi ha ottenuto la vittoria per 2-0 nel primo tempo. A parte il brutale fallo di Hagi su Conte, che ha fatto guadagnare al rumeno un meritato cartellino rosso, la partita è stata giocata lealmente per un quarto di finale. Alla fine della partita, la partita è andata direttamente dal cinema a Maxstrasse. Ma quando siamo usciti dal Cinemaxx abbiamo notato che immediatamente nelle file dietro di noi c'erano un paio di ragazzi turchi. Erano proprio loro che ci avevano tirato popcorn e pezzi di carta nella prima partita di questo Europeo. Ma abbiamo deciso tacitamente di non andare avanti e non abbiamo prestato attenzione ai ragazzi fino a quando uno di loro non mi ha chiamato prima di lasciare il cinema…

«Ehi Totti, ora sarai campione d'Europa!»

…Mi sono girato verso di lui e ho sorriso ottimisticamente e ho detto…

«Facciamoci sorprendere».

…Nella prima partita del pomeriggio non c'era molto da guadagnare per la squadra turca. Anche il Portogallo ha sottolineato le sue ambizioni per il titolo con una vittoria per 2-0.

Rimanevano solo due squadre in semifinale. Chi avrebbe affrontato l'Italia? Era l'Olanda o la Jugoslavia? Per favore, non l'Olanda, mi hanno spaventato. Il pensiero di Kluivert, Seedorf o Bergkamp mi ha fatto venire un vero mal di stomaco. I nostri timori sono stati confermati. Kluivert stava giocando la partita della sua vita quel giorno. Ha segnato quattro gol per raggiungere le semifinali. Con una vittoria per 6-1, gli jugoslavi erano così devastati che hanno perso tutto. Senza bussola, avrebbero potuto avere problemi a trovare la strada per tornare alle loro cabine dopo la partita. La squadra di Vujadin Boskov non ha mai partecipato a nessuna delle partite di questo campionato europeo. Solo il recupero contro la Slovenia ha mostrato per qualche istante il potenziale di questa squadra. Ma per una possibile vittoria del torneo, questa squadra era semplicemente troppo piccola. Wow! Fantastico! Quindi contro l'Olanda. Ora saremmo sicuramente stati eliminati, ma almeno con una chiara sconfitta. Almeno sarebbe stato meglio che in un crime thriller di rigori, come lo era stato agli ultimi Campionati del Mondo. Poi non potevi essere turbato da una sconfitta sfortunata in seguito. Nell'ultima partita di questo quarto di finale la Francia ha giocato contro la Spagna. Con questo incontro è stata trovata la prima tragica figura del torneo. Zidane ha dato alla sua squadra il vantaggio al 33° minuto. Mendieta ha pareggiato al 38° minuto con un calcio di rigore per fare 1-1 per la Spagna. Ma Djorkaeff ha segnato di nuovo al 44° minuto per dare alla Francia un vantaggio di 2-1 a metà tempo. Questo risultato non doveva più cambiare. Tuttavia, la Spagna ha avuto un'altra possibilità di recuperare la sconfitta nell'ultimo minuto con un fallo di Barthez su Abelardo. Tuttavia, con l'angelo biondo del Valencia Mendieta fuori dal campo dal 58° minuto e con quest'ultimo che ha convertito le ultime due penalità per la Spagna, l'onere è ricaduto su Raul, la superstar del Madrid. Beh, ha avuto la grande occasione di rimettere in gioco la sua squadra. Il che avrebbe certamente significato andare nei tempi supplementari. Ma il ventitreenne non sembrava all'altezza del compito. Spesso si sarà pentito di questa situazione. L'unica consolazione è che si trovava in un'eccezionale partita maschile con giocatori come David Beckham, Roberto Baggio e Michel Platini. Italia contro l'Olanda e Portogallo contro la Francia. Senza dubbio, le squadre migliori avevano raggiunto le semifinali. Anche se molti erano convinti che questa semifinale fosse una mera formalità e che i finalisti fossero già decisi, l'Olanda e la Francia dovevano essere all'altezza del loro ruolo di favoriti.

Il giorno prima della grande semifinale contro l'Olanda, mi faceva male lo stomaco per una forte pressione. Non riuscivo più a mangiare. Ero più nervoso di quanto non lo fossi da molto tempo. A titolo di confronto, ricordo solo la finale di Coppa del Mondo del 94, o le due finali del Milan contro Marsiglia e Barcellona.

Questa partita contro l'Olanda è stata davvero speciale. Non solo perché è stato il penultimo ostacolo a un grande trionfo. No, l'Italia doveva giocare nella nuova Amsterdam Arena. Sicuramente i giocatori vi avrebbero trovato un mare di arance. E poi contro una squadra che era stata fortemente motivata a recuperare la fiducia in se stessa dai quarti di finale contro la Jugoslavia. Oltre alla Francia, gli olandesi sono stati probabilmente la squadra d'attacco più forte del torneo. Un centrocampo pieno di creatività. Da un Davids, Seedorf, Overmars e Cocu ci si può sempre aspettare fuochi d'artificio in campo. Eppure è stato solo contro gli jugoslavi che si è rivelato il pieno potenziale del gioco. Il pensiero delle cosce assassine di un Seedorf non solo mi spaventava. Kluivert e Bergkamp hanno raggiunto l'età in cui la maggior parte dei professionisti vince i grandi titoli. Raccogliendo i frutti che avevano seminato per anni. Con tutti questi giocatori orientati all'offensiva, spesso si dimentica la forza dei difensori. A loro si è aggiunto Jaap Stam del Manchester United, un tempo il più costoso e uno dei migliori difensori al mondo. Van der Sar, il portiere, non era affatto inferiore ai suoi colleghi. Beh, non potevamo fare altro che perdere, dicevano molti italiani. Ma è stato proprio questo pensiero a farmi quasi impazzire. Dopo i Mondiali di Spagna del 1982, l'Italia non aveva più vinto titoli, come dicevo prima, e gli ultimi tornei avevano lasciato molte cicatrici nel cuore del calcio italiano. Con tutta la sfortuna degli ultimi tre Mondiali, avremmo avuto quella quantità di sfortuna, o fortuna, se avessimo vinto il titolo per sei volte. Non volevo passare altri due anni a sperare nel grande trionfo. Questo dolore, subito dopo la sconfitta dell'Italia, è indescrivibile. Quando il Milan ha perso la finale di Champions League contro Marsiglia e Ajax, mi sono sentito davvero male. Ma non era niente in confronto al dolore che ho provato dopo le sconfitte dell'Italia. Vedere l'Italia trionfare una volta, solo una volta. Avrei vissuto di persona il mio sogno più grande fino ad allora. Italia... guardare i miei ragazzi perdere... prima vuoi svegliarti da quell'incubo e non affrontare gli ultimi minuti. Poi, all'improvviso, ti ritrovi pieno di un odio profondo che ti fa venir voglia di infrangere certe regole. Ma alla fine non puoi ritenere nessuno nel tuo ambiente immediato responsabile di questo tragico destino e ti rendi conto di come il dolore comincia a lacerarti dentro. Vorresti sfogarti o semplicemente urlare in cielo per sempre. Gradualmente crollerai in lacrime e non capirai più il mondo. È esattamente così che mi sono sentito quando sono stato sconfitto in Italia. I primi giorni dopo una sconfitta sono sempre i peggiori. Finché un giorno ti rendi conto che un'altra squadra, non la tua, può definirsi Campione del Mondo o Europeo. Lo shock si placa e si cercano aspetti positivi su cui costruire. Su cui può vivere il sogno del grande titolo.

Nel 1982 avevo solo cinque anni. Con la migliore volontà del mondo, i miei ricordi di un Mondiale iniziano solo con i dribbling di un Diego Maradona in Messico. Quindi i fatti delle mie richieste sono stati chiaramente definiti. Non importa dove o contro chi ha raggiunto la semifinale, l'Italia doveva semplicemente vincere. E hanno dovuto superare le sconfitte in modo così doloroso. Così l'Olanda, davanti al proprio sfondo, è arrivata proprio nel posto giusto. Ma sono stati proprio questi olandesi a subire un calvario simile a quello degli italiani. Due volte gli Oranjes avevano già raggiunto la finale di un campionato del mondo. Nel 1974 a Monaco di Baviera, dove erano già 1-0 davanti alla Germania ed erano la squadra migliore. E ancora nel 1978 nella finale contro l'Argentina ospitante. Ma è sempre bastato solo per l'ingrato secondo posto. Quando nel 1988 si svolse il Campionato Europeo in Germania, i vicini padroni di casa si dimostrarono ancora una volta un buon posto per il calcio olandese. La squadra olandese più forte nella storia del calcio. Molti ricorderanno sicuramente i leggendari duelli di Marco van Basten e Jürgen Kohler. Anche se hanno perso la loro prima partita, contro l'allora URSS. Ma questa doveva essere l'unica sconfitta di questo Campionato Europeo. Prima di incontrare di nuovo la squadra russa in finale, hanno sconfitto la nazionale tedesca per 2-1 in semifinale ad Amburgo. Un festival del calcio a Oranje ha atteso la squadra olandese nel tutto esaurito Olympiastadion di Monaco di Baviera. È stato davvero un festival del calcio. Perché questa partita è passata alla storia con uno dei più bei goal della storia del calcio. Anche un portiere di livello mondiale come Rinat Dasayev, sul versante russo, non ha avuto alcuna possibilità di difendere con questo sensazionale tiro, partito vicino alla bandiera dell'angolo destro. L'Olanda è stata un degno campione europeo. Ai Mondiali di calcio del 1990 in Italia, avrebbero potuto arrivare alle semifinali se il famoso Lama non fosse stato in campo. Con l'espulsione di Frank Rijkaard, a Jürgen Klinsmann è stata concessa una libertà insolita. Se Rijkaard avesse avuto una migliore presa sui nervi e Rudi Völler non avesse vomitato tra i capelli ricci, l'angelo biondo degli Interisti non avrebbe giocato la partita della sua vita. Naturalmente l'espulsione dell'olandese era assolutamente giustificata. All'Europeo 92 in Svezia non solo gli olandesi sono stati sorpresi da una squadra danese insolitamente sfacciata. Così sono dovuti tornare a casa in semifinale, dopo la lotteria dei calci di rigore. Due anni dopo, contro il Brasile, i sudamericani hanno avuto la fortuna della partita dalla loro parte. Il gol vincente per 3-2 era chiaramente in fuorigioco. Sicuramente nei Mondiali di calcio del 1974 e del '78 sono stati svantaggiati nel dover giocare la finale contro la nazione ospitante. Le sconfitte che hanno significato il fallimento negli ultimi due tornei non sono state troppo drammatiche rispetto al 74 e al 78. Ma la sfortuna era ancora lì a sostenere fedelmente gli olandesi. Nel 1996, nella madrepatria del calcio, fallirono nel tiro di rigore contro la Francia. L'unico ventenne Seedorf, che ha assegnato la penalità decisiva, è stato il tragico eroe degli olandesi. Due anni dopo, non sono riusciti a qualificarsi per la finale di Coppa del Mondo in Francia. Ma qui e ora è dove dovrebbe essere giocato il grande trucco. Un sogno olandese era quello di realizzarsi davanti al pubblico di casa. Mai più sarà così facile vincere un grande titolo. Il primo finalista è stato determinato nella partita tra Francia e Portogallo. Con un magnifico tiro a lungo raggio al 19° minuto di Nuno Gomes, una nazionale portoghese che aveva conquistato molti cuori calcistici in Europa si è stata salutata, proprio per il suo stile di gioco rinfrescante e la sua tattica offensiva. Meritavano di arrivare in finale. Ma la fortuna è rimasta con i francesi, come è successo nella fase a gironi e negli ottavi di finale contro la Spagna. In primo luogo, Henry ha pareggiato al 51° minuto. Nessuna delle due squadre è stata in grado di prendere una decisione nel tempo di gioco regolare. Solo nei tempi supplementari il calcio francese è stato premiato con un rigore contro il Portogallo. Il portiere Vitor Baia ha respinto il tiro di Zidane, ma poi non ha avuto alcuna possibilità di colpire Wiltord. Il difensore, Abel Xavier, invece, ha più o meno deliberatamente messo la mano davanti alla linea di porta per impedire ai francesi di prendere il comando. Ho visto questa scena un centinaio di volte e penso che questo fallo di mano sia stata involontaria. Dove avrebbe dovuto nascondere la mano? Ma l'arbitro aveva deciso il calcio di rigore. E questa decisione avrebbe potuto essere difesa. Così Zidane si è convertito in gol d'oro nell'ultimo minuto dei tempi supplementari.

La mattina del 29.06. Mi sono di nuovo sdraiato nel mio letto insolitamente presto. Non sono in molti ad avere la fortuna di svegliarsi con il primo pensiero del calcio dopo una lunga notte. Come la maggior parte dei giorni delle ultime tre settimane, anche quello è iniziato in modo molto promettente. Poiché ero in vacanza in quel giovedì molto importante, mi sono preso il mio tempo per alzarmi. Il sole splendeva con i suoi caldi raggi attraverso le lamelle delle mie tende direttamente sul mio viso. Ho strisciato velocemente sotto la mia coperta per qualche minuto in più e ho lasciato che la routine quotidiana pianificata mi passasse di nuovo per la mente. Ma mi sono dovuto sempre ritrovare a pensare non a questa sera, ma alle settimane passate. In futuro) ne parlerò certamente ai miei figli. Racconterò loro del giugno 2000, un'estate in cui avevo mangiato tanta Pizza Italia. Di Marco Da Silva e della sua estate in cui ha colpito con La Bamba. Dopo ogni vittoria della nostra squadra, questa canzone è stata suonata a caldo nella nostra autoradio durante le corse in auto. Ma è stata anche l'estate di me, di Leo, Pino, Daniele, Gordan, Rado e

Neff. Molti pomeriggi al lago balneare, o solo le notti alle feste, che avevamo vissuto insieme. Ed eravamo ben lontani dall'aver finito. Se avessimo battuto l'Olanda, il nostro sogno sarebbe stato ancora vivo. Come ho detto, doveva solo andare avanti. Dopo pochi minuti la mia circolazione si era messa in moto in modo tale da non poterla più sopportare a letto. Ho fatto una colazione veloce, ho fatto la doccia (ovviamente c'erano alcune canzoni che suonavano nel mio stereo) e poi sono andato da Rado. Insieme abbiamo poi vagato per la città con la certezza e l'anticipazione di incontrare altri italiani. Era circa mezzogiorno quando finalmente siamo arrivati al municipio e abbiamo iniziato a giocare a calcio con alcuni studenti. Naturalmente la nostra missione di incontrare gli amici italiani ha avuto successo. Almeno una dozzina di nostri amici ci hanno incontrato quella mattina e hanno pensato che l'idea di guardare la partita insieme al cinema fosse una grande idea. Una bella giornata d'estate era ancora una volta protesa verso il pomeriggio. Gradualmente la tensione crebbe all'infinito. Erano circa le quindici quando siamo partiti per casa mia. Pino è arrivato a casa mia nello stesso momento. Bastava uno sguardo veloce negli occhi per capire che provava le stesse cose. Così, dopo aver impacchettato le bandiere e aver messo la vernice di guerra nei colori verde-bianco-rosso sui nostri volti, eravamo pronti a partire. Ma quel pomeriggio la nostra strada non ci ha portato prima al Ristorante Michelangelo. No, prima di tutto la nostra strada ci ha condotto attraverso il Cimitero Nord. La tomba del mio secondo fratello maggiore Michael. Di tanto in tanto, sì, certo troppo di rado, ho visitato la sua tomba. Ma quel giorno eravamo consapevoli che avremmo avuto bisogno di tutti i favori del cielo per quella sera per seguire la Francia a Rotterdam per la finale. Dopo un Padre Nostro e diverse intercessioni a Maria Madre di Dio, Gesù Cristo e mio fratello, siamo partiti di nuovo sotto una leggera pressione del tempo.

Ma prima che il mio conto per i minuti rimanenti, dopo aver raggiunto il ristorante, fino all'ordinazione e alla preparazione della pizza e al consumo finale, il successivo tempo di viaggio verso il palazzo del cinema, fosse stato calcolato, avevamo già raggiunto la chiesa di San Pietro e Paolo. Pino aveva una fretta terribile e non ha accettato di mandare un'altra preghiera veloce in cielo. Il cimitero dovrebbe essere sufficiente, disse. Ma alla fine ha avuto la sensazione di scendere dal treno con me e Rado. Naturalmente abbiamo generosamente donato anche una candela. In seguito è stata l'alimentazione più veloce che ho gestito nei miei 23 anni di vita. In ben quattro minuti e mezzo ho mangiato questa pizza, che misurava poco più di 35 cm. Ma ad essere onesti, avevo già pronta la mia speciale tecnica di piegatura. Senza questa applicazione ci sarebbe voluto molto tempo. Tuttavia siamo arrivati al Cinemaxx poco prima delle cinque e mezza in orario. Eravamo di nuovo preoccupati di non avere più spazio. Il cinema aveva spazio solo per circa duecento persone. Ma con nostro grande stupore la partita non si è svolta nei soliti salottini. No, la folla era così numerosa che hanno dovuto spostare la partita nella seconda sala più grande. Ad essere onesti, non potevo credere ai miei occhi. La sala era quasi piena, tranne qualche posto in prima fila. Abbiamo messo le nostre bandiere, e i popcorn e la coca erano già lì. Leo e Daniele si erano naturalmente occupati del nostro benessere fisico come le ultime volte. Ma un posto nella nostra fila era ancora libero. Era quello di Gordan! Dopo un'operazione al ginocchio ha voluto guardare la partita in casa. Ma dopo il mio eterno e superstizioso accattonaggio, è finalmente entrato al cinema con le sue due stampelle. Dove naturalmente è stato accolto calorosamente da noi. Mancavano solo pochi minuti al calcio d'inizio. Le azioni preliminari per la semifinale erano ancora in corso. Improvvisamente la telecamera si è spenta. Le luci si sono riaccese. E noi pensavamo che qualcosa si fosse rotto.

Non fermate il gioco! Ci saremmo persi gli inni e il calcio d'inizio. Ma all'improvviso la direzione del cinema è scesa dalle scale, si è posizionata direttamente davanti allo schermo e ha iniziato un discorso con un microfono. Beh, all'inizio non sera stata entusiasta della trasmissione degli Europei di calcio. Ma col senno di poi ha dovuto ammettere che i suoi timori per la mancanza di visitatori o per le rivolte non si erano avverati. Ha ringraziato me, Pino e Rado per aver reso i giochi italiani un vero e proprio spettacolo, anzi una festa del calcio. Beh, su una cosa aveva ragione. Il nostro passaparola non era di cattivi genitori. Poi ci sono state le azioni con gli appelli a Radio Fantasy. Dove ovviamente ci è stato permesso di pubblicizzare i giochi italiani, sempre dal vivo. Si era davvero diffuso a macchia d'olio. Non per niente avevo il soprannome Totti, per esempio, anche con persone che non conoscevo affatto. Spesso, molto tempo dopo i Campionati Europei, sono stato chiamato –Totti- nel centro di Augsburg dai passanti stranieri che si ricordavano di me da questo Campionato Europeo. Hanno chiamato Pino Baggio. Solo Rado aveva la forte somiglianza con un Karsten Jancker del Bayern a causa della sua testa calva. Oh sì, non gli è piaciuto affatto. Quasi tutta la sala si alzò e si mise in spalla fraternamente quando fu suonato l'inno italiano. Alcuni cantavano, altri tacevano. Ma tutti erano pieni di orgoglio, ora per poter giocare la finale. Giocatori e tifosi! Accidenti, ero nervoso. Mi sentivo come se avessi dovuto andare al bagno. Un mal di pancia che non avrebbe potuto essere peggiore. Gambe che sembravano budini. E il sudore freddo sulla fronte. L'unico tra noi che poteva guardare questa partita senza stress era Gordan. Cercava sempre di calmare me e Pino…

«Non preoccuparti, vincerai».

...Oh, avrei voluto credergli. In questo inferno di colori arancioni e mille ventagli arancioni. Solo un maniaco avrebbe scommesso sull'Italia. L'Olanda ha preso il controllo delle cose piuttosto velocemente. Dopo due minuti avevano già la prima possibilità di fare gol in questa partita. Dopo un quarto d'ora era anche il palo dopo un tiro da Bergkamp. Era solo una questione di tempo, quando Toldo sarebbe stato in grado di lasciarsi alle spalle per la prima volta. Toldo, che è migliorato di partita in partita. In sostituzione dell'infortunato Buffon, nella prima partita ha mostrato un po' di incertezza e di nervosismo. Ma è migliorato di gioco in gioco. Alla fine, è stato meritatamente il numero uno nella box contro l'Olanda. Ma era davvero all'altezza della pressione? In qualche modo, già dopo quindici minuti, ho contato i secondi fino al fischio di pausa. Non che sperassi necessariamente in un tempo supplementare o in un rigore. Per l'amor di Dio, niente calci di rigore. Non ho idea di cosa sperassi. Ma una cosa la so per certo. Nessuna decisione da parte della lotteria dopo il regolare orario di gioco. Forse la difesa avrebbe tenuto e avremmo potuto fare un rapido contrattacco. Il tempo stava scadendo e l'Olanda dominava chiaramente l'azione. Dopo venti minuti l'Italia aveva solo il 30% di possesso palla. All'inizio non si vedeva la scintilla di un degno semifinalista italiano. Il difensore Zambrotta, che ha ricevuto un ammonimento giallo al quindicesimo minuto, ha fatto un altro grave fallo su Zenden al trentaquattresimo minuto. Da quel momento in poi sono rimasti in campo solo dieci italiani. In quel preciso momento, un... direi... una lotta per la sopravvivenza. L'Olanda non aveva altra scelta davanti al pubblico di casa se non quella di giocare in attacco in quella situazione. Con l'onere di essere i padroni di casa e di diventare campioni d'Europa, erano sotto pressione. Molti spettatori delle ultime file del cinema hanno fatto dichiarazioni piuttosto pessimistiche e minacciose. Pino ha anche lasciato il cinema per qualche minuto dopo la partenza di Zambrotta. Avrei voluto fare lo stesso, ma la suspense era troppo forte. Qualcosa sarebbe potuto succedere da un momento all'altro.

E in qualche modo non mi andava affatto bene che Pino avesse lasciato il cinema. Fino a quel momento, avevamo vissuto ogni minuto in cui gli italiani erano in campo insieme. Ma grazie a Dio ho potuto dimenticare il mio sentimento superstizioso dopo pochi istanti. Doveva solo andare urgentemente al bagno, chiedendo dove fosse stato. Naturalmente, non avevo idea di come si potesse correre al bagno durante un gioco del genere. Se non l'avesse fatto prima...

«Dovrei farmi la pipì nei pantaloni, dannazione».
«Sì, che diavolo»

...Ma appena dopo che ci siamo calmati di nuovo, la scossa successiva è arrivata. Al trentasettesimo minuto, dopo un cross da Overmars, Nesta ha impedito a Patrick Kluivert di usare la palla per creare una possibilità di segnare con un'azione un po' scorretta. Markus Merk, l'arbitro tedesco, ha subito deciso un calcio di rigore. Beh, non tutti i giocatori imparziali avrebbero dato quel calcio di rigore. Sicuramente Alessandro Nesta ha tirato fuori qualcosa dalla maglia dell'olandese, ma è stata una decisione un po' difficile. Guardando la situazione dalla parte olandese, ci si deve congratulare con l'arbitro per le sue fantastiche reazioni e gli occhi acuti. Senza la spiegazione al rallentatore, pochissimi spettatori l'avrebbero notato. C'era molta eccitazione nel cinema. Ho dovuto inevitabilmente concordare con la dichiarazione di Pino. Se gli olandesi avessero preso il comando ora, ci sarebbe stata certamente una partita simile ai quarti di finale contro la Jugoslavia. Non solo gli spettatori nella sala del cinema erano terribilmente sconvolti, ma anche i giocatori italiani si sono riuniti intorno a Markus Merk in un lampo. Non potevano credere a questa decisione più di quanto potessimo credere noi. Pino era già sul punto di lasciare l'auditorium. Alla fine Toldo ha ottenuto un cartellino giallo. È stato un miracolo che Paolo Maldini non abbia ottenuto il cartellino rosso per l'uccello che ha mostrato a Markus Merk. Probabilmente non avremmo guardato la partita fino alla fine. Sono passati ben tre o quattro minuti prima del calcio di rigore. Mentre il dottor Merk annotava il numero e il nome di Toldo, si consultava con Del Piero per decidere in quale angolo il tiratore in avvicinamento, Frank De Boer, avrebbe probabilmente sparato. Dal gesto di Del Piero, che solo Toldo poteva vedere, l'attaccante della Juventus era abbastanza sicuro di quale angolo avrebbe preso l'olandese. Non riuscivamo più a guardare. La tensione era salita a un livello che un tifoso con problemi di cuore probabilmente non avrebbe potuto sopportare così facilmente. Sui sedili, in posizione accovacciata, aspettavamo De Boer, che ora era a pochi secondi di distanza. Nelle mie mani sudate tenevo la mia collana con la croce e un'immagine di San Michele premuta con forza contro la mia bocca. Dopo tre veloci Padre Nostro, ho supplicato il nostro portiere, con la stessa frase più e più volte...

«tieni la palla, tieni la palla!»

...avrebbe dovuto negare all'Olanda questa possibilità. Sotto le ansiose grida delle tifoserie femminili delle ultime file, Frank De Boer corre ora verso l'inquadratura della beatitudine olandese. Senza far finta, con gli occhi sul pallone, ha tirato con decisione sul lato sinistro dal punto di vista del portiere. Un buon tiro a segno... è seguita una parata ancora migliore di Toldo. Con la sua reazione difensiva, ha potuto brillantemente sgombrare l'angolo. Non appena ha impugnato questo eccellente tiro dell'olandese, ha saltato con gioia, con il pugno alzato, in direzione della curva che si trovava dietro di lui. L'intera sala cinematografica impazzì completamente quella sera per la prima volta. Avrei preferito saltare sullo schermo e mangiare Toldo. Ma Pino e Rado mi hanno tirato la maglia e mi hanno trascinato a terra. Che gioco pazzesco e c'erano stati solo 37 minuti di gioco. Come avrebbero fatto gli olandesi ad affrontare questo shock? Se ora avessero interrotto un po' e avessero fatto entrare meglio gli italiani nel gioco offensivo. Perché la prestazione difensiva degli Azzurri è stata così giusta. O gli olandesi avrebbero rischiato ancora di più ora e avrebbero tolto il piede di porco? Il primo tempo apparteneva chiaramente alla squadra di Oranje. La dominanza del 70:30% non è cambiata prima della pausa. Tuttavia, i 7500 tifosi italiani hanno avuto più motivi per gioire della loro squadra di casa. Il nervosismo non era affatto diminuito rispetto alle partite di gruppo e ai quarti di finale. Ciononostante, durante la pausa del primo tempo, mentre ero in bagno, quando Marco, un vecchio amico, mi ha chiesto su quale risultato della partita avremmo scommesso…

> *«L'Italia vince ai rigori,*
> *la partita finisce 0-0!».*

…In quel momento, ecco il desiderio. Tuttavia, abbiamo già avuto un vantaggio psicologico molto piccolo a causa dei rigori olandesi sbagliati. Inizia il secondo tempo e Gordan è sempre più preoccupato per il suo ginocchio. Perché i suoi vicini di sede (io e Rado) diventavano sempre più irrequieti. Nel quarantasettesimo minuto era finalmente arrivato il momento. Primo tiro di Stefano Fiore alla porta olandese. Non sarebbe dovuto rimanere una coincidenza. Nel primo quarto del secondo tempo, l'Italia ha preso saldamente in mano il gioco dell'olandese. Gradualmente, poi è diventato uno scambio di colpi quasi aperto per lui a centrocampo. Albertini e Di Biagio hanno svolto un grande lavoro difensivo quel giorno. Dopo sessanta minuti, gli italiani avevano addirittura pareggiato la partita. Lentamente ma sicuramente la nostra circolazione si è un po' calmata. Speravamo che Leonardo fosse già abbastanza sicuro che l'Italia avrebbe vinto 1-0 qui. Ma l'Olanda, con nostro grande dispiacere, è tornata ad essere più forte e ha ripreso in mano le redini.

Al 61° minuto, Davids ha preso d'assalto l'area di rigore da destra. Se fosse riuscito a superare Juliano, avrebbe avuto un'ottima posizione di tiro. Beh, ha superato il suo compagno di squadra della Juventus. Ma lo stratega di centro-campo è stato abbattuto piuttosto rudemente al limite dell'area di rigore. Come ho detto, era al confine dell'area di rigore. Solo dalla parte sbagliata della linea. Un fischio e un altro rigore per l'Olanda. Passo e chiudo! Non credo che spareranno una seconda volta. Ora Pino non ce la faceva più. È uscito di corsa dall'auditorium. Io e Rado ci siamo guardati in soggezione. Leo e Daniele erano entrambi seduti a gambe incrociate sui loro sedili, masticandosi le unghie. Con una visione a tunnel apparentemente senza fine ho guardato l'intera situazione. Ero solo esausto. Azzurro-blu danneggiato e maturo per le pacche! Gordan e Neff erano gli unici che potevano discutere questa pena in modo neutrale. Secondo i commenti degli altri spettatori, la maggior parte di loro aveva già finito con l'ingresso finale dell'Italia. Non so cosa mi sia preso al cinema in quel periodo. Come se fossi stato punto da una tarantola sono saltato sulla mia sedia, mi sono voltato verso la folla dietro di me e ho iniziato a urlare a squar-ciagola…

«Toldo para questo rigore, fidati!
Lo sento proprio qui, Forza Ragazzi...
ITALIA, ITALIA, ITALIA!»

...Mentre mettevo il ritmo del mio tamburello, quasi tutta la sala del cinema era in sintonia. Come se i nostri ragazzi ci sentissero fino all'Amsterdam Arena. C'era un'atmosfera folle nella sala del cinema, che era piena di quasi 600 persone. Gli addetti al cinema temevano che la situazione potesse degenerare, come avevano temuto. Ma non ce n'era motivo. Al cinema non c'erano olandesi. Beh, questa volta non ci sono state obiezioni da parte degli italiani. Il calcio di rigore era perfettamente giustificato. E ora Kluivert... il vero cuore della squadra. Ancora una volta, ho piegato le mani. Avevo premuto la mia croce e l'immagine del santo saldamente alla mia bocca... Toldo tiene, Toldo tiene... Kluivert ha preso l'inquadratura, non volevo guardare affatto, SPARA... PALO... FOLLIIIAAAA... FOLLIIIAAAA... Pino non aveva seguito questo rigore. Ma, mentre gli applausi degli italiani scoppiavano di nuovo, lui si rigirava nella sala del cinema e cadeva giù per le scale fino a noi. Si è lanciato in aria e si è gettato di nuovo su di noi nel tumulto. La sala cinematografica rischiava quasi di crollare. Nelle ormai frequenti ripetizioni degli applausi di Toldo per la seconda mancata 911 degli olandesi, si è creato un clima che probabilmente non era mai esistito prima in un palazzo del cinema. Al più tardi dopo questa situazione abbiamo finalmente avuto il desiderio istintivo di tirare i rigori. Se avessimo dovuto davvero vincere questa lotteria, non c'era momento migliore di questa semifinale contro l'Olanda. Questa partita aveva e poteva essere decisa semplicemente con un rigore. E in qualche modo ho avuto la sensazione che il gioco fosse stato finalmente rovesciato. Da allora in poi, nessuna delle due squadre ha avuto grandi possibilità di segnare. Il gioco viveva solo del divertimento e si svolgeva principalmente a centrocampo. Al 67° minuto gli italiani hanno iniziato con le sostituzioni. Marco del Vecchio è venuto per Inzaghi, che quel giorno non si è presentato. Anche l'allenatore olandese Rijkaard, ex giocatore di punta del Milan, ha puntato tutto su di lui e ha portato un nuovo attaccante fresco per Zenden van Vossen. Rijkaard non ha voluto prendere un calcio di rigore, non dopo il modo in cui è andata la partita. Zoff ha reagito in un batter d'occhio. Per Albertini è entrato in gioco Pessotto, l'affidabile terzino sinistro della vecchia signora italiana, la Juventus. Ma tutti si sono chiesti quando e se Francesco Totti sarebbe stato sostituito. Il giovane romano non era nella formazione di partenza della Squadra Azzurra. In fondo, Dino Zoff aveva optato per una tattica difensiva contro gli olandesi e, con molta fortuna, aveva già sistemato tutto. Da non dimenticare che l'Italia ha avuto un protagonista in meno in campo dal 34° minuto. Ma lei non ha sentito affatto questo fatto. Al contrario, da quando Zambrotta è stato mandato fuori dal campo, l'Italia ha giocato molto più liberata. Otto minuti prima della fine del tempo di gioco regolare, era finalmente arrivato il momento. Fiore è stato costretto a lasciare il campo per la prossima superstar dell'Italia e un minuto dopo ha mandato in porta Del Vecchio con un passaggio ripido. Ma gli è stato impedito di segnare all'ultimo secondo. Nell'85° Seedorf è venuto per Bergkamp. La partita è schizzata nei minuti finali. Entrambe le squadre si erano rassegnate ai tempi supplementari e non rischiavano più molto. Così Markus Merk ha finalmente fischiato per il regolare tempo di gioco. Questi ultimi 90 minuti mi sono sembrati un'eternità. E non solo ero esausto. I trenta minuti successivi significavano di nuovo pura tensione. La squadra che avrebbe preso il comando sarebbe stata anche la vincitrice. Perché dopo il Golden Goal la partita sarebbe finita. Ma eravamo ancora sicuri che avremmo battuto l'Olanda ai rigori. Questo tempo in più è chiaramente appartenuto di nuovo ai padroni di casa. A parte la grande occasione di Del Vecchio al centesimo minuto, non avevamo nulla da decidere sul campo. L'Italia di nuovo estremamente difensiva. Basta con il normale catenaccio. No...

-Catenaccio Superiore-

...L'Olanda avrebbe potuto, e anzi avrebbe dovuto, essere responsabile della decisione di questa estensione. Ma Del Piero, Maldini, Cannavaro, Nesta e Di Biagio hanno messo in piedi un'enorme difesa. Anche le forze offensive si sono fatte strada sul campo. E poi, dopo 120 minuti non si è potuto determinare nessun finalista contro la Francia, è arrivato quello che avevo previsto da tempo. Il Dr. Markus Merk ha deciso di annullare la partita dopo due minuti. Quindi quello che è successo veramente è quello che nessuno voleva veramente. Né l'Olanda né l'Italia avevano mai vinto un rigore in un torneo importante. Ma ora l'Italia aveva davvero le carte migliori. Nel frattempo, molte delle persone delle ultime file del cinema erano scese da noi davanti allo schermo. Sono iniziate le speculazioni su possibili tiratori. Quale Oranje avrebbe avuto il coraggio e la forza di assumersi il pesante fardello o quale italiano si sarebbe di fronte a un muro arancione. Ora per una semifinale in una fase così decisiva, questa era un'atmosfera piuttosto amichevole. Fami-liari o amici, molti dei giocatori in campo si conoscevano già dai campionati spagnoli o italiani. E alcuni di loro avevano già vissuto emozionanti partite di Champions League con l'altro giocatore. Del Piero e De Boer si abbracciarono allegramente. La partita era stata davvero giusta, tranne l'espulsione di Zambrotta e il fallo che ha portato al secondo rigore. Beh, ci saranno stati 70 o 80 italiani davanti allo schermo a quell'ora. Ci siamo inginocchiati sul pavimento e abbiamo guardato in una posa avvolgente, pieni di speranza per le immagini che stavano accadendo sotto i nostri occhi. Il sorteggio tra il dottor Markus Merk, Paolo Maldini e Frank De Boer ha rivelato che l'Italia doveva iniziare con il romanzo poliziesco. E cominciò quella che nessuno di noi aveva sul conto. Luigi di Biagio, stratega del centrocampo dell'Inter Quello che ha mancato l'ultimo rigore decisivo contro la Francia nel '98. Così ora ha avrebbe avuto la possibilità di approfittare di un'ottima terapia e, con il suo obiettivo, aiutare il destino dell'Italia a giungere a una conclusione positiva. Ma se avesse ripreso a girare di nuovo... Di Biagio è arrivato, ha visto e ha segnato un punteggio estremamente ben piazzato e sicuro all'1-0. Nella sala del cinema è scoppiato un tifo ancora un po' trattenuto. Pino strinse i pugni. Aveva delle perle di sudore sul viso...

«Dobbiamo vincere,
diventeremo campioni d'Europa!»
...continuava a borbottare tra sé e sé.
Anche Rado ha pregato...
«Solo una volta, solo una volta...
voglio vincere ai calci di rigore».

...Ora è arrivato il primo tiratore degli olandesi. È stato proprio De Boer, che nel primo tempo non era riuscito a segnare un rigore contro il Toldo. Una pressione folle era sulle spalle del capitano olandese. Cosa gli sarà passato per la testa mentre si dirigeva verso il dischetto del rigore?...

«Sono un capitano... è quindi e mio dovere segnare
sono un modello di comportamento...
eppure ho mancato il primo
Calcio di rigore ... dannazione, se non avessi
Sono sicuro che avremmo vinto...
Ma Patrick ha colpito solo il palo...
Merda, merda, merda.
Sparo?... No, segno!
devo concentrarmi... i miei ragazzi contano su di me...

...ecco cosa successo. Un tiro che non poteva essere più fuori luogo è stato fatto parato ancora una volta da Toldo, che stava armeggiando con il proprio memoriale all'Amsterdam Arena quella sera presto con il secondo tiro tenuto da De Boer. Le dighe hanno minacciato di scoppiare nel Cinemaxx di Augsburg. L'intero staff era ora radunato nella sala del cinema, sperando che non si verificassero danni materiali. Per quanto la folla fosse ora felice. Ho cercato di calmarne la maggior parte. Non eravamo ancora arrivati alla fine. Anche Leonardo, che era quasi due teste più alto, aveva intuito e mi ha sostenuto nell'addomesticare i leoni. Pessotto, il secondo tiratore, era già pronto a sparare quando la folla si era un po' calmata. Il difensore sicuro ed esperto della Juventus non si è esposto e si è convertito al 2-0. Ora mi era anche chiaro che eravamo a un piccolo passo da un incredibile miracolo. Sì, forse il miglior successo che ho avuto in tutti i miei anni con l'Italia. Nessun capo di vestiario sul mio corpo era più asciutto. Bagnato di sudore, vicino a un attacco di cuore, ci aspettavamo Jaap Stam. Ebbene, proprio come De Boer, il difensore del Manchester United ha avuto l'incertezza, il dubbio e persino la paura scritti in faccia. Doveva segnare se voleva dare alla sua squadra un'altra paglia per sopravvivere. Ancora una volta ho piegato le mani, ho premuto la croce con l'immagine sacra ormai inzuppata sulla bocca e ho guardato fuori dalla con la coda dell'occhio con uno sguardo supplichevole alla figura di Toldo...

...Con un enorme martello, l'olandese ha catapultato la palla nella curva sud dell'Amsterdam Arena. Pino, io e Rado rimbalzavamo in cerchio sotto un fragore assordante. Seicento italiani, molti dei quali erano del 1982, non ancora nati all'ultima vittoria dei Mondiali o, come me, ancora troppo giovani per ricordare quei grandi momenti. È scoppiata una gioia indescrivibile. A questo ha contribuito ancora di più il principe romano della formazione iniziale, il giovane Francesco Totti, grande idolo della Roma. Il rubacuori ha avuto il coraggio di dare alla sua controparte, Van der Sar, che è saltato nell'angolo sbagliato, un cucchiaio, in tedesco, un cucchiaio, per caricarlo completamente. Quello che è successo in sala è quasi impossibile da esprimere a parole. Il fallimento era ormai quasi impossibile. Con il secondo tentativo di Patrick Kluivert, aumentavano le possibilità che gli olandesi assegnassero anche il quinto rigore di fila. Ma ora l'Oranje aveva finalmente un breve motivo per festeggiare. Anche se in realtà era solo molto sobrio. Degli ultimi due tiri rimasti, i Paesi Bassi avrebbero dovuto segnare entrambi e l'Italia avrebbe dovuto sbagliarli entrambi. Per la prima volta nella sua carriera di giocatore della Nazionale, Paolo Maldini ha osato arrivare al punto in un rigore. Io e Rado abbiamo avuto un brutto presentimento. Solo Pino, un tifoso del Milan, era completamente sicuro. Maldini avrebbe segnato. Ora Maldini aveva due cose in comune con Frank De Boer quella sera. Entrambi sparati con la mano sinistra. Entrambi hanno perdonato! Così la tensione è aumentata di nuovo un po'. E sono andato completamente fuori di testa. E anche il mio pensiero superstizioso mi ha portato un po' di buon umore…

«Se oggi vinciamo ai rigori,
Lascerò che sia Rado a radermi la testa».

«Ok Michele, ti credo sulla parola!».

…L'olandese successivo si dirigeva verso il rigore. E se Bosvelt avesse segnato e l'ultimo tiratore italiano, chiunque fosse, avesse fallito di nuovo come Maldini? Non mi fidavo ancora del tutto. Dopotutto, abbiamo avuto così poca fortuna nella maglia nazionale italiana e la sfortuna può certamente assumere dimensioni inimmaginabili. Bosvelt era in realtà il tiratore più sicuro sul lato olandese. Bagnati dal sudore, eravamo tutti in una fila di sessanta italiani, ci siamo abbracciati come i giocatori sulla panchina italiana e lo staff tecnico e finalmente ci aspettavamo la beatitudine blu del paradiso del calcio. Ancora una volta ho chiamato a schermo…

«TOLDO PARA… TOLDO PARA»

…Bosvelt ha iniziato a correre, tiro, la palla è volata ben piazzata, a metà strada verso l'angolo destro. Toldo ha scelto lo stesso lato e ha tenuto quel tiro brillantemente. Tutti i giocatori in bianco e blu si sono precipitati verso di lui dalla linea di metà campo per ringraziarlo delle sue gigantesche imprese in questa serata di calcio. Poi, in mezzo a un viavai di italiani felicissimi, è scomparso in campo. Nella sala del cinema si sono rotte tutte le dighe. Le stampelle di Gordan volavano dai come ventilatori che gli saltavano intorno, proprio attraverso l'aria. Mi sono precipitato sullo schermo, desideroso di tuffarmi nell'immagine dei vincitori che applaudono. Prima di affondare a terra, urlando a squarciagola. Le lacrime scorrevano in abbondanza. Leo, che pesava più di 200

libbre, mi è saltato addosso. mi ha baciato sulle guance più
volte. Ora Rado e Pino si sono uniti a loro. Acclamiamo, pian-
giamo, urliamo, ci stendiamo uno sopra l'altro sul pavimento
davanti al grande schermo...

«*SIAMO IN FINALE, SIAMO IN FINALE!*»
...Ho potuto anche intravedere Marco, che aveva
anche le lacrime agli occhi...

**«*TU BARBONE, CI HAI DETTO CHE AVREMMO
VINTO NEL CRUSCOTTO AI RIGORI!*»**
*«Forza ragazzi, andiamo in centro a festeggiare
a Maxstrasse,
Non me ne frega un cazzo se i poliziotti hanno bloccato
le strade. Poi cammineremo di nuovo!»*
...Ma quello che nessuno di noi aveva considerato era
che quella settimana c'era stato un festival di artisti musicali
in Maximilianstrasse. Le strade erano affollate di gente. Sono
sicuro che se la Germania avesse giocato questa semifinale,
non ci sarebbe stata la metà dei passanti ai festeggiamenti. La
folla non ci ha dato alcun fastidio. Al contrario. Abbiamo
rapidamente preso il sopravvento intorno alla Fontana di
Ercole e abbiamo festeggiato il nostro ingresso in finale con
un magnifico spettacolo pirotecnico, che si è comunque tenuto
in onore delle celebrazioni artistiche. Nei due giorni
precedenti la domenica più importante degli ultimi sei anni,
ci sono state molte speculazioni sulla possibile formazione
delle squadre. Tra le altre cose, l'attenzione si è concentrata
sui punti di forza e di debolezza di entrambe le squadre, o su
come sono arrivate in finale. Se la gente era interessata alla
mia opinione, c'era una sola risposta...

«L'Italia sarà campione d'Europa».

...Questo era tutto quello che avevo da dire ed era tutto quello che volevo dire. Ma dentro di me, sembrava molto diverso. Alla fine, le probabilità sono state equamente divise. La Francia, campione del mondo in carica, aveva a Zidane un giocatore che poteva decidere una partita da solo in qualsiasi momento. Solo poche nazioni sono state in grado di competere in modo aggressivo con la Francia. Per chiamarle per nome, queste squadre erano Brasile, Olanda e Argentina. Ma anche l'Italia ha avuto alcuni dei migliori attaccanti del mondo con giocatori come Inzaghi, Del Piero, Zambrotta, Totti, Vieri, Del Vecchio e Montella. Questi erano solo alcuni dei giocatori italiani dotati di un talento offensivo. Con Christian Vieri impossibilitato a giocare nel Campionato Europeo a causa di un infortunio e Zambrotta che si è dimostrato un ottimo difensore e centrocampista a tutto campo, Dino Zoff avrebbe potuto facilmente portare in Olanda due vecchie stelle che erano ancora al loro meglio. Uno di questi era Roberto Baggio, un giocatore a cui il calcio italiano doveva molto e senza il quale l'AC Florence probabilmente non avrebbe mai raggiunto la finale di Coppa UEFA nel 1989/90, né la nazionale avrebbe raggiunto la finale di Coppa del Mondo del 1994. Ormai aveva 33 anni, ma era ancora pericoloso come ai suoi tempi migliori. Non di rado, i giocatori hanno beneficiato dei suoi passaggi ingegnosi, che spesso hanno portato a gol. Il secondo giocatore è stato Gianfranco Zola, che ha riscosso un grande successo con il Parma e il Chelsea FC. Purtroppo, però, era diventato una figura tragica nel calcio italiano ai 94 Mondiali di calcio negli USA sotto la guida di Arrigo Sacchi. Anche lui non era più il più giovane. Con 34 anni di fitness e di gioco sofisticato non un centesimo peggiore di Roberto Baggio. Naturalmente, Dino Zoff era arrivato in finale con la sua squadra e la sua tattica. Ma bisogna ammettere che l'Olanda meritava di essere in finale contro la Francia solo per lo stile di gioco offensivo. Guardando le semifinali in modo oggettivo, ci sono alcuni punti a cui bisogna prestare un po' più di attenzione. L'Olanda ha festeggiato una partita meravigliosamente d'attacco, ma ha mancato due rigori nei tempi regolamentari e altri tre nei rigori. L'Italia, invece, si è dovuta accontentare di un uomo in meno dal 34° minuto. Ed è arrivato al rigore senza subire un gol in una tana di leoni arancioni, per così dire. Questo è stato possibile solo grazie al miglior reparto difensivo del mondo, che ha lavorato al meglio quella notte senza se e senza ma. Anche se il catenaccio non è una bella cosa da guardare. Questo dispositivo giustifica così spesso la fine. Alla fine, l'Italia è arrivata meritatamente in finale. Anche se non hanno mostrato il calcio più bello in semifinale. Fino a quel momento del torneo, avevano giocato meglio del resto d'Europa. Tuttavia, sarei andato a questo Campionato Europeo con una tattica diversa, con una squadra leggermente diversa. Ma questo non vuol dire che Dino Zoff e la sua strategia non mi abbiano convinto. Ognuno l'avrebbe fatto in modo un po' diverso. Ma sono convinto che se qualche allenatore nazionale italiano fosse stato un po' più aggressivo negli ultimi 20 anni o avesse rischiato un po' di più in termini di giovani talenti, come un giovane Gattuso del Milan, avremmo potuto vincere qualche titolo in più. Ma io sono solo uno dei tanti milioni di allenatori. Il giorno della grande finale è era qui. Ma era anche il giorno della grande superstizione, del nervosismo, dei ripetuti mal di pancia e di una calma interiore pretesa prima della grande tempesta. Nel pomeriggio sono andato a giocare a calcio con alcuni amici. Ho dovuto sfogarmi in qualche modo, reagire, e sono arrivato quasi troppo tardi per il calcio d'inizio. Rado mi infastidiva fin dalle prime ore del mattino con le sue chiamate e i suoi messaggi SMS. Mi ricordava costantemente la mia promessa di diventare calvo. Ma in qualche modo non volevo separarmi dai miei capelli. Da quando Rado si è rasato i capelli ogni due settimane, ha fatto pratica a sufficienza. Più tardi, quel giorno, si rese conto che avevo deciso di non avere una testa calva. Era superstizioso quanto me. Così mi ha minacciato sempre più con messaggi come...

«*Se non mantieni la tua promessa,*
L'Italia perde contro la Francia» oppure
«*Traditore nazionale!*»

...In qualche modo, non mi sentivo molto bene per la mia decisione di andare dietro al tizio calvo. Ciononostante, ho cercato di convincermi di aver contribuito abbastanza al tema della superstizione nelle ultime settimane e che per una volta sarei stato fortunato. Avevo solo paura di sembrare totalmente di merda con la calvizie, come avrebbe influito sulla mia popolarità tra le donne? Credetemi, mi sono pentito di aver cambiato idea per molto tempo. Sotto un'enorme pressione del tempo sono andato a casa con i miei amici dopo la partita di calcio per fare una doccia. Il rituale era ormai diventato routine. Pittura di guerra e canzoni di calcio. Visita alla chiesa. Visita alla tomba di mio fratello. Infine la Pizza Italia. Francesco era ancora più nervoso che durante la partita contro la Turchia. In qualche modo era ovvio. Quando finalmente sono arrivato al cinema, Rado è rimasto profondamente deluso da me. Non è difficile da riconoscere, ha cercato di evitarmi. Ma ero sicuro che sarei stato seduto accanto a lui e a Pino al cinema come al solito. Per questa partita, anche se i biglietti erano gratuiti, non è stato facile ottenerli. Molti tifosi di calcio non volevano perdersi questo spettacolo davanti allo schermo. L'atmosfera qui era stata semplicemente troppo buona nelle ultime settimane. Così abbiamo dovuto prenotare i biglietti dopo la partita contro l'Olanda. La sala del cinema era piena fino all'ultimo posto quella sera. Solo un posto era libero. Era esattamente quella accanto a me. È stata la prima partita italiana di questo campionato europeo che io e Rado non abbiamo visto insieme. Avevo sempre più spesso la coscienza sporca. Accidenti, Pino mi ha anche rimproverato perché non ho mantenuto la promessa di diventare calvo. I capelli sarebbero ricresciuti rapidamente. Aveva ragione. La calvizie è il sogno di una vita. Un ottimo affare, a dire il vero. Dio, sono stato stupido. Voglio dire, cosa c'è di male a andare in giro con qualche capello in meno Non tutte le donne pensano che le teste calve siano brutte. Infatti, uno studio americano ha scoperto che gli uomini calvi sono molto più interessanti durante il sesso. Oh, di cosa si trattava? Il destino dell'Italia non sarebbe dipeso da un comune mortale che vive in Germania, vero? No, certo che no! Quando è stato suonato l'inno nazionale italiano, quasi tutti nel cinema si sono rialzati - naturalmente quasi tutti erano italiani - e hanno cantato il testo con speranza... Fratelli d'Italia L'Italia s'è desta, Dell'elmo di Scipio s'è cinta la testa... Ho guardato molto da vicino negli occhi dei protagonisti che stavano per fare la storia davanti a noi sullo schermo. Avrei voluto sapere quel giorno come si sentivano in quei momenti. Ma purtroppo non posso leggere nel pensiero. Non ho visto paura nei loro occhi. No, al contrario, era la pura volontà di vincere. Ho voluto e permesso a ciascuno di loro di trionfare... Fratelli d'Italia L'Italia s'è desta, Dell'elmo di Scipio s'è cinta la testa. Dov'è la Vittoria? Le porga la chioma, Che schiava di Roma Iddio la creò... Nelle ultime quattro settimane ho avuto mal di pancia, spesso causati dall'eccitazione. Nei secondi prima del calcio d'inizio, erano quasi impossibili da aumentare. Dino Zoff è stato uno dei motivi per cui ho avuto questi dolori allo stomaco. In realtà ha avuto il coraggio di affrontare la Francia con una sola punta di ruolo. Ma il vero giocatore non era Del Piero, Montella o Inzaghi. No, si fidava solo della fortuna e della bravura di Del Vecchio. Ma non è tutto. Del Piero, che in difesa contro l'Olanda ha dato una prestazione favolosa, combattiva e autolesionista, è rimasto in panchina e ha invece giocato a centrocampo con Albertini, Totti, Fiore, Di Biagio e Maldini. Come al solito, Juliano, Pessotto, Nesta e Cannavaro hanno formato la difesa intorno a Toldo, il nuovo eroe nazionale della porta italiana. Infine, la Francia aveva il diritto di giocare in casa ed era vestita con le solite maglie blu. Il che significava che l'Italia doveva giocare in bianco. Le maglie bianche non sono mai state davvero buone, almeno non per l'Italia. Raramente si ricordano partite di successo in bianco. Ma abbiamo vinto la prima partita internazionale nella storia del calcio italiano contro la Francia non in azzurro, ma in maglia bianca. Beh, a prima vista, la tattica di Zoff sarebbe potuta sembrare così...

> *«Oh, in realtà siamo in finale,*
> *come è successo? Certo che siamo volgari*
> *estranei e non abbiamo mai*
> *imparato ad essere offensivi*
> *per giocare. Beh, prima che ci facciano il culo*
> *ci chiuderanno nel retro.*
> *Allora non sarà così male,*
> *e una vittoria per 1-0 ci basterebbe».*

...Forse Zoff o Inzaghi o Del Piero avrebbero dovuto prendere il secondo posto dall'alto. Ma avremmo dovuto certamente ottenere le nostre risposte man mano che questo gioco fosse andato avanti. Nel caso della Francia, invece, non c'era niente di speciale da annunciare sulla formazione. Solo i soliti sospetti erano in campo come al solito. Barthez in porta. Thuram, Blanc, Desailly, Lizarazu, Vieira, Deschamps, Djorkaeff, Zidane, Dugarry e Henry. Laurent Blanc diede a Fabian Barthez un ultimo bacio fortunato sulla testa calva quella sera. Per Blanc doveva essere l'ultima partita in maglia nazionale. Di conseguenza, ha voluto aggiungere un altro punto culminante alla sua carriera con questa finale. Certamente non era l'unico francese che andava avanti da anni. Anche Deschamps e Desailly appartenevano alla generazione più anziana. L'ultima partita di questo Campionato Europeo è stata finalmente lanciata da Anders Frisk, l'imparziale svedese. Tutti al cinema erano curiosi di vedere come l'Italia si sarebbe presentata al vero favorito di questo Campionato Europeo dopo la sensazionale vittoria sull'Olanda ospitante. Completamente sorprendente per la maggior parte dei Tifosi e dei tifosi di calcio, questo primo tempo a Rotterdam è stato relativamente equilibrato. Certo, la Francia era un po' più offensiva. Ma il campione del mondo ha avuto qualche difficoltà ad entrare in gioco. Zidane è stato un fallimento totale nei primi quarantacinque minuti. Solo i rapidi tentativi di Henry di iniziare la partita hanno portato a più o meno i cosiddetti tentativi di attacco di Les Bleus. Anche l'Italia ha cercato di rendere la partita più offensiva attraverso Totti e Del Vecchio. Ma i francesi sapevano come togliere il vento alle vele degli italiani e prevenire possibili occasioni di segnatura con piccoli falli tattici. Ma gli italiani avevano anche Zidane, Henry e Djorkaeff quasi perfettamente sotto controllo. Con l'eccezione del nono e trentesimo minuto, le grandi possibilità di segnare sono rimaste scarse da entrambe le parti. Tuttavia, come abbiamo già detto, a sei minuti dalla fine del primo tempo, Djorkaeff ha avuto una grande possibilità di mettere la sua parte squadra in vantaggio. Ma Toldo era, come nei giochi precedenti, una garanzia di affidabilità. La pausa dell'intervallo è arrivata proprio al momento giusto. Mentre discutevamo ferocemente dei primi quarantacinque minuti, la direzione del cinema è scesa dalle scale con un reporter della gazzetta tedesca –Augsburger Allgmeine- .

«Vedete, questo è il giovane,
  Ho detto loro di me»,

...e mi ha indicato. Beh, il giornalista mi ha chiesto di venire fuori a fare delle foto per la AZ con altri spettatori. Ha detto che il mio aspetto colorato era quasi la voce della città tra i tifosi di calcio. Ad essere onesti, mi sono sentito molto onorato della mia reputazione di fan più famoso d'Italia di Augsburg. Nel frattempo, i miei amici continuavano a discutere. Né Pino né Leonardo hanno criticato la sorprendente formazione di Dino Zoff. Dopotutto, ci sono stati più accenti offensivi da centrocampo italiano nel primo tempo che in centoventicinque minuti contro l'Olanda. Tuttavia, quasi tutti hanno chiesto la sostituzione di Alessandro Del Piero. Dopo il lungo infortunio, non è mai stato più nella stessa forma di quando ha vinto la finale di Champions League con la Juve contro l'Ajax. Alla fine, lo doveva al calcio italiano e ai suoi tifosi di vincere un grande titolo dopo tanto tempo. Ci sono stati molti idoli e stelle nella storia del calcio italiano. Si ricorda di molti grandi giocatori che hanno indossato la maglia della nazionale. Quello che intendo dire, cari lettori, quando parlate con i vostri amici dei passati campionati mondiali o europei, naturalmente ricordate i grandi giocatori che hanno dato forma a questi tornei. Ma di tanto in tanto si parla anche dei giocatori che non hanno avuto un ruolo così importante. Quelli che non hanno fatto una grande impressione. Ebbene, quello che un Robby Baggio, un Gianluca Vialli, un Dino Zoff, un Rivera, un Mazzola, un Cabrini, un Tardelli o un Gigi Riva, per citarne solo alcuni, per la Squadra Azzurra, era certamente un Matthäus, un Klinsmann, un Breitner, un Beckenbauer o un Sepp Maier per la Germania. Ma quello che voglio dire è che tali idoli sono sempre associati alla squadra nazionale prima del rispettivo club. Tutti portano con sé per tutta la vita la storia che li ha resi famosi. Cosa ricordano i fan quando si parla di Robby Baggio o di un cimbalista? Scommetterei che i numeri 74, 86, 90 e 94 probabilmente giocano un ruolo molto importante in questo. Ora caro lettore, chiudi gli occhi per qualche minuto e cerca di ricordare i grandi momenti di questi anni. Ma per favore non addormentatevi sognando... Quelli erano bei ricordi. Per Alessandro Del Piero era finalmente arrivato il momento di scrivere la storia in prima persona. Indipendentemente dal corso di questa partita finale. Dal momento in cui ha preso il potere, non solo l'Italia ha prestato attenzione alla sua persona. Al 53° minuto di gioco era finalmente arrivato il momento. Stefano Fiore è stato messo fuori gioco per la più grande speranza del calcio italiano. Zoff ha quindi optato per una tattica più offensiva. Ora, perché no? La Francia non era davvero migliore. Naturalmente, erano sempre alla ricerca della partita offensiva, che era molto accomodante per l'Italia. Perché raramente hanno cercato di plasmare il gioco nelle ultime mosse con una tattica offensiva. Ma con Del Piero la partita è decollata.

La partita si è spostata sempre più nell'area di rigore francese. Il 55° minuto, calcio d'angolo degli italiani, è stato difeso dai francesi. Ma la palla è tornata in possesso degli italiani a centrocampo. Albertini ha giocato un passaggio veloce a Totti, che ha allungato a Pessotto sulla destra con un colpo di tacco e ha portato con sé due francesi. Una croce perfetta per il libero arbitrio Del Vecchio, che doveva solo mettere il piede in giù. Barthez non aveva alcuna possibilità di difesa. L'Italia ha condotto 1-0 e il cinema era sottosopra. Totalmente fuori controllo, sono corso verso la parete sinistra del cinema, mi sono girato e mi sono ritrovato tra le braccia di Pino, Leo e Neff. Le lacrime leggere erano già negli occhi miei e di Pino. Questo è stato il primo obiettivo dell'Italia in assoluto in una finale, che finora ci è stato permesso di festeggiare nella nostra vita. Non è stato né un gol della seconda tappa né un pareggio. No, era una pista. In quel momento mi chiedevo cosa sarebbe successo in piazza del Duomo di Milano. Mi mancava Rado soprattutto in quel momento. Mi sarebbe piaciuto stare con lui. La Francia è stata veloce ad agire e al 56° minuto Dugarry, che si era già rotto il naso, è stato raggiunto da Wiltord, un nuovo attaccante. In caso contrario, una squadra italiana si è ritirata in difesa dopo un vantaggio. L'obiettivo era sempre quello di risparmiare 1-0 nel tempo. Ma non quella notte. La Francia non era così forte come pensava. Sì, erano vulnerabili. Dopo tutti quegli anni di titoli persi, dopo tanta sfortuna e tragedia, volevano uscire vincitori. Volevano la decisione finale: un 2-0. Maldini, Albertini e Ferrara in particolare meritavano il titolo. Avevano vinto tutto con le loro squadre come SSC Napoli, Juventus e AC Milan. Ma un titolo con la nazionale sarebbe stato come un confronto con l'andare in paradiso. Appena quattro minuti dopo aver preso il comando, Francesco Totti, il giovane idolo di Roma, ancora una volta ha giocato un passaggio veloce e ha così dato il via al contrattacco di Del Piero. È arrivato al tiro quasi incontrastato, a soli sedici metri dal bossolo di Barthez. Ma purtroppo la palla è andata poco più di un metro oltre la porta. Zidane ha cercato di rimettere in gioco la sua squadra, ma un calcio di punizione al sessantesimo non è stato un problema per il nuovo numero uno dell'Italia, Francesco Toldo. Anche Wiltord ha fallito pochi minuti dopo a causa dei suoi riflessi. La Francia stava gradualmente entrando in gioco un po' meglio oltre il piede di porco. Rimanevano venticinque minuti da giocare e il tempo non passa e non passa non passava e non passava. Leo, Daniele, Pino ed io siamo diventati più nervosi di minuto in minuto. Nel 66° Ambrosini è venuto per Di Biagio. Zidane deve essere stato un peso per lui in quel momento. Non ha avuto la possibilità di svelarsi contro il calvo italiano. Ancora una volta la Francia ha tentato un attacco da sinistra. Simile all'attacco di Wiltord di qualche minuto prima, Henry non è riuscito a segnare contro il portiere del Milan. Desideravo avere più possibilità di segnare e speravo, come tutti gli italiani, nel 2-0. Per favore, per favore, niente catenaccio. Già nel '70 Del Vecchio avrebbe potuto erigersi a monumento e trasformare il passaggio di Totti, di nuovo brillante. Ma lo scuotimento continuava, in un'infinita eternità di suspense. La sostituzione di Wiltord ha portato sempre più slancio al gioco francese. Certo, i francesi non avevano più tempo. Non hanno avuto molto tempo per riparare il danno. Al 75° minuto Henry, che quel giorno non poteva brillare, ha lasciato la partita al suo migliore amico Trezeguet. Ancora e ancora una volta i francesi hanno provato dal lato sinistro del campo. L'Italia si è concentrata quasi esclusivamente sulla difesa. Ma a sei minuti dalla fine della partita, Del Piero ha avuto la possibilità di essere immortalato sul suo piede. Sarebbe stato certamente commemorato a Torino se non avesse sparato così facilmente alle gambe di Barthez dopo il passaggio di classe mondiale di Ambrosini. Con un po' più di forza e coraggio, avrebbe potuto colpire la palla sotto la traversa, anzi avrebbe dovuto farlo. Ma sicuramente lui stesso ha rianalizzato questa scena un centinaio di volte. Mancavano quattro minuti... Pires è venuto per Lizarazu. La Francia ha scommesso tutto su una carta. Non avevano più niente da perdere. L'Italia è cambiata di nuovo... Montella è venuto per Del Vecchio. Il marcatore della partita erail probabile golden goal. Tutti i Tifosi dello stadio erano ormai in piedi, nessuno di loro riusciva a tenere il posto. E il coro di applausi iniziò a diffondersi, e non solo intorno allo stadio…

«Ole ole ole ole ita-lia, ole ole ole ole ita-lia»...
…Ho anche fatto un passo avanti. Sono stato molto attento in semifinale, ma ora ho osato uscire dalla finestra...

...Non potevo crederci, dubitava ancora della vittoria. Ma questo non poteva essere reale. Nel frattempo si avvicinava l'ottantanovesimo minuto. I miei occhi sono caduti ora sulle diverse bandiere che avevamo messo davanti allo schermo. Il mio cuore batteva sempre più forte. L'immagine di San Michele era ormai completamente inzuppata e consumata dalle mie mani sudate. Il tempo di gioco regolare era finito. Il delegato UEFA a bordo campo ha mostrato i tempi supplementari...Quattro minuti! Quattro minuti? Per cosa? Non ci sono stati falli o altri ritardi. Potrebbe essere possibile avere quattro minuti di tempo supplementare per cinque sostituzioni e un gol segnato. Anche Dino Zoff era molto turbato da questa decisione. Ogni rally, ogni passaggio era ormai come un'eternità... mancavano tre minuti... come se al rallentatore, i momenti commoventi delle ultime quattro settimane si svolgessero davanti ai miei occhi. Festeggiato insieme ai Turchi,... la sforbiciata di Conte, il tifo di Inzaghi,... la partita contro l'Olanda. Poi ho capito. Dopo tutto questo tempo, era finalmente arrivato il momento. Niente più sofferenza. Niente più sfortuna. Finalmente ce l'avevamo fatta. Eravamo campioni d'Europa. Ho visto le prime lacrime scintillare negli occhi di Pino e Leo. I miei sentimenti mi hanno colpito. Per un momento ho iniziato a ridere con un singhiozzo felice...

...Ho tirato entrambe le braccia, aspettandomi una reazione di gioia. I primi Tifosi stavano già lasciando il cinema in Maximilianstrasse. Ancora due minuti... il tempo non voleva andare più veloce. A bordo campo, i sostituti e i funzionari italiani si sono messi in fila, abbracciati come avevano festeggiato per tutta la durata del torneo, in attesa del fischio finale. Dino Nazionale, deriso e criticato all'inizio dalla stampa e dai cosiddetti esperti di calcio. Dopotutto, era salito al semidio d'Italia in quelle quattro settimane ... un minuto in più... se lo meritavano davvero. Lui è stato un degno campione europeo... **CAMPIONI D'EUROPA 2000...**

...Perché quel maledetto arbitro ci ha concesso solo quattro minuti di tempo supplementare? Per cosa...? Qualcuno può spiegarmelo, per favore? Mancavano trenta secondi. Come al rallentatore, il mio sguardo si è spostato dalle bandiere a terra allo schermo. Calcio di Barthez... Trezeguet ha passato la palla attraverso un colpo di testa verso Wiltord, che era posizionato sul lato sinistro, vicino al bordo dell'area di rigore... Cannavaro non ha saltato abbastanza in alto... la palla è arrivata a Wiltord... Wiltord... Wiltord, Wiltord... Tiro, Nesta gira la testa, si allontana, si fa passare la palla tra le gambe... Toldo vede la palla troppo tardi, e invece di piegarla con il piede, si tuffa di qualche millimetro oltre la palla... 1-1... Ero in piedi in una stanza vuota senza fine, non un suono, non una persona intorno a me poteva sentirmi. Stavo lì in piedi come un bambino piccolo, da solo, in un posto strano e non c'era nessun aiuto in vista. Poi, pochi secondi dopo, mi sono svegliato di nuovo da questo vero incubo, ho corso di nuovo verso il lato sinistro della sala cinematografica e ho schiacciato il mio tamburello contro il muro. Si è rotto in due pezzi. Lentamente l'ho preso in mano e l'ho guardato per un momento, prima di guardare i volti della folla sbalordita della gente del cinema, alcuni dei quali mi fissavano completamente perplessi e increduli. Il mio sguardo vagava di nuovo in rapido movimento sullo schermo. Una notte ho sognato che ero in piedi in un cinema pieno di gente, proprio lì, con il mio tamburello rotto in mano, a guardare una partita di calcio. All'epoca non ci avevo pensato. Perché non mi sarei mai sognato di guardare una partita di calcio in un palazzo del cinema. E con un tamburello rotto, per giunta. Ma improvvisamente ho capito cosa significasse questo sogno. L'Italia aveva perso il titolo. Anche se era 1-1, tutto era ancora lì. Ma quale persona normale può sopportare un tale colpo pochi secondi prima del trionfo totale? Ogni italiano poteva già sentire il freddo argento della coppa tra le mani. Stavano già festeggiando nei loro pensieri alla cerimonia di premiazione nel Circo Massimo. E alla fine hanno avuto le migliori possibilità e sono stati meritatamente campioni d'Europa. Italia 90, USA 94, e anche Francia 98 sono stati crudeli. Ma questi momenti attuali hanno superato tutto. Pino mi ha maledetto per le mie frettolose vittorie. Ma non mi era importato di tutto questo in quel momento. L'odio e la rabbia vuota riempivano i miei pensieri e le mie emozioni. Subito dopo quel gol quel maledetto arbitro ha fischiato. Lo si vedeva negli occhi dei giocatori italiani. Nessuno di loro credeva più nella vittoria. Lo sguardo sul volto di Del Piero in particolare parlava da solo. Ora c'era una pressione su di lui che doveva essere pesante. Se la Francia avesse vinto ora, Del Piero avrebbe dovuto prendersi la colpa per le sue possibilità di segnare inavvertitamente sbagliate. Ora l'Italia non si stava riprendendo da questo shock. Anche il piede di Toldo Trezeguet è stato colpito dopo un colpo al naso. La partita ha dovuto essere interrotta per qualche minuto. In qualche modo, speravamo che l'Italia si risparmiasse per un altro rigore... Perché, perché Zoff non aveva portato un altro difensore? A rischio di sembrare ingiusto. Io non avrei portato

Montella. Io avrei messo Ferrara su Zidane. Ha incoraggiato la mia squadra a commettere falli tattici nei minuti finali e ha mostrato chiaramente i limiti a Zidane, Trezeguet e Wiltord. Falli più o meno forti, ma il gioco non avrebbe avuto più flusso. Sia come giocatore che come allenatore, in quella situazione avrei preso un cartellino rosso e avrei sicuramente impedito un altro gol ai francesi. Mi scuso per questo modo di pensare, ma un fair play dei miei ragazzi, voi... il nostro sogno è andato in frantumi. Perché, col senno di poi, nessuno avrebbe chiesto, visto che conta solo il risultato, che è quello di leggere nero su bianco. Trezeguet, entrato in Juve dopo gli Europei, ha segnato il gol d'oro al 103'. La Francia è stata Campione del Mondo e d'Europa. Dalle retrovie del cinema, decine di italiani hanno inseguito alcuni afroamericani fuori dal cinema. Avevano combattuto a fianco dei francesi prima dell'inizio della partita. Con il senno di poi, abbiamo saputo che questi ragazzi avevano preso un bel po' di botte. Un giovane italiano ha distrutto una bara nera davanti al palazzo del cinema, in cui voleva seppellire la bandiera francese. Rado è sceso con Marco. Senza parole siamo rimasti seduti al cinema per circa mezz'ora e non riuscivamo a crederci. Sono stato uno degli ultimi a lasciare il cinema. Non vedere nessuno, non sentire nessuno, stare da soli, morire. Molti italiani, molti dei quali erano miei amici, si sedevano per terra fuori dal cinema e piangevano a dirotto. Nel frattempo aveva iniziato a piovere. Il cielo blu era coperto di nuvole nere. Era la prima pioggia dopo quattro settimane. Si vedevano i primi lampi prima ancora che iniziasse a tuonare. Cosa era successo, perché doveva succedere? Il mio cellulare squillava ininterrottamente da minuti. Ma non ho risposto. Ho allontanato tutti i chiamanti…

«Avrei dovuto radermi la testa».

…Continuavo a pensare tra me e me. È stata colpa mia, questo è sicuro. Avevo fatto tutto quello che potevo per fede o per superstizione? La Pizza Italia, le canzoni del calcio e la mascherata. Sì, i miei capelli e la scommessa, lo so! La rabbia e l'odio mi hanno attaccato all'improvviso. Volevo uccidere qualcuno. Peccato che non ci fosse nessun francese in quel momento. Dopotutto, non potevo fare nient'altro per calmarmi pacificamente se non far uscire un enorme urlo primordiale nel cielo notturno. Visto che i blocchi stradali sono stati tolti, abbiamo potuto passare la Maxstrasse con le nostre auto. Pioveva sempre più forte. Anche il temporale è aumentato. Poco prima dell'Herkulesbrunnen i miei sentimenti mi sono venuti in mente pensando ai festeggiamenti intorno alla fontana dopo le partite contro la Turchia e l'Olanda. In un attimo ho messo un timbro e sono andato nel parcheggio successivo…

«Andatevene»
…ho detto. Pino e Rado hanno risposto
   come se avessi sparato con la pistola…
«Tu sei pazzo»
…Ho ripetuto…

«Uscite, ho detto, noi siamo i veri
   Campioni d'Europa. La Francia è stata fortunata nella
   Fase a gruppi, più fortunata contro la Spagna.
   Ma quello che a fatto contro il Portogallo e contro di noi,
   non è degno di un campione europeo»

…Ed eccomi lì, in piedi sotto la pioggia. Le persone che solo poche ore fa, prima che iniziasse la tempesta, si scatenavano davanti ai caffè di Maxstrasse e intorno alla fontana, ora si sono erano rifugiate sotto le tende da sole. Pino e Rado sono rimasti in macchina. Non mi importava. Mi ero già tolto la maglia (quella bianca) al cinema, poco dopo il Golden Goal. Mi sedetti sui gradini bagnati della Fontana di Ercole con la parte superiore del corpo libera. Tenevo saldamente la mia bandiera italiana bagnata contro il mio viso. La pioggia battente mi ha offuscato il colore del viso, che ora scorreva lungo la parte superiore del mio corpo in diversi fiumi. Non me ne fregava niente. Pochi minuti dopo alcune auto italiane parcheggiarono nei parcheggi ormai liberi. Leo e Daniele ne sono usciti. Si sono uniti a me con lo stesso entusiasmo, un simile stato d'animo di morte. A poco a poco sono venuti sempre più Tifosi, che erano già stati al cinema. La pioggia si è lentamente attenuata di nuovo. Dopo che mi sono unito malinconicamente ad alcune canzoni dei fan, Rado e Pino hanno deciso di sostenermi…

«I-ta-lia, I-ta-lia!»

…La gente deve aver pensato che fossimo pazzi. Non riesco a ricordare il resto della serata. Solo che la mattina dopo, o diciamo il pomeriggio successivo, il mio minibar era vuoto e noi eravamo ubriachi fradici. Io e Pino siamo andati a casa mia dopo la misera festa intorno alla fontana. Nelle ultime settimane avevamo giocato più volte alla Playstation, Fifa 2000 e abbiamo dovuto ripetere la semifinale contro l'Argentina 24 volte in modalità Coppa del Mondo, livello di difficoltà di classe mondiale, prima di poter finalmente raggiungere la finale. Ma dato che la finale contro la Romania era ancora aperta, abbiamo avuto almeno la possibilità di ritirarci. Alla fine siamo diventati campioni del mondo dopo 20 tentativi con l'Italia. Ma non riesco a ricordare l'abbuffata dopo, per il meglio della mia mente. Ci sono volute settimane, mesi, se non più di un anno per me e i miei amici per digerire il dolore. All'inizio, Pino ed io volevamo passare al golf. Ma in qualche modo non aveva funzionato affatto. Rado è stato decisamente arrabbiato con me per un bel po' di tempo. A causa della questione della calvizie, naturalmente. Ma ho potuto capirlo grazie a questo. Così gli ho promesso ancora una volta di mantenere la mia promessa ai prossimi campionati del mondo in Giappone e in Corea. Per molte settimane dopo sono stato ancora molto sensibile al tema dell'Olanda e del Belgio 2000. Ma c'era un po' di speranza, la speranza di una reazione di sfida in Asia. Ma questo capitolo inizia solo in Ungheria...

Ora zero

Per molto tempo ancora..., ogni giorno, senza esagerare, i ricordi dello scorso giugno e luglio mi hanno attraversato la testa. Sulle montagne russe delle emozioni, ero quasi in agonia. Nessun dolore pari a una gamba rotta o a un'abrasione della pelle. No, è stato un enorme stress per i miei nervi. Non mi sentivo davvero bene e spesso ho desiderato che fosse stato solo un brutto sogno. Non volevo accettare quello che era successo. Quattro minuti di stop, il pareggio di Wiltord, il pericoloso attacco di Trezeguet a Toldo nei tempi supplementari e infine il suo tiro finale in direzione della porta italiana. Oh Del Piero, oh Del Piero. I miei ricordi più belli della stagione 95/96 sono ancora freschi nella mia mente, quando la Juve vinse la Champions League contro l'Ajax allo stadio olimpico di Roma, con Vialli, Ravanelli, Padovano e il talento in erba Del Piero. Roberto Baggio è stato venduto al Milan due anni prima. Si sperava che Del Piero seguisse le sue orme. Ora certamente aveva fatto. I successi della Juve degli ultimi anni parlano chiaro per lui. Ma ci sono state alcune situazioni nella carriera di Del Piero in cui gli avrei augurato più fortuna e un po' più di freddezza. Anche allora, ad esempio, nella finale contro l'Ajax, ha avuto la possibilità di far vincere la Juve a pochi minuti dalla fine dei tempi supplementari. A quel tempo era ancora allo stadio di un grande talento. Ecco perché non si può davvero serbare rancore nei suoi confronti per quell'opportunità di segnare persa. Alla fine, la Juve ha vinto il titolo. Né era davvero l'eroe del Champions League e della finale. Si ricordano piuttosto protagonisti come Ravanelli, che ha dato alla Juve il vantaggio 1-0. O Angelo Peruzzi, che si è trasformato in una vera e propria macchina per uccidere nella sparatoria dei calci di rigore. Infine, Vladimir Jugovic, che ha trasformato il rigore decisivo. Anche allora, Del Piero avrebbe potuto diventare l'eroe per l'eternità di una grande squadra. Seguirono le due finali degli anni successivi contro il Borussia Dortmund e il Real Madrid. In nessuna di queste due partite Del Piero è riuscito a convincere. L'unico momento clou contro il Dortmund è stato il suo gol con la zampa per la rete di collegamento. Ma non è mai stato il protagonista o il giocatore che poteva decidere tutto, come Vialli o Ravanelli. Alla fine, ha sofferto di due gravi infortuni al ginocchio negli anni in cui un super talento doveva maturare per diventare una star mondiale. Queste ferite lo hanno certamente fatto tornare indietro nel tempo. Ma dopo tutti questi alti e bassi, il 2 luglio 2000 ha avuto la possibilità di entrare finalmente nel cuore di tutti gli italiani. Ma invece si è perso due brillanti, due possibilità di segnare assolutamente al cento per cento, iniziate da un lato da Francesco Totti e dall'altro da Massimo Ambrosini. Come molti altri italiani, anch'io, ho provato ancora ogni sorta di emozione molto dopo quella finale, quando ho sentito risuonare il suo nome. Era odio, delusione o rabbia? Ma poi i sentimenti si sono trasformati in una combinazione di pietà, speranza e fiducia che questo eterno talento, questo caris-matico giocatore, avrebbe dovuto finalmente trovare il corag-gio e la volontà di portare il Leone alla ribalta e guidare la sua squadra al quarto trionfo in Coppa del Mondo in Germania. Perché questa avrebbe potuto essere la sua ultima possibilità di fare grandi cose per la Squadra Azzurra. Anche se rimarrà un eterno Juventino, le lacrime scorreranno sulle mie guance per lui, perché tra qualche anno sarà l'ultimo a percorrere il tappeto verde, proprio come Franco Baresi e Marco van Basten.

Sì, questi come Wiltord, Frisk o Trezeguet mi avevano spesso accompagnato nei miei pensieri e nei miei sogni. Questo mese di campionato europeo ha creato un legame tra me e la nazionale italiana che non avrebbe potuto essere maggiore. Era molto più di una semplice religione. A quel tempo, questa squadra, insieme all'AC, era il mio scopo nella vita. La sera, quando tornavo a casa, non c'era il calcio. Erano ancora le vacanze estive. Con la speranza che le squadre del club tedesco si preparassero alla nuova stagione, contro le squadre italiane, ho comprato la Gazzetta dello Sport quasi ogni giorno per conoscere le nuove date delle partite. Ero già andato a Berlino una volta per un'amichevole tra il Milan e la FCB. Ma purtroppo non ho avuto fortuna. Ma a metà agosto, mentre lavoravo, ho avuto un'ispirazione. In due anni... beh, in realtà, se si teneva un occhio ben chiuso, mancavano solo 18 mesi al prossimo successivo campionato mondiale in Giappone e Corea.

Con mia grande gioia ho ricordato che avevamo Ungheria e Romania come avversari nel gruppo di qualificazione. Non ho dovuto chiedere a Pino e Leonardo cosa avrebbero fatto il 3 settembre. Dopo aver conosciuto così tanto di questo angolo orientale dell'Europa dal mio periodo con Christin e i suoi genitori, che hanno trascorso molte vacanze in Ungheria, erano entrambi molto entusiasti all'idea di vedere l'Italia giocare la loro prima partita obbligatoria dopo gli Europei. Pino e Leo erano a Bella Italia, a prendere il sole al momento del mio flash di ispirazione. Quindi tutti gli accordi sono stati decisi via SMS. Sapevo che i miei due amici laggiù a Roma e in Puglia stavano vivendo lunghe notti. Ma questo non mi ha impedito di inviare loro un SMS del Buongiorno ogni mattina, puntualmente alle otto. Il contenuto di questi messaggi? Naturalmente i giorni che mancano alla resa dei conti a Budapest! Oh, ricordo quanto spesso le risposte erano piuttosto brevi e non molto amichevoli...

«Sì, fico, ci vediamo», ...oppure...
«Sto dormendo, barbone!»

...Oh, sì, mi ha fatto molto piacere svegliare quei due. Anche se Leo rispondeva spesso nel tardo pomeriggio. I due sono arrivati ad Augsburg il fine settimana prima del 3 settembre, così abbiamo potuto discutere di nuovo i nostri piani davanti a qualche birra. Beh, non avremmo dovuto iniziare il nostro grande viaggio in tre. No, ci ha raggiunto un quarto. Una che io e Pino conoscevamo molto bene. Da una parte dai pomeriggi della domenica, dal giocare a calcio al Kuhsee[1] (ci incontravamo sempre lì con qualche amico per scappare). D'altra parte, da lunghe notti di festa, come al Tropicana, a Palazzo o al P.M. di Untermeitingen (le discoteche più calde dell'area di Augsburg in quel periodo, tra il 1992 e il 2000). Hansi era dannatamente figo. Un ragazzo corretto, su cui si può sempre contare. Come me, ha sempre avuto un grande bisogno di comunicare, ma in senso positivo. Hansi era rumeno, tra l'altro, ed era stato più volte a Budapest. Il che, naturalmente, è stato utile solo per l'intero processo. Il signor Wimmer è stato il miglior capo che abbia mai avuto. Era anche estremamente paziente con il mio spinning. Dio sa che non sono stato un apprendista facile. Ciononostante, di anno in anno siamo andati più d'accordo. A un certo punto sono diventato anche un adulto e naturalmente anche più responsabile. Senza problemi ho avuto i tre giorni liberi da sabato a martedì. Così ho potuto preparare la mia auto per il grande viaggio, preparare le provviste e finalmente mettere le bandiere in macchina senza alcuno stress. Naturalmente, la videocamera e la mia macchina fotografica non potevano mancare. L'unica preoccupazione che mi ha tenuto giù è che non avevamo ancora prenotato una camera d'albergo a Budapest. Avevo anche promesso ai miei amici che avrei organizzato tutto prima del viaggio. Mia suocera era stata a Budapest per un po' di tempo in assemblea. Così mi ha

---

[1] Lago di Ku

consigliato una pensione economica a Budaörs, un sobborgo di Budapest, con la cui proprietaria era ancora molto amica all'epoca. Nel pomeriggio alle tre, dopo aver salutato con amore Katharina, ho iniziato a raccogliere la banda a poco a poco, anche se Hansi ha deciso di partecipare solo molto tardi. Cioè solo quando io e Pino eravamo già in viaggio verso Leonardo. Giuseppe si è arrabbiato terribilmente…

«Non potevi verificare prima se
  sarebbe venuto?»

«Ha cercato di chiamarmi, ma se n'è dimenticato,
  cosa posso fare?
  Ora vuole venire con noi. Quindi rilassatevi!»

«stai scherzando, vero?
  Spero che abbiate le camere
  e abbiate prenotato i biglietti».

«Non preoccuparti, Pino, è tutto sistemato.
  Stanotte dormirai in... vere piume ungheresi,
  e se sei fortunato non sei solo»

…Poi entrambi abbiamo cominciato a ridere. Oh, se avesse saputo che non avevo organizzato stanze o biglietti per lo stadio. Non so se ci sarebbe andato. Così siamo partiti per Salisburgo verso le 4:30. Due Milanisti, un Interista e un tifoso del Bayern. Tutti con l'unico desiderio di vedere vincere l'Italia. Beh, forse Pino e Hansi avevano sperato in qualcosa di più.

Il viaggio è stato privo di complicazioni. Anche se siamo stati perquisiti al confine da alcuni simpatici doganieri in borghese. Siamo stati educati e cortesi e non abbiamo causato problemi. Quindi non ci sono stati problemi per nessuno dei presenti. Con un bel saluto e i migliori auguri abbiamo potuto poi continuare il nostro viaggio verso l'Austria. Nell'autoradio, naturalmente, suonavano solo canzoni di calcio. Al più tardi quando suonava "La Bamba" di Mario Silva, la mia BMW è diventata una discoteca di guida. Le strade austriache erano prive di ingorghi. Le eccellenti condizioni dell'autostrada tra Salisburgo e Vienna hanno reso possibile un'esperienza di guida davvero meravigliosa. Mentre il sole tramontava lentamente e ci siamo fatti coinvolgere in entusiasmanti discussioni sull'ultimo Campionato Europeo, sulle sue stelle e su molte altre partite di Milan, Inter e Baviera, ci siamo avvicinati lentamente ma inesorabilmente alla capitale austriaca Vienna. A poco a poco ho dovuto occuparmi delle camere. Mentre loro tre continuavano a parlare ho chiamato mia suocera per avere il numero della pensione. Pino non ha prestato attenzione alla mia telefonata. Solo quando ho chiamato Budapest, o meglio Budaörs, è diventato molto attento. Con un misto di tedesco e qualche pezzo di ungherese ho combattuto e fortunatamente sono riuscito a procurarmi due camere doppie gratuite. Mamma mia, ero sollevato. Il sudore era sulla mia fronte. Nonostante la lezione che segue, ho sorriso maliziosamente al volto di Pino…

> *«Caro cugino, non preoccuparti se sei con me*
> *sulla mia strada, niente può andare storto»*

> *«E i biglietti?»*
> …tutti e tre hanno risposto nel coro…
> *«Beh, saranno disponibili domani alle 14:00*
> *al botteghino dello stadio»*
> …C'è stato silenzio per pochi secondi…
> *«Quindi non abbiamo i biglietti?»*
> Ha chiesto Pino, abbastanza scioccato.

Gli ho sorriso...
e ho risposto
«Sì, domani alle due.
E se non ne avremo,
è possibile ottenere il denaro
affittare un intero bordello, incluso McDonald»

...Esattamente in quel momento eravamo a soli trenta chilometri da Vienna. Non sto mentendo quando dico che tutti i presenti, tranne me, ovviamente, erano completamente sconcertati. Tuttavia, ero assolutamente sicuro di me stesso. Domani sarebbe stato un giorno indimenticabile per tutti. Indipendentemente dalle obiezioni che i tre avrebbero sollevato in quel momento, io avevo il ruolo principale come proprietario di un'auto, senza restrizioni. La mia è stata l'ultima parola e hanno dovuto ballare sulla mia musica (Ok, ovviamente non è stato così grossolano). Prima abbiamo dovuto occuparci dei biglietti, poi tornare alla pensione, mangiare, cambiarci e fare i bagagli per il viaggio di ritorno a casa. Tutto doveva andare esattamente come previsto. Perché non volevamo perderci gli autografi dei giocatori davanti all'hotel. Alla fine siamo partiti per lo stadio e Forza Italia!

La prima grande svolta che abbiamo fatto al confine ungherese. Anche se era il mio quarto viaggio in questo bellissimo, ardente e vivace paese, mi era ancora incomprensibile come fosse cambiato il mondo al confine con l'est. C'erano ancora grandi differenze tra Austria e Ungheria. E questo non solo per lo stile architettonico delle case. Sì, molto rapidamente mi sono reso conto che da allora in avanti) si era lasciato alle spalle l'Occidente dell'Europa. Mio padre era meno contento della mia chiamata di mia madre. Giorni prima, era sempre arrabbiato per i miei piani. Come sempre con gli stessi argomenti. Il lungo viaggio, tutti quei soldi, lo sconosciuto. E naturalmente sul rischio di rivolte nello stadio. Sempre la stessa storia, sempre la stessa storia che già mi risuonava nelle orecchie. Beh, non mi interessava quello che diceva. Non era molto diverso in gioventù. Ecco perché aveva davvero bisogno di sapere cosa mi passava per la testa. Nel frattempo, eravamo un po' a corto di tempo. La pensione avrebbe chiuso alle 22:00. Ma non ho potuto premere l'acceleratore così forte come avrei voluto. La ragione di questo è stata la pioggia iniziale. Fortunatamente la strada era abbastanza libera. Ma accecato dalla strada bagnata, ho dovuto adattarmi alle condizioni. A poco a poco la pioggia si è fatta più pesante. Così è successo che abbiamo riconosciuto un cane morto che giaceva in mezzo alla strada troppo tardi. Non ho avuto altra scelta che tenere il volante il più stretto possibile e guidare su questo povero animale morto. Ha fatto un urto violento e Pino avrebbe pensava di aver sentito le ossa che si rompevano. Hansi voleva solo dire che il cane era già morto e se così non fosse, avremmo liberato l'animale dalla sua tortura per sempre. Avrei voluto evitarlo, ma per evitare un incidente non avevo altra scelta. Da parte mia, almeno non ho sentito rompersi le ossa.

Budapest è composta da due parti. Uno da Buda e uno da Pest. Il Danubio è esattamente il confine tra queste due parti. Dopo due ore di ritardo - in parte a causa della pioggia battente, in parte per la ricerca apparentemente infinita della pensione - ci siamo trovati di fronte a un alloggio completamente al buio, o meglio, a dormire. Non è servito a niente. Abbiamo dovuto suonare il campanello e non l'abbiamo fatto una sola volta. Poi Pino è diventato troppo colorato e ha iniziato a urlare a squarciagola. Dopo ben cinque minuti le luci si sono accese al piano terra. Il padrone di casa ci ha finalmente aperto la porta. Per il fatto che l'avevamo chiamato così tardi, è stato davvero molto amichevole. Ci ha mostrato le stanze e ci ha dato le chiavi della porta d'ingresso, perché ovviamente sapeva che volevamo goderci la vita notturna ungherese. Ma prima di andare nelle nostre stanze, Hansi è rimasto invischiato in una conversazione su tutto (in inglese, tedesco, rumeno, mani e piedi). Il viaggio e l'ambiente circostante erano stati così estenuanti che mi sarebbe piaciuto andare a dormire. Ma non ne è venuto fuori nulla. Dopo circa mezz'ora eravamo tutti appena fatto la doccia, cambiati e in forma per la vita notturna di Budapest. I nostri stomaci avevano già cominciato a lamentarsi. Dopo aver attraversato mezza Budapest alla ricerca di un McDonalds, abbiamo raggiunto la nostra destinazione, grazie a Dio. Qui avremmo avuto ora la prima piccola rottura (ricorderò certamente questa situazione per sempre) di pochissimi ricordi negativi del nostro viaggio. Dopo che tutti noi abbiamo ordinato cibo e abbiamo ricevuto i nostri menu, era ora di pagare. Pino ha pagato, Hansi ha pagato, Leo ha pagato. Alla fine anche io. Abbiamo mangiato in fretta, poi siamo andati alla Cittadella, il centro storico di Budapest, dove abbiamo trovato una discoteca piuttosto attraente con alcune ragazze carine ma molto rilassate. Beh, se devo essere sincero, nessuno di noi, tranne Hansi, voleva davvero rimorchiare delle donne. Inoltre, tutti e tre, tranne Hansi, eravamo in mani sicure. Avevamo tutti la stessa opinione, Budapest... Calcio, cibo e festa... niente donne. Ma devo ammettere che il numero di belle... e bello è un grossolano eufemismo... Le donne ungheresi che facevano parte della vita notturna di Budapest erano molto più alte delle figure che facevano parte della nostra vita notturna. E questo non è cambiato molto fino ad oggi. Quando sono arrivato alla cassa, ho notato che mi mancavano circa 1000 fiorini, ma la banconota da 100 fiorini con cui volevo pagare al McDonalds era ancora nel mio mese portafoglio...

*«Oh no, ora so perché il venditore era così prima.
È diventato rosso per la sua felicità, e io non avevo capito.
Non potevo crederci. Ho sbagliato e si è tenuto
il resto dei soldi in tasca come se fosse una mancia»*

…porca miseria. Quasi un centinaio di marchi nella sabbia. La serata era finita per me. Non solo ero stanco, ora ero incazzato e lunatico. Ho lasciato la discoteca e ho aspettato 2 ore buone in macchina. Ad un certo punto, dopo circa mezz'ora, ho avuto l'opportunità di sfogarmi. Ho cercato di dormire un po', ma sono stato notato da due belle ragazze dalla finestra del bagno della discoteca. La finestra era ben dieci metri sopra di me e assomigliava alla finestra di una prigione del castello (dato che, come ho dimenticato di dire, il pub si trovava proprio in un vecchio castello). Dopo che le ragazze mi hanno urlato contro per minuti e mi hanno lanciato continuamente baci all'aria, la mia collera è scoppiata. Sono sceso dall'auto e ho gridato diverse parolacce in tedesco e in italiano. Ho detto loro di lasciarmi in pace, volevo dormire. La mia azione ha dato davvero i suoi frutti. Le due devono aver pensato che il tizio avesse un'ombra. E quando ripenso alla situazione di oggi... Se non fossi stato preso, il mio comportamento sarebbe stato completamente folle. Lentamente mi sono appisolato sul sedile dell'auto e con il pensiero del domani la mia rabbia è quasi completamente scomparsa in pochi minuti.

La notte nei letti ungheresi è stata un puro sollievo. Ci siamo rannicchiati in spessi cuscini di piume e coperte alle quattro del mattino. Pino si ricorderà sicuramente di questa notte. Perché purtroppo ha dovuto dividere il letto con me, proprio come Leo ha dovuto dividere l'altro letto con Hansi. Qualche volta, quando il sole era già in cielo, ho aperto gli occhi per un attimo e ho pensato che Katharina si fosse sdraiata accanto a me. Mi sono avvicinato a lei e l'ho abbracciata con sensibilità.

> *«Oh amore»,*
> …Volevo solo dire. Pino si è svegliato all'improvviso!
> *«Vaffanculo, frocio di merda!»*
> …si è tirato su, spaventato a morte. Mi sono voltato.
> *«Scusa, pensavo fossi Katharina»*
> *«Sei fuori di testa!»*

…rispose, ancora un po' turbato. Poco tempo dopo, Pino fu svegliato di nuovo dal sole, che ora era alto nel cielo, e dai suoi caldi raggi, che gli brillavano in faccia. Il suo primo sguardo, però, è andato al mio sedere, che lo fissava da sotto la coperta. Di nuovo si è spaventato e ha fatto uscire un breve urlo. A quel punto mi sono seduto come uno a letto e ho chiesto,

> *«cosa c'è che non va?»*
> Hansi stava già bussando alla porta.
> *«Alzatevi, colazione... Forza Italia»*

Nella primavera del 1994, ho avuto il piacere per la prima volta di assistere dal vivo a una partita internazionale dell'Italia. Tuttavia, questo punto culminante è finito in modo piuttosto deludente. La Germania ha vinto il test match prima della Coppa del Mondo, con una vittoria per 2-1 a Stoccarda. Ma questa partita in Ungheria non è paragonabile a quella in Germania. Ora avremmo dovuto assistere a una partita di qualificazione per la Coppa del Mondo 2002. A differenza di allora, saremmo stati molto più vicini ai giocatori. A Stoccarda non abbiamo avuto nemmeno il tempo di guidare fino all'hotel per andare a caccia di autografi. Ma ora tutto era un po' diverso. Dopo una doccia meravigliosamente lunga e una colazione estremamente ricca (uova fresche fritte, pancetta fritta e involtini di Nutella), siamo partiti per dare un'occhiata più da vicino alla metropoli ungherese. Abbiamo ricominciato a girovagare nella cittadella, in un piccolo mercato settimanale, che offriva ai turisti souvenir ungheresi. Naturalmente abbiamo scattato un sacco di foto e realizzato un meraviglioso cortometraggio per le vacanze. Non potevo quindi perdere l'occasione di essere fotografato alla maniera di un Ronaldo, in piedi su una gamba sola, sulla vecchia cinta muraria della città vecchia. Come bambini piccoli abbiamo passeggiato per le vie medievali di Budapest e giocato un po' a calcio con la versione in miniatura del pallone della Coppa del Mondo 1998. A turno, cantavamo a turno canzoni di battaglia come…

«Italia... Italia... ole ole».

…A poco a poco, dopo averne avuto abbastanza della bella cultura ungherese, sono iniziate le discussioni su come sarebbe dovuto andare il pomeriggio. Pino aveva il mio stesso treno di pensieri. Dopo aver comprato il biglietto saremmo dovuti andare negli alloggi dei giocatori per ottenere qualche autografo. Ma per Leo era troppo stressante. Ha preferito tornare in albergo dopo aver preso i biglietti, fare le valigie e andare direttamente allo stadio. Hansi, invece, era appassionato della zona pedonale e delle ragazze ungheresi. Quindi la decisione spettava a me. Come già detto, ho preferito l'opinione di Pino. Senza alcuno stress e più che puntuali siamo stati davanti al botteghino dello stadio all'una e mezza. Con nostro grande stupore, non c'è stato alcun acquisto attivo di fronte allo stadio. Pino ha applaudito come un bambino dopo aver aperto i regali di Natale, quando ha scattato una foto del suo biglietto, che ha comprato per l'equivalente di quasi 20 marchi. Dopo siamo tornati in albergo, dove ci aspettava un pranzo delizioso. È stato davvero un pranzo dannatamente buono. Due grandi piatti di carne ungherese, con cevapcici, cotoletta di maiale, salsicce e pancetta. Guarniti con riso, insalata e patatine fritte. La sorpresa e arrivata per ultima. Il pernottamento con colazione e pranzo costava solo circa 18 marchi a persona. Ognuno di noi era più che soddisfatto. Dopo che ci eravamo cambiati per il momento clou della giornata, ci siamo dipinti il viso con vernice verde-bianco-rosso e abbiamo rimesso i bagagli in macchina, abbiamo salutato i proprietari della pensione... Credo che si chiamasse Joschi. Come ho detto, ci siamo salutati con una grossa mancia e siamo andati di nuovo al centro, al quartiere dei giocatori della nazionale italiana. A differenza di quanto accadeva ai botteghini dello stadio, decine di tifosi aspettavano Del Piero e Co. molto prima che gli Azzurri partissero per lo stadio. A poco a poco ci siamo fatti strada tra la folla fino a raggiungere la barriera di sicurezza proprio davanti, dove non potevamo andare oltre. Un po' alla volta sono arrivati sempre più appassionati e curiosi, e sperando, come noi, anche di avere una foto delle star italiane. Dopo circa mezz'ora è arrivato il pullman della squadra, che avrebbe dovuto portare la squadra allo stadio. Più e più volte Pino ed io abbiamo cercato di intravedere la porta dell'albergo chiusa a chiave. Ma non importa quante volte la porta sia stata aperta, nessuna delle stelle poteva essere riconosciuta nell'atrio. Pino e Leo si erano diretti verso l'autobus, proprio accanto alla porta del conducente. Proprio dove i giocatori sarebbero saliti a bordo dell'autobus. Dopo una buona mezz'ora, la prima vera emozione è arrivata nel tumulto. Gigi Riva, ex campione internazionale ed europeo, che all'epoca faceva parte dello staff di allenatori, è uscito all'ingresso e ha portato alcune borse nel bagagliaio dell'autobus. Quindi poteva essere solo una questione di minuti, se non di secondi, prima che potessi finalmente vedere i miei veri campioni d'Europa in carne e ossa. L'eccitazione e l'impazienza di noi tifosi è diventata notevolmente maggiore. Perché ci è voluto così tanto?

Cominciarono ad apparire dei canti, che gradualmente divennero sempre più forti. Naturalmente abbiamo cantato a pieno ritmo con...

«Alessandro Del Piero Ole, Alessandro Del Piero Ole...
siamo campioni d'Europa, siamo campioni d'Europa,
siamo campioni d'Europa Ole.
I-TA-LIA... I-TA-LIA... I-TA-LIA...»

...E finalmente è uscito il primo favorito della squadra del campionato europeo. Marc Juliano ci è passato davanti di corsa, ha gettato la sua borsa nel bagagliaio ed è scomparso in un lampo nell'autobus dopo averci salutato brevemente. Poco a poco, a intervalli di mezzo minuto, gli altri giocatori italiani sono usciti dall'albergo abbastanza velocemente, quasi come se fossero stati provati. La folla infuriava, la folla urlava, Pino quasi piangeva lacrime di felicità. Maldini, Gattuso, Zambrotta, Cannavaro, Nesta... Fiore... TOTTI... e poi è arrivato il mio eroe e dio del calcio, TOLDO. Come se fossi stato punto da una tarantola, in qualche modo sono scivolato tra le forze di sicurezza, ho afferrato Francesco per un braccio e l'ho chiamato fuori prima di essere spinto indietro dalla sicurezza...

«Francescoooo, Forza Italia...
Campioni del Mondo 2002. FORZAAAAA!»

...Del Piero, l'ultimo dei nostri preferiti, si è goduto la folla inferocita dei tifosi e ha passeggiato tranquillamente verso il bus, ha salutato qualche volta e poi è scomparso come gli altri giocatori dietro i finestrini oscurati del bus. Hansi ha gestito l'impudenza e ha chiamato Giovanni...

«Ehi Trapp, bottiglia vuota, Forza Bayern!»

...Trapattoni gli ha appena sorriso e lo ha salutato con la mano. Già ora la giornata è stata un successo assoluto per Pino. Non importa come sarebbe andata a finire la partita, o se avremmo ottenuto un autografo dai giocatori in qualche modo con molta fortuna. Ora saremmo potuti andare allo stadio come gli altri tifosi, con abbastanza tempo nel retro. A quattro ore dal calcio d'inizio abbiamo evitato gli ingorghi nelle strade del centro di Budapest. Di conseguenza, abbiamo avuto la possibilità di ottenere un parcheggio custodito per la nostra auto, ben due chilometri prima dello stadio. Che bel viaggio breve è era stato fino ad allora. Tutto era solo... quasi perfetto. Il viaggio, l'hotel, il cibo, i biglietti. Abbiamo dato una breve occhiata ai giocatori italiani. Ora non vedevamo l'ora di passare una splendida serata calcistica. Ma cosa potevamo aspettarci? Come si sarebbe presentata la nostra squadra nazionale? Avevano finalmente digerito la finale a Rotterdam, o questa ferita non era ancora sufficientemente guarita? Ma la domanda più importante di tutte era: Trap riuscirà a rimettere in sesto questa corazzata gravemente danneggiata in tempo per le prossime qualificazioni ai Mondiali? In modo che tu possa davvero viaggiare in Asia come favorito. Avremmo dovuto avere le risposte a tutte le nostre domande a breve. Contro i miei timori, gli uomini della sicurezza mi hanno lasciato passare con il mio pennone eternamente lungo nello stadio senza problemi. Ancora pochi metri e avevamo attraversato il prato non illuminato che portava dall'ingresso dello stadio ai primi gradini della tribuna. Hansi è stato davvero fortunato e sulla strada per lo stadio ha incontrato una bella giovane ungherese. I due si sono trovati subito comprensivi l'uno con l'altro. Così ha deciso di accompagnarci... anzi Hansi, al gioco. Alla fine i due hanno parlato per tutto il gioco e Hansi non si è accorto di nulla. Pino si era stressato troppo. Completamente esausto, ma molto soddisfatto, si è seduto nelle file posteriori del suo posto, che gli è stato effettivamente assegnato in base al biglietto. Voleva godersi il gioco in tranquillità e seguire l'azione. Leo ed io eravamo attivi in un modo completamente diverso. Poiché i nostri nervi d'acciaio di diverse partite di Milan erano ben preparati per queste avventure, ci siamo posizionati sotto un piccolo grappolo di Tifosi e abbiamo creato una grande atmosfera. C'erano tifosi dalla Sicilia, dalla Calabria, dalla Puglia, da tutta Italia, per dirlo in poche parole. E questo è stato il bello di tutta la faccenda. I tifosi di calcio di diverse parti di un paese (o di diversi paesi) si sono incontrati lì senza scambiare molte parole. Juventini, Milanisti, Interisti e molti altri. Proprio tutti gli italiani per una causa comune. Ebbene, abbiamo persino creato una tale atmosfera che la televisione italiana di Rai Uno ci ha notato e ci ha fatto cenno con la telecamera. Ebbene, come recentemente alla EM 2000, il mio viso è stato di nuovo molto elaborato con i colori italiani. Sulla mia testa avevo anche un cappellino di raso nei colori appena citati, che pendeva sopra la maglia e giù fino al petto. Guardando lo stadio era diventato sempre più affollato. Il che ha avuto un effetto inconfondibile anche sull'atmosfera. Ci saranno stati quasi sessantamila visitatori fino a poco prima dell'inizio della partita. Solo poche centinaia di italiani ...qualche centinaio di italiani, di cui probabilmente sono stato uno dei più vistosi, ma lo avrei scoperto solo un po' più tardi!

L'Italia ha giocato meglio di quanto mi aspettassi. Ma la performance dell'Ungheria non era neanche da meno. Abbiamo avuto uno scambio aperto di colpi, con il primo grande momento clou del 25° minuto. Fiore ha mandato in campo Inzaghi con un passaggio ripido, che ha superato il portiere Kiraly (Hertha BSC) nell'area dei sedici metri con un tiro di tacco e ha tirato da un angolo acuto per fare 1-0. Impazziti, ci siamo presi l'un l'altro, e con questo intendo io, Leo, e altri tre italiani in braccio, e abbiamo fatto il tifo come se avessimo appena segnato il gol decisivo in una finale. Un tifoso di Palermo stava già accendendo la prima bomba fumogena proprio accanto a me. In pochi secondi siamo stati circondati dalle forze di sicurezza. Ma invece di ordinarci di lasciare lo stadio, ci hanno gentilmente chiesto, con mia grande sorpresa, di non accendere altre bombe fumogene. La nostra gioia per la leadership e l'esuberante celebrazione del gol di Inzaghi non si è fermata a lungo. In contrattacco diretto, Horvath, dopo un pallonetto di Lisztes, è riuscito a pareggiare in modo simile. Una folla delusa aveva improvvisamente preso vita pochi secondi prima ed era assordantemente felice per il pareggio. Ma come ho detto prima. Entrambi hanno giocato bene e ora è seguito uno scambio aperto di colpi. Al 35' Nesta ha conquistato il pallone dopo un passaggio mancato. Passaggio a Del Piero a centrocampo, che manda subito Totti sul lato destro. Francesco penetra l'area dei sedici metri, supera un difensore ungherese con un pallonetto brillante, prima che la palla cada perfettamente sulla testa di Inzaghi e Pippo mette ancora una volta l'Italia in vantaggio. A Pino è piaciuto molto il gioco. Era la prima volta che si esponeva a questo meraviglioso stress. Quando l'arbitro ha fischiato all'intervallo, avevo davvero bisogno di sentire l'opinione di mio padre sulla partita. Volevo anche sapere se potevamo essere stati visti in TV per un momento. Con un numero così esiguo di italiani, l'occasione era davvero grande. Dopo diversi tentativi ho finalmente avuto la ricezione con il mio cellulare. Il telefono squillò, e per una volta non ci volle molto prima che mio padre rispondesse…

«Ciao Pa, vedi la partita?»
«Sì... sì... stai masticando una gomma
  da masticare come una mucca.»
«Cosa c'è che non va?»
«Ti ho visto... la tua testa, con la vernice
  e la fascia... per quasi un minuto intero
  si vedeva solo la testa, e dopo l'inno,
  di nuovo quando sventolavi la bandiera!

«NON PUÒ ESSERE VERO, NO?»
«SÌ, CERTO, MADONNA MIA,
  QUANDO TORNI,
  DEVI GUARDARE IL VIDEO,
  IL GIOCO CONTINUA,
  QUINDI FATE ATTENZIONE
  E FATE RETROMARCIA LENTAMENTE,
  CAPISCI?»

«Sì, certo, allora ci vediamo in giro. Stammi bene»

...Mio padre non parlava ancora un tedesco perfetto anche dopo quasi quarant'anni. Leo non poteva crederci. Ma per fortuna i suoi genitori avevano registrato la partita su video. Cos'altro poteva andare storto adesso? Tutto era perfetto! Anche in TV eravamo apparsi, su Rai Uno! E come (quasi) sempre, mio padre aveva ragione. Perché la telecamera mi ha inquadrato per poco meno di 18 secondi, e sono stato mandato in tutte le case d'Italia, anche in tutto il mondo, che potevano ricevere Rai Uno e guardare la partita. Non riuscivo a credere di aver ottenuto qualcosa del genere come fan. Perché da qualche parte in fondo alla mia mente ho sempre voluto essere mostrato come un fan. Tante volte hai filmato i tifosi pazzi a tutti i tipi di partite di calcio. Ora sono diventato una piccola parte della storia del calcio italiano. Io, ehm... per essere più precisi, noi, Leo ed io, avevamo qualcosa in comune con la Squadra Azzurra. Ancora oggi, mi eccito quando inserisco questa cassetta della partita dell'Ungheria nel mio videoregistratore e guardo noi pazzi del calcio di allora. A proposito, prima che me ne dimentichi, i Mondiali di calcio del 2002 sono stati trasmessi per lo più in prima serata. In quel periodo Premiere organizzò una lotteria via internet, la "Premiere Football Manager", dove si poteva mettere insieme la propria squadra. Ed è stato proprio per questa lotteria che la mia azione da Budapest, mentre sto sventolando la bandiera in questo momento, è stata scelta come pubblicità. Il che, naturalmente, significava che durante i Mondiali di calcio venivo trasmesso in televisione più di tre volte al giorno. Certo, questo mi ha reso un po' orgoglioso anche allora. La seconda metà della partita non è stata necessariamente peggiore della prima. Ma, con nostro rammarico, gli ungheresi sono riusciti a pareggiare i conti dopo uno stupido ficcanaso di Horvath. Pippo aveva ancora la possibilità di rendere perfetta la sua tripletta, lasciato solo davanti a Kiraly, ma il portiere gli ha negato questa fortuna con un grande riflesso. Il gol di Del Vecchio al 47' è stato negato anche per il fuorigioco passivo di Inzaghi. Il punteggio finale è stato di 2-2, eppure nessuno di noi era insoddisfatto. Leo ed io eravamo riusciti ad entrare nella televisione italiana, Pino era al settimo cielo da quando aveva visto i giocatori in albergo e Hansi ha parlato per quasi tutta la partita esclusivamente con questa bionda ungherese, attraente.

Mi sarebbe piaciuto molto se avessimo potuto passare una notte in più a Budapest dopo la partita e tornare a casa il giorno dopo riposati e rinfrescati. Ma Hansi ci ha esortato a tornare a casa. Doveva tornare in ufficio il lunedì pomeriggio e non c'era modo di ottenere un altro giorno libero. Per quanto stupido e bonario fossi in quel momento, mi lasciai convincere e non ascoltai il ragionevole parere di Pino e Leo. Perché dopo solo un quarto d'ora ho notato che la mia stanchezza era aumentata enormemente. Anche il cambio del conducente non è stato possibile. Perché gli altri ragazzi non erano migliori. A poco a poco ho anche avuto difficoltà a mantenere la mia auto sulla strada a velocità più elevate. All'inizio non me ne sono accorto molto. Solo quando gli altri me l'hanno fatto notare mi sono concentrato di più sul mio comportamento di guida. Ma anche così non potevo andare più veloce senza che la mia auto sbandasse a destra. Pino ha detto che c'era qualcosa che non andava nella macchina solo dopo aver notato le luci lampeggianti degli altri utenti della strada. Ha abbassato il finestrino del passeggero e si è piegato fuori dal finestrino...

> *«CAZZO, MIKI, LA TUA GOMMA È
> COMPLETAMENTE SGONFIA,
> DOBBIAMO FERMARCI SUBITO!»*

...Fermarsi... ora, nel bel mezzo della autostrada, a notte fonda? Era troppo pericoloso per me...

> *«Sai una cosa, guideremo molto lentamente
> fino al prossimo distributore di benzina.
> Possiamo arrivarci in modo sicuro e
> cambiare lo pneumatico con tranquillità»*

...Dopo un buon quarto d'ora ce l'avevamo fatta, grazie a Dio. Lentamente siamo entrati nell'ingresso del distributore di benzina con la luce lampeggiante. Ma, per nostra sorpresa, la ruota di scorta che avevo con me era solo una ruota di emergenza, con la quale ci era permesso di guidare al massimo a 60 km/h. Anche alla stazione di servizio non è stato possibile ottenere uno pneumatico nuovo. Quindi non abbiamo avuto altra scelta che usare la ruota d'emergenza. Ma ora il cerchio dello pneumatico era così dannatamente grande che non riuscivamo a mettere la ruota quando era gonfio. Quindi abbiamo dovuto prima far uscire l'aria dallo pneumatico. Quando finalmente siamo riusciti a mettere questa ridicolaggine della ruota di emergenza, abbiamo deciso di cercare un altro distributore di benzina in Austria. Uno che era aperto solo di notte, dopo l'una e mezza del mattino, e aveva le gomme nel suo raggio d'azione. Perché era semplicemente impossibile percorrere questa distanza di oltre seicento chilometri ad una velocità di sessanta chilometri all'ora. Dopo un'ora buona, siamo arrivati all'uscita autostradale di Győr, l'ultima grande città prima del confine austro-ungarico. Con la speranza di trovare finalmente una stazione di servizio più grande qui, abbiamo guidato su e giù per le strade e siamo tornati all'uscita dove eravamo partiti pochi minuti fa. Győr non era davvero una città più grande. No, piuttosto paragonabile a un grande villaggio. Ma per fortuna abbiamo visto un'auto della polizia svoltare in strada a circa cinquanta metri di distanza. Come un pazzo ho suonato il clacson alla macchina della polizia! Abbiamo usato i nostri abbaglianti! Ma all'inizio sembrava che la polizia non ci avesse notato e che avrebbe continuato a guidare. Ma alla fine siamo stati fortunati e i due ufficiali si sono fermati ad aspettare che arrivassimo sulla collina. Con mani e piedi spiegammo loro cosa era successo. Per fortuna uno dei due poliziotti aveva un amico che viveva nelle vicinanze e che gestiva un'autofficina. Una ventina di minuti dopo, erano già passate le tre del mattino, abbiamo fatto alzare la povera famiglia dal letto. Comprensibilmente, il padre di famiglia ungherese non ne era particolarmente contento. Ma è stato così disponibile e ci ha cambiato le gomme per poco meno di 90 marchi. Alla fine sua moglie ha portato a noi e alla polizia delle buone tazze di caffè caldo. Completamente stanchi abbiamo detto addio a queste simpatiche persone. La polizia non ha nemmeno voluto accettare una mancia di 10 marchi per il suo aiuto. Quando abbiamo attraversato il confine tra Germania e Austria poco prima delle 10 del mattino, credo che tutti fossero più felici che mai di essere tornati in Germania. Infine, ma non per questo meno importante, ho avuto un flash per darci il benvenuto a causa della velocità eccessiva. L'Italia si era presentata abbastanza bene nella prima partita obbligatoria dopo gli Europei del 2000. Eravamo di buon umore per quanto riguarda il nostro nuovo allenatore, anche se, come i suoi predecessori, preferiva il calcio difensivo. Anche mentre discutevamo della partita contro l'Ungheria, stavamo già facendo progetti per la prossima partita degli Azzurri a Milano contro la Romania, prevista solo poche settimane dopo, il 7 ottobre, contro la Romania.

Tuttavia, non voglio parlare troppo di questa esperienza. Pino e Gennaro erano riusciti a bere da soli quasi un'intera cassa di birra sulla breve distanza da Landsberg (40 Km). Da Kempten hanno dormito per circa un'ora, ma poi sono tornati relativamente in forma appena in tempo per i serpentini in Svizzera. I due hanno creato un caos, che non era più festoso. Oltre allo sporco della macchina, hanno urlato e cantato per quasi tutto il viaggio. Così che dopo ben cinque ore di guida sono arrivato a Milano completamente innervosito. Abbiamo poi vissuto il centesimo incontro internazionale di Paolo Maldini in abito nazionale. La Romania non ha avuto una sola reale possibilità di segnare per tutta la partita. L'Italia ha vinto meritatamente per 3-0 con gol di Pippo Inzaghi (13°), Marco Delvecchio (17°) e Francesco Totti (42°). Dopo la partita siamo andati direttamente a Monza, a pochi chilometri da Milano. Solo con la speranza di incontrare lì qualche ferrarista. Schumi ha disputato la sua ultima gara della stagione la domenica mattina successiva, e con una vittoria avrebbe dovuto essere incoronato con il primo titolo mondiale per la Scuderia dopo 19 anni. Ma siccome niente sembrava una finale di Formula 1 a Monza, abbiamo proseguito verso Bergamo. Abbiamo parcheggiato l'auto nel parcheggio di un autogrill e abbiamo cercato di dormire per qualche ora. (Gli Autogrill erano luoghi di sosta sulle autostrade italiane). Poco prima delle cinque la sveglia del mio cellulare mi ha svegliato, ma anche l'odore di sei uomini adulti (alcol e altri odori). I finestrini dell'auto erano già da tempo appannati dall'aria umida e puzzolente. Quindi aprire le portiere dell'auto è stato davvero un vero sollievo. Dopo aver poi notato che il ristorante dell'Autogrill non aveva la TV, abbiamo deciso di proseguire verso Bergamo e di cercare un open bar con TV nel paese vicino. Era poco prima delle sei quando, per fortuna, abbiamo trovato un bar in un piccolo villaggio (non ho più idea di come si chiamasse), appena in tempo, il cui padrone di casa aveva appena aperto. Totalmente stanchi e completamente esausti, ci siamo prima rafforzati con caffè, espresso e cornetti. Nel corso delle due ore successive non ci sono stati più ospiti. Così avremmo potuto almeno goderci la gara in pace, tra di noi. Schumi ha dominato quest'ultimo Gran Premio di Suzuka, conquistando così il suo primo titolo mondiale per la Ferrari. Dopo la premiazione, abbiamo guidato per ben 25 km fino a Bergamo e abbiamo vissuto la nostra prima sfilata di auto in terra italiana domenica mattina. Per Pino, Gennaro e Stefan questo breve viaggio è stato qualcosa di molto speciale. Per la prima volta hanno avuto un assaggio dell'aria di San Siro, dello Stadio Giuseppe Meazza. E con Pino ero assolutamente sicuro che non sarebbe stata l'ultima volta. Quando siamo arrivati ad Augsburg alle 22 circa con un clacson completamente demolito (un corso automobilistico molto estremo), eravamo tutti felici di sprofondare nei nostri cuscini e di continuare a sognare l'Asia e la prossima Coppa del Mondo.

4 aprile

A volte si vivono giornate di cui si vorrebbe dimenticare molto rapidamente e consapevolmente gli eventi, perché le cose possono aver preso un corso diverso da quello che ci si aspettava, che si sperava o che si desiderava. I sentimenti di delusione e di vergogna spesso fanno dimenticare i vantaggi che si possono trarre da una sconfitta o da una perdita. Così, sono spesso i momenti più dolorosi che compongono queste piccole cose a motivare le persone a realizzare qualcosa di grande in un futuro prossimo o lontano. Per quanto le circostanze possano essere poco appariscenti o gigantesche, si dovrebbe cercare di individuare i vantaggi e gli svantaggi di ogni situazione. E, per quanto possibile, saperli valutare e utilizzare correttamente. Perché a volte una sconfitta può anche significare una grande opportunità. Il 4 aprile 2002 è stato un giorno così speciale, e ho potuto portare la storia di questo capitolo al punto molto rapidamente. Tutto si spiegherebbe in quattro frasi esatte. Ma caro lettore, dove rimarrebbero poi emozioni, sentimenti, gioia e dolore. Quindi inizio questo capitolo di mattina presto, alle sei e mezza del mattino, nella data in questione, in Donauwörtherstrasse in direzione della A8, l'autostrada tra Monaco e Stoccarda.

In realtà, avremmo dovuto essere su questa strada un'ora prima. Ma come sempre, ho avuto un problema ad alzarmi dal letto così presto. Come sempre, Rado era arrabbiato per la mia mancanza di puntualità. Ma credo che gli piacesse usarlo come sfogo per il suo nervosismo prima delle grandi partite del Milan per sfogarsi. Ma non era l'unico ad essere infastidito dalla mia mancanza di puntualità quella mattina di primavera. Pino e Gordan si unirono a lui assillando. Quando li ho raccolti uno dopo l'altro, il nostro breve viaggio nella zona della Ruhr ha potuto finalmente iniziare. Convinti di passare una bella giornata e una serata ancora migliore, non vedevamo l'ora che arrivasse l'evento. La semifinale di Coppa UEFA tra il Borussia Dortmund e il Milan. Molti giorni prima, avevo già infastidito il mio capo e i colleghi di lavoro, che ancora non avevano molto a che fare con il calcio, con la mia attesa di questa partita. Il Milan non ha giocato in Champions League in questa stagione. A causa di una stagione disastrosa per il Milan (solo quinto posto nell'ultimo campionato), si sono dovuti accontentare della Coppa UEFA. Ma è stata comunque una sfida presentare finalmente questo non impopolare trofeo in via Turati n. 3 a Milano. Dopotutto, questo trofeo d'argento era l'unico titolo che il Milan doveva ancora vincere. Molte cose erano cambiate per il Milan negli ultimi anni. I rossoneri non erano più così glamour come ai tempi di van Basten, Gullit, Savicevic, Boban e Weah. Il Milan aveva fatto degli acquisti sbagliati e alcuni dei leader andavano avanti da anni. Dovevano venire giovani leoni affamati e non solo sul campo. Fatih Terim, l'allenatore di successo di Istanbul ed ex vincitore della Coppa UEFA con il Galatasaray (l'unica Coppa Europa che una squadra turca ha vinto finora), doveva formare un nuovo Milan. L'attrezzatura di cui aveva bisogno era pronta e in attesa. Con Filippo Inzaghi, Shevchenko ha ottenuto un nuovo attaccante, che non tutti i tifosi del Milan sarebbero stati obbligati ad avere in quel momento. Proveniva dalla Juventus, rivale in campionato, ed era considerato il Re Rondinella della Serie A. Eppure Inzaghi era uno degli attaccanti più pericolosi dell'Italia e portava con sé una grande esperienza in Coppa Europa. Javi Moreno per la sezione offensiva e Cosmin Contra per i compiti difensivi sono stati rubati da CD Alaves. Dopotutto, sono stati questi due a catapultare l'alta volata spagnola della scorsa stagione alla finale di Coppa UEFA, dove avevano fallito solo in finale, al Liverpool FC, in una partita molto drammatica all'allora al

Westfalenstadion di Dortmund . Giovani volti nuovi come Kaladse, Coco e Laursen, e il gigante italiano del ruolo di playmaker, Andrea Pirlo, aiuteranno il Milan a recuperare le vecchie forze. Pirlo era già considerato il successore di Demetrio Albertini. Un'eredità che pesava un centinaio di chili sulle spalle dei giocatori, se si guarda ai successi sportivi di Albertini. Ma Pirlo scriverà il suo personale capitolo nella storia del calcio mondiale negli anni a venire. Ebbene, la speranza più grande era per Silvio (Nazionale) Berlusconi stesso. Con molta persuasione, che Berlusconi sicuramente possedeva, ha guidato Manuel Rui Costa della Fiorentina alla metropoli della moda e dell'industria di Milano. Beh, non sapevo cosa pensare di questa nuova squadra. Queste speranze potevano soddisfare le loro esigenze, o i grandi giorni di Pippo Inzaghi e Rui Costa erano già finiti prima ancora di cominciare? Questi giocatori si erano già guadagnati una grande fama con i loro ex club come la Juventus e Fiorentina. Questi giovani selvaggi di Alaves, erano forse solo mosche? Aspettavano con ansia anche la seconda stagione della superstar ucraina Shevchenko. In quanto tempo si sarebbero integrati i giovani nuovi arrivati? Tutte queste domande troveranno le loro risposte in campo. E noi rossoneri eravamo pieni di speranza di vivere una nuova gloriosa Milan. Perché proprio questi giocatori, per quanto brillanti fossero stati nei giorni passati, avevano tutti una cosa in comune. Mancava loro un grande trionfo europeo, come la vittoria della Champions League o della Coppa UEFA. Questo nuovo Milan doveva essere affamato di titoli.

Ma la nuova stagione non è iniziata come auspicato per il Milan. Dopo poche settimane, Terim è stato sostituito da Ancelotti. A causa di differenze sportive, dopo poco tempo hanno dovuto separarsi di nuovo. Sono sicuro che Terim avrebbe voluto più libertà all'interno del club e l'ha detto chiaramente a voce alta. Per me, in realtà, era proprio la persona giusta, e alla lunga avrebbe sicuramente portato il Milan ai successi desiderati. Fare l'allenatore sotto la guida di Silvio Berlusconi e Adriano Galliani non è certamente sempre facile. E immagino che anche Galliani, sotto l'onnipotente Presidente, non sia stato sempre facile. Beh, se il risultato in campo non è giusto, di solito si cerca molto rapidamente l'allenatore da incolpare. In qualche modo comprensibile. Chi può permettersi di cambiare mezza squadra dopo ogni stagione o già nella pausa invernale, quando le cose non vanno bene? Dal punto di vista finanziario, questa idea è quasi impossibile. Anche se un allenatore non è sempre e solo o da biasimare per la mancanza di successo sportivo. Alla fine, la stampa fa pressione fino a quando la presidenza o il consiglio di amministrazione non hanno quasi altra scelta, per non perdere la faccia in pubblico, per sospendere l'allenatore a tempo indeterminato e per nominare un successore. Nel breve capitolo Terim e Milan, non è stata colpa della stampa. Così Ancelotti ha preso in mano le redini. Siccome lui stesso aveva avuto un grande successo con il Milan come giocatore attivo, c'era una grande speranza per questo nuovo colle-gamento. Ma anche Ancelotti non ha avuto vita facile fin dall'inizio. Era ossessionato dalla reputazione dell'eterno secondo classificato del suo periodo come allenatore della Juventus. Inoltre, i risultati desiderati sul tappeto verde non erano stati ancora raggiunti negli stadi nei mesi successivi. Il campionato poteva già essere spuntato durante la pausa invernale, in quanto la squadra non si era ancora trovata come sperato o previsto. In qualche modo è nata la sensazione che se questa squadra fosse stata paragonata ad una vettura, la quinta e la sesta marcia sarebbero state un argomento assolutamente tabù, solo la seconda, la terza e molto raramente la quarta marcia sarebbero state in uso. Ma ero sicuro che se avessi dato a questa squadra un po' più di tempo e li avessi lasciati maturare, magari cambiandoli con tre o quattro rinforzi, avresti potuto vincere di nuovo grandi titoli nel prossimo futuro. Lo scudetto (campionato) 01/02 si racconta molto velocemente. Con grande sforzo, si sono qualificati l'ultimo giorno della partita per il turno di qualificazione alla Champions League per la successiva stagione. In Coppa UEFA, dove sono riusciti a malapena ad arrivare alle semifinali con un sacco di inciampi e capriole, hanno finalmente avuto la possibilità di uscire dalla pioggia e di entrare nel sole. Un risultato abbastanza discreto a Dortmund, una vittoria o un pareggio a Milano nella seconda tappa. E andare a Rotterdam con una volontà assoluta di vincere. Gentile lettore, ogni tifoso del Milan sarebbe stato più che soddisfatto di questo risultato. E c'era ancora la possibilità di incontrare il rivale locale Inter in finale. Per qualsiasi tifoso del Milan e dell'Inter, questa partita sarebbe stata importante quanto una finale di Champions League contro il Real Madrid.

Il viaggio in macchina a Dortmund è stato, come molti altri viaggi, ad esempio a Budapest o a Milano, come sempre qualcosa di speciale. Pieni di entusiasmo, abbiamo guidato verso la nostra destinazione. Come sempre, il suono delle canzoni italiane è uscito dagli altoparlanti della mia Autoradio, e naturalmente tutto ruotava intorno alla schiera di uomini di oggi fino ai gloriosi eventi passati. Tra l'altro, è stata la prima volta in oltre un anno che io e Rado abbiamo parlato insieme. A causa di uno stupido malinteso abbiamo entrambi interrotto i contatti. Il nostro litigio è durato anche più del mio matrimonio con Katharina. Dove anche lui è rimasto lontano nonostante un invito. Questo è stato molti anni fa. Quando gliene ho parlato più tardi, si è sempre arrossato, si è messo in imbarazzo e ha cercato di evitarmi molto velocemente. Entrambi abbiamo avuto la nostra parte di colpa per questo argomento. E ad essere sincero, oggi non ricordo bene di cosa si trattasse. Tuttavia, siamo sempre rimasti amici in qualche modo e abbiamo sempre avuto molto in comune. Una cosa che avevamo in comune era il Milan. Dopo che ci siamo rapidamente lasciati i chilometri alle spalle, la gioia per il nostro imminente arrivo a Dortmund è visibilmente aumentata sui nostri volti. Gordan continuava a prendere in giro Rado con storie stupide su giocatori e squadre che si era inventato, e Rado si lasciava sempre stuzzicare meravigliosamente da loro. Pino ed io avevamo la bocca e i muscoli doloranti dello stomaco per le risate, al più tardi a Dortmund. Con la certezza di vedere oggi una vittoria dell'AC, il successivo viaggio di ritorno avrebbe potuto essere piuttosto allegro. Era la seconda volta che andavo a Dortmund per una partita. Solo che questa volta volevo tornare a casa con ricordi più piacevoli. Avevamo ancora un sacco di tempo fino al calcio d'inizio. E siccome da ore ci sentivamo affamati, abbiamo deciso di prenderci cura di noi stessi per la prima volta in modo culinario. Ma prima di poter gustare le prelibatezze di Dortmund, dovevamo procurarci i biglietti. Il Westfalenstadion era quasi deserto davanti ai suoi cancelli all'una e mezza del pomeriggio. Solo i commercianti del mercato nero aspettavano i loro primi clienti. Tutto sommato, 120 € per quattro biglietti era un prezzo molto conveniente. Con il sollievo di aver ottenuto i biglietti e la soddisfazione di aver pagato molto meno di quanto temevamo, abbiamo preso la S-Bahn per il centro città e non vedevamo l'ora di pranzare. Rado è era già entusiasta del famoso piatto Manta (salsiccia al curry su patatine fritte bianche e rosse, quindi ketchup e maionese). Ho potuto solo confermarlo lì. Katharina, originaria di Dortmund, ha detto che dovevamo assolutamente visitare i negozi di chip qui. Sono ancora il divario assoluto del mercato in Baviera (quanto aveva ragione). Detto e fatto! Dato che non c'era un ristorante italiano decente nella lunga zona pedonale del centro di Dortmund, abbiamo deciso di andare per il piatto Manta di cui sopra. A questo punto, mi permetto una breve conclusione: quattro amici sono andati a Dortmund il 04.04.2002 e ognuno di loro ha mangiato un piatto Manta per pranzo, che fa quattro piatti Manta! Davanti ai caffè e ai pub, la gente si sedeva, si godeva una birra o un espresso e si lasciava scivolare sopra il sole primaverile piacevolmente caldo. Non avevamo visto molto di Dortmund all'epoca. La zona pedonale era molto frequentata dai turisti e dagli amanti dello shopping che non vedevano l'ora del sole primaverile dopo un lungo e freddo inverno. Il nostro umore era eccellente. Questo era dovuto principalmente ai tanti tifosi del Milan che, come noi, erano in centro e si sono messi in vena di giocare la sera con i canti dei tifosi. Lentamente ma inesorabilmente abbiamo iniziato il nostro percorso verso lo stadio alle ore 17, circa. Abbiamo dovuto prepararci anche noi. Abbiamo preso le bandiere e i foulard dalla macchina. Nel grande parcheggio davanti allo stadio, dove c'era solo la mia auto a mezzogiorno, erano parcheggiate centinaia di macchine. Da dove venissero quei tifosi nel mondo, Dio solo lo sa. Erano arrivati tifosi del Milan da Norimberga, Amburgo, Berlino, anche dalla Polonia e dall'Ucraina. Tutti si guardavano l'un l'altro di nascosto e un po' curiosi. Naturalmente erano curiosi tra i loro coetanei di sapere quanti italiani sarebbero stati nello stadio. Ora che eravamo perfettamente preparati per la partita, sono state scattate alcune altre foto. Le canzoni del calcio ruggivano attraverso le porte aperte della mia BMW. Naturalmente, gli altri Tifosi, che stavano cambiando nelle loro auto per il gioco, sono stati visibilmente portati con sé. Un bel po' di gente ha cantato al suono di -*Campione*- o -*Un'estate italiana*- La cena era stata servita ed eravamo pronti per un grande spettacolo. Mancavano solo poche ore al calcio d'inizio alla zona della Ruhr. Davanti agli ingressi dello stadio l'attività era ormai frenetica. Molti dei tifosi aspettavano gli autobus della squadra che stavano per arrivare. In totale relax abbiamo assistito a questo piacevole trambusto davanti alla biglietteria dello stadio. Quando guardo le foto, oggi noto che eravamo già estremamente equipaggiati con sciarpe e bandiere. Pino, che non voleva lasciar andare la mia grande bandiera a scacchi rossa e nera, sembrava particolarmente pericoloso e attirava non pochi sguardi. Soprattutto una coppia di turisti asiatici che si trovava non lontano da noi deve essere stata molto colpita da lui. La giovane coppia era visibilmente divertita dall'atmosfera calcistica. Il piccolo compagno intelligente della minuta signora, probabilmente giapponese d'aspetto, teneva in mano una macchina fotografica e sussurrava inconfondibilmente alla sua ragazza del vestito di Pino. Finché non si è avvicinata a noi con piccoli ma rapidi passi. Gordan ed io ci siamo guardati con lo stesso sguardo interrogativo...

«Cosa succede ora?»

...Tirò Pino per il braccio, che non si era mai accorto dei sussurri sulla sua persona. Rado, molto sorpreso, prima di perdersi nei suoi pensieri per un attimo, ci ha dato uno sguardo sorpreso e interrogativo. La piccola donna asiatica, probabilmente sulla trentina, continuava a tirare il braccio di Pino e diceva sempre *«Foto, foto!»*

Pino non sapeva cosa dire o fare, e continuava a dare a Rado sguardi interrogativi...

«Rado, cosa dice, cosa vuole?»

Rado ha appena riso per un secondo, con le braccia conserte, povero...

«Sì, parlo cinese?»

Ma Pino ha chiesto di nuovo, completamente sorpreso, e ora, in cerca di aiuto, ha tirato il braccio di Rado

«cosa vuole, cosa dice?»

Gordan ed io non riuscivamo a smettere di ridere, e naturalmente abbiamo capito subito, il che non era difficile da capire.

«Voi due idioti.

...per farti una foto con la bandiera, non è chiaro?»

...disse Gordan. Bene, quindi c'è stato un piccolo servizio fotografico. Non molto più tardi, dopo aver fatto amicizia con una dozzina di tifosi, sono arrivati i pullman della squadra. Molti tifosi erano totalmente eccitati, hanno cercato di intravedere i giocatori quando l'autobus si è fermato davanti all'ingresso dello stadio. Poco dopo, gli ingressi alle tribune si sono aperti e i tifosi in attesa si sono riversati gradualmente nello stadio. Mancava poco meno di un'ora e mezza al calcio d'inizio e gli stand vuoti si sono riempiti abbastanza velocemente. È stata davvero una bella giornata, un viaggio piacevole, un buon prezzo per i biglietti e un pranzo delizioso. Il tempo è stato perfetto, è andato tutto molto bene e ci siamo divertiti molto. Quindi la serata doveva essere semplicemente fantastica. Certo, un Westfalenstadion tutto esaurito è davvero qualcosa di impressionante. Ogni giocatore che entra qui deve avere un brivido di freddo lungo la schiena. Anche se gli avversari non sono sempre rinomati, il BVB ha sempre avuto il tutto esaurito all'epoca. Dopo l'introduzione delle squadre e l'annuncio dello schieramento, la speranza di un Milan particolarmente offensivo è gradualmente svanita quando è stata annunciata la formazione in campo. Rui Costa, che si è messo in forma poco prima dell'inizio della partita dopo una lunga pausa per infortunio, si è seduto prima sulla panchina dei sostituti con Serginho. Sheva si è ritirato completamente a causa di un infortunio. Jose Mari e Inzaghi dovevano mettere a posto le cose per Milan nell'attacco. I quattro giocatori della catena dei quattro erano Ambrosini, Albertini, Pirlo e Gattuso. Sicuramente è stata una formazione molto ordinata. Tuttavia, un Ambrosini non è stato così convincente in questa stagione come lo era stato negli anni passati. Anche un Albertini andava avanti da anni e Pirlo non era ancora al livello delle prestazioni che ci si aspettava da lui. L'unico barlume di speranza davvero convincente era Gattuso. Se tutti e quattro fossero stati al 100% in forma, ci si sarebbe potuto aspettare grandi cose. Ma all'epoca non era proprio così. E la formazione della catena difensiva ha reso questa prima semifinale un'avventura davvero rischiosa. Il Borussia Dortmund, come l'AC, ha vinto tutti i trofei che c'erano da vincere, tranne la Coppa UEFA. In qualità di leader della Bundesliga, la filiale brasiliana del Nordreno-Vestfalia è stata fortemente motivata ad avanzare verso la finale di Rotterdam. Con qualche dubbio, aspettavamo con ansia il calcio d'inizio. Ma Pino aveva criticato la formazione della squadra molto più di tutti noi. Ho cercato di calmarlo, ma questo lo rendeva solo più nervoso. Quando le squadre sono scese in campo, ci è stato presentato uno scenario mozzafiato. Tutta l'ansa sud è affogata in un mare di bandiere nere e gialle. Sullo stand opposto, gli spettatori hanno formato una grande coreografia nelle lettere del club BVB, che si estendeva quasi per tutta la tribuna. A coronamento dello spettacolo, il pubblico ha accompagnato la canzone -NEVER WALK ALONE-,

...Che era in ulteriore espansione dall'area dello stadio. Era davvero un'atmosfera da pelle d'oca. E finalmente, dopo un'eternità di attesa, la partita è stata lanciata. La fase di scansione si è conclusa molto rapidamente, e molto rapidamente è stato anche chiaro quale direzione tattica avrebbero preso entrambe le squadre. Dortmund ha giocato in modo offensivo e ha rapidamente messo da parte il rispetto, in realtà non molto grande, per il nome –Milan-. Già al 5° minuto avrebbe potuto essere 1:0 per il Borussi, se Rosicky non fosse stato in disparte. Ma appena un minuto dopo, Contra ha aiutato Amoroso a segnare il gol di testa, anche se con un fallo molto discutibile. Il brasiliano non si è lasciato sfuggire quel gol e, essendo uno dei calciatori più fiduciosi della Bundesliga, ha regalato ad Abbiati il primo gol della serata. Nella prima mezz'ora, Dortmund avrebbe potuto condurre una buona due o tre a zero. Le opportunità di gol per gli italiani del Nord erano molto rare, se si può chiamare questa azione, che Pippo Inzaghi aveva al 32° minuto per esempio, un tale obiettivo. Perché in realtà era solo una mezza possibilità. Fin dall'inizio, il centrocampo dei tedeschi era probabilmente una potenza propria quella notte. Per il nostro grande dispiacere, Ewerthon e Dede hanno avuto più volte le stelle lombarde. Il 2-0 era solo una questione di tempo. Al 33° minuto una splendida mossa di Koller/Rosicky ha preceduto, prima del passaggio, Amoroso, un pallonetto al 16 metri sopra Laursen, e Abbiati di nuovo senza possibilità. Siamo stati completamente serviti. Pino aveva già strappato il suo biglietto. Anche le canzoni dei tifosi del Milan che avevano viaggiato con lui erano sempre più soffocate dal timore di una debacle imminente. Ma come tutti sappiamo, la speranza muore per ultima. Un solo gol, un solo colpo di genio di Pippo o di Jose e siamo tornati in gara. Come ci era mancato "Zorro" Boban, che aveva annunciato le sue dimissioni alla fine della scorsa stagione, in questa situazione estremamente modesta. Con lui il Milan avrebbe sicuramente segnato un punto o due in questa stagione. Ora Ancelotti non poteva più aspettare. Ambrosini, Laursen, Contra, Albertini e Gattuso. Per non parlare di tutti i giocatori rossoneri. Quella sera erano più che sopraffatti. L'uomo e la donna intorno ai giocatori esperti come Reuter e Heinrich hanno semplicemente giocato senza esagerare, di classe mondiale!

Carletto Ancelotti doveva agire. Ma Rui Costa e Serginho non si sono nemmeno preoccupati di riscaldarsi.

Sicuramente pensava che la sua squadra avesse dormito troppo nei primi trenta minuti, sottovalutando chiaramente Dortmund, e certamente Carlo si aspettava ora una reazione di sfida. Tuttavia, questa reazione, estremamente insolita per l'AC, non si è verificata quella sera. Invece, appena sei minuti dopo, dopo un altro bel doppio passaggio tra i punti cardine di Koller ed Ewerthon, Amoroso si è diretto in un colpo di testa da destra dopo un incrocio da sinistra a un'impeccabile tripletta. Contra era in piedi proprio accanto al brasiliano, ma era assolutamente impotente. La pausa dell'intervallo non è stata poi necessariamente molto esaltante. Era piuttosto un misto di shock e disillusione. Alla fine è stato probabilmente il riflesso di una stagione molto mista. I tifosi del Milan che hanno viaggiato con noi sono rimasti più che scioccati. Una cosa era assolutamente chiara, se il risultato fosse rimasto a questo livello, Dortmund avrebbe potuto pianificare la finale. In queste circostanze, non avevo molta voglia di tornare a casa dopo. Nei prossimi giorni ci sarebbero state molte risate e stupide chiacchiere da parte della Juve e dei tifosi dell'Inter. Ma c'erano ancora 45 minuti da giocare. Che è iniziato anche con un promettente cambiamento. Albertini ha dovuto cedere il passo a Serginho. Ma eravamo ancora incazzati perché Carlo non ha messo subito Rui Costa. La partita è andata avanti a macchia d'olio fino al sessantesimo minuto. Dortmund aveva già gestito il risultato. Fino a quando Gattuso non è stato finalmente sostituito da Rui Costa. Ivan, come la maggior parte dei suoi colleghi, quel giorno non era proprio al suo solito livello di prestazioni. A parte un cartellino giallo, il Pit Bull del Milan non ha potuto raccogliere nulla da questa partita. Ma finalmente la corsa al recupero è stata... o meglio, avrebbe potuto iniziare il controllo dei danni. E come è cominciato! Koller ha mandato Ewerthon, che è partito da sinistra e ha lasciato Maldini dietro di lui in pista. Il brasiliano ha finito poco prima dell'area di rigore del Milan, Abbiati ha potuto difendere solo con il piede, ha diretto il pallone verso l'attaccante Heinrich e si è convertito. La squadra di Dortmund era quasi certa di un biglietto per Rotterdam.

4-0!... 4-0 per il Borussia Dortmund. Non potevamo credere ai nostri occhi. Troppo scioccati per arrabbiarci, abbiamo cercato di lasciarci questa partita alle spalle in fretta. Ma naturalmente questo non è stato possibile. Un solo Gol, uno solo! Il Gol dell'onore e avremmo avuto una possibilità minima. Ma anche questo non volevamo che succedesse quella sera. I sostenitori del Borussia Dortmund si erano già presi gioco di noi poveri diavoli caduti e sono venuti dagli spalti solo per le loro dita puzzolenti. Se non fossimo stati tenuti sotto controllo dalla polizia, quella sera ci sarebbe stato un incidente. Non eravamo solo arrabbiati e delusi. No, il nostro sangue ribolliva nelle nostre vene con rabbia e delusione. Le cose che ti abbiamo detto…

«fottuti mangiatori di patate, figli di puttana, bastardi»

E poi un po'. Sul campo non è successo più nulla di degno di nota. Infine, 20 minuti prima della fine, ci è stato permesso di ascoltare i canti solenni sull'ingresso in finale probabilmente sicuro. Più e più volte.
«Fi-nale, Fi-nale, Fi-nale»

…Pino voleva lasciare lo stadio prima del fischio finale. Ma la polizia ci ha proibito di farlo. Dovevamo comunque rimanere in tribuna quasi mezz'ora dopo la fine della partita…

…prima che ci scortassero fuori. L'Inter non aveva fatto di meglio. Hanno anche perso 2-1 davanti al loro stesso pubblico, a San Siro, contro il Feyenoord Rotterdam. Naturalmente gli olandesi sono stati motivati a giocare la finale nel loro stadio di fronte al loro pubblico di casa e a fare la storia della Coppa Europa. La vergogna più grande che abbiamo dovuto sopportare. Una sconfitta 4-0 è inaccettabile per un Milan. Ma avevo ancora speranza. Per tutto il viaggio abbiamo discusso di questo gioco di merda. Ero fermamente convinto di poter fare il miracolo a Milano, dopo tutto. Naturalmente Pino e Rado mi hanno dichiarato pazzo. Ma a Gordan sembrava abbastanza plausibile che il Milan non avesse più nulla da perdere. Se avessero dovuto segnare un gol veloce nei minuti iniziali, anche il secondo prima della fine del primo tempo, il Dortmund avrebbe dovuto logicamente subire una pressione psicologica. Se avessero segnato un 3-0, sarebbe rimasto un solo gol dal vantaggio. Un solo obiettivo! E possono succedere molte cose in dieci, quindici o venti minuti. Ma al Milan non dovrebbe mai essere permesso di concedere un gol. Il Milan era una forza in casa. Lo sanno tutti, soprattutto i possessori di abbonamenti nell'angolo sud dello Stadio San Siro. Era l'ultima possibilità di vincere un titolo quest'anno. Inoltre, i giocatori potevano mostrare se erano degni di rappresentare il distintivo dell'AC sul petto. Occorreva un atto di sfida, che potesse facilmente annunciare una grande stagione milanese. Era passato un anno e ora si era creata la situazione in cui un Sheva, un Pippo, un Contra, un Contra, un Moreno, un Pirlo e tutti gli altri erano all'altezza delle loro responsabilità. Tuttavia sarebbe stata necessaria una buona sterlina di fortuna.

Il Milano ha mancato il miracolo per un pelo. Perché ancora una volta è stato Ricken a sferrare il colpo mortale italiano. Nonostante tutto, il Milan ha giocato la partita di ritorno come se fosse degna di un grande Milan. Dortmund ha nuotato e stavano quasi annegando. Il Milan ha condotto

2-0 all'intervallo, come avevo previsto, prima che Dortmund chiarisse finalmente tutto con una sola possibilità nei minuti finali. Alla fine abbiamo vinto la battaglia della pioggia 3:1, ma purtroppo abbiamo perso la finale. Tuttavia, subito dopo il gol successivo delle standing ovation di Dortmund per una grande prestazione dei protagonisti milanesi. Almeno l'onore è stato salvato. E ancora una volta, come contro la Juve nel 1997, si potrebbe dire...

> *«In 364 giorni, il Milan vince,*
> *ma in questo giorno, il Borussia*
> *vince 4-0!»*

...Ora questo attuale affresco dei rossoneri non è paragonabile al leggendario Milan di fine anni Ottanta, inizio Novanta. C'era un reparto difensivo ben collaudato, che non c'era una seconda volta in tutto il mondo, con Baresi, Tassotti, Costacurta e Maldini. Un centrocampo, con Rijkaard, Colombo, Evani, Ancelotti e Donadoni, ricco di creatività e impegno. Devo dire solo quattro parole sulla tempesta. Van Basten, Gullit, Simone e Massaro. Beh, non aveva senso fare paragoni. In realtà cerco ogni volta di contenermi con dei pregiudizi. Ma non riesco mai a fermarli a causa del mio fortissimo istinto. C'erano così tanti meravigliosi giocatori sul mercato dei trasferimenti che avresti potuto attirare al Milan. Giocatori che avevano più talento. Giocatori che sarebbero stati disposti ad assumersi la responsabilità in una squadra così grande. Che sono stati in grado di resistere alla pressione per avere successo nello sport. Tuttavia, si è stati avvertiti dalla politica di acquisto di altri club che cercavano un rapido successo. Certo, per una stagione che doveva essere pianificata senza la Champions League, il calcolo ha funzionato perfettamente. Hanno mancato di poco la finale e hanno almeno raggiunto il turno di qualificazione alla Champions League. Ma c'erano altri obiettivi previsti per questa stagione, che alla fine non sono stati raggiunti. Il Milan aveva le risorse per attirare le grandi star a San Siro. L'acquisto di Rui Costa e tante altre misure strategiche sul mercato dei trasferimenti lo hanno dimostrato. Ecco perché non ho sempre capito questa strategia di acquisto rossonero. A Nesta, a Cannavaro, Seedorf, Totti, Nistelrooy e Crespo. Giocatori che avrei potuto immaginare di giocare bene con il Milan. Ma nessuno di loro era effettivamente in gioco. Invece, i talenti menzionati all'inizio di questo capitolo sono stati firmati. "Talenti", credo, è una buona parola chiave. Ci sono troppi talenti che passano ai grandi club troppo presto. Ma poi non riescono a far fronte alla pressione psicologica e si spezzano o si fondono in arroganza. Con questo intendo dire che si dimenticano il peso e la responsabilità che si portano dietro con la maglia che hanno indossato quando hanno firmato il contratto di un club rinomato. Certo, non lo fanno con cattive intenzioni, ma molti di questi giovani credono di aver già raggiunto l'apice della loro carriera quando si iscrivono a squadre come il Bayern, il Milan, l'Inter, il Real, il Manu e altri grandi club. Dimenticano che sono solo all'inizio. La caccia ai titoli e ai trionfi. E alla fine, quando non si tratta più di soldi, ma di giocare per la nazionale. Dare tutto per il vostro paese in occasione di un campionato mondiale o di un campionato europeo. Questo dovrebbe essere l'obiettivo finale. Dopotutto, questi talenti si stanno esaurendo troppo presto oggi. E molti di loro si sono rotti sotto la pressione. In questo processo di maturità, una squadra può anche crescere in dimensioni e forza attraverso la coesione. Molti club hanno provato, e continuano a farlo, a comprare titoli con i soldi. Questo funziona solo molto raramente. Ci deve essere sempre un sano mix di stelle e talenti, responsabilità e dedizione. Perché solo così si può mantenere lo spirito di squadra e di comunità. Il successo non arriva da un giorno all'altro. Il successo è uno sviluppo a lungo termine. AC Milan, Real Madrid, Chelsea, Bayern e Borussia Dortmund possono raccontarvi alcune storie della buona notte. Mi permetto a questo punto di riassumere brevemente:

Quattro amici sono andati a Dortmund il 04.04.2002. Per il pranzo c'era un piatto Manta per tutti e la sera questi ragazzi hanno visto la loro squadra perdere 4 a 0. Credo di poter definire questo incidente una specie di coincidenza. Quella sera avrei potuto facilmente fare a meno dell'ultimo superfluo numero quattro.

Gli Dei devono essere pazzi

Il Portogallo 2004 avrebbe dovuto finalmente essere il torneo perfetto per l'Italia. Trapattoni era sotto un'enorme pressione. Dopo i deludenti Mondiali di calcio in Giappone e Corea, finalmente ha dovuto dimostrare le sue qualità. Ma non si può davvero biasimarlo per il fallimento contro la Corea. Tutto sembrava sul foglio come se stesse per essere il grande favorito per andare di nuovo ad un torneo. Dannazione, la squadra era assolutamente pronta per la grande occasione. Trapattoni aveva appena detto di aver messo in valigia un sacco di completi, aveva in programma una lunga estate portoghese. Così, con una squadra quasi invariata, hanno pensato di avere buone possibilità. L'unica nota dolente è che Maldini non era più attivo per la Nazionale. Come quattro anni fa, ho deciso di guardare la maggior parte delle partite su CinemaxX. Non vedevo l'ora che arrivasse il momento. Fortunatamente, non lavoravo per *-agenzia azzurro-* come agente assicurativo da qualche settimana, quindi il mio lavoro temporaneo come promotore per Premiere al Media Markt di

Augsburg non mi ha dato problemi a guardare tutte le partite in diretta.

Il 12 giugno 2004 alle ore 18.00 è stato inaugurato il dodicesimo Campionato Europeo di Calcio all'Estadio do Dragao di Porto. Il Portogallo ha dovuto affrontare il più grande sfavorito delle sedici squadre partecipanti. La Grecia, la cui stella più grande era seduta in panchina e poteva aiutare i suoi giocatori solo con istruzioni tattiche, era il successore tedesco Otto Rehhagel. L'ex allenatore dell'SV Werder Brema, 1FC Kaiserslautern e FC Bayern, Rehhagel aveva già vinto molti titoli in Germania. Il Bayern, allora noto come FC Holly-wood, probabilmente non è era uno di questi. Invece, ha festeggiato i suoi più grandi successi con Brema. Come la vittoria della Coppa delle Coppe d'Europa nel 1992, contro l'AS Monaco, proprio qui a Porto. Sensazionale e indimenticabile, quasi leggendaria è stata anche la vittoria del campionato tedesco 97/98 con Kaiserslautern. Erano appena stati promossi dalla seconda a la prima classifica del calcio tedesco. Così Otto è tornato in un vecchio sito trionfale, subito dopo Porto, ed è stato lui ancora una volta a compiere un piccolo miracolo, cioè non necessariamente perdere la partita d'apertura contro i padroni di casa Portogallo. Un pareggio sarebbe stato un immenso successo per i greci. Ma anche i portoghesi erano sotto pressione. Quattro anni prima, erano stati così sfortunati da aver perso la finale. Rigore dell'ultimo secondo, fallo di mano involontario di Javier. Fu così che nel loro paese il grande trionfo della generazione d'oro fu finalmente raggiunto. Dopotutto, metà della squadra di Figo e Rui Costa era già diventata campione d'Europa U21. Questa è sarebbe stata probabilmente l'ultima grande occasione per le superstar portoghesi di ottenere un grande e veramente importante successo con la maglia nazionale. Ma dopo soli sei minuti, i portoghesi hanno avuto le spalle al muro quando il tecnico del campione del mondo brasiliano Luis Felipe Scolari ha preso il comando. Georgios Karagounis dell'Inter ha segnato l'1-0 per gli Hellas, e naturalmente i tifosi che avevano viaggiato con loro erano assolutamente entusiasti. Dopo tutto, dieci anni prima, all'ultima partecipazione a un grande torneo, la Coppa del Mondo di calcio negli USA, erano stati eliminati, come dicevo, con 9-0 punti e 10-0 gol, cantando e cantando senza un suono. Il Portogallo è stato inizialmente scioccato dal deficit iniziale, ma non ha trovato il modo di entrare in gioco con il progredire della partita. La Grecia, invece, si è sapientemente barricata nella propria metà del gioco e si è appostata in agguato per i contrattacchi. Scolari doveva agire se non voleva subire una sconfitta nella prima partita del Campionato Europeo. Deco, il playmaker dei vincitori della Champions League FC Porto, che tutti si aspettavano fin dall'inizio, e Christiano Ronaldo del Manchester United sono arrivati all'intervallo per sostituire Rui Costa e Simao, che non avevano giocato bene. Ma invece di pareggiare, Basinas (Panathinaikos Atene) ha segnato 2-0 al 51° minuto di gioco. Il mondo del calcio si stava chiaramente avvicinando a una grande sensazione il primo giorno degli Europei. Il Portogallo ha vissuto una meraviglia blu. Certo che lo è stato! Un'ultima ribellione e la sostituzione di Deco e Ronaldo hanno pagato sempre di più. Nei minuti finali, i brasiliani europei hanno finalmente avuto la possibilità di segnare. Tuttavia, Ronaldo ha segnato il gol al novantesimo minuto troppo tardi. Se avesse segnato solo cinque o dieci minuti prima, chissà come sarebbe andato questo campionato europeo? Italia! Cosa avremmo dovuto aspettarci lì adesso? Beh, il titolo di Campione Europeo, naturalmente! Quando ho comprato i fuochi d'artificio per capo d'anno, avevo comprato delle batterie con 1000 colpi in più. Lo champagne era già freddo. Dopo 22 anni di siccità e dopo le crudeli sconfitte dei grandi tornei degli ultimi anni, il titolo sarebbe stato atteso da tempo. Finora Vieri era stato una garanzia di gol in ogni torneo. Con i suoi 31 anni, è davvero maturo per la corona. Pippo Inzaghi, che aveva appena concluso il suo terzo anno con il Milan e aveva vinto tutto tranne i Mondiali rossoneri, era anche il migliore amico di Vieri. Con Del Piero è stato molto diverso, entrambi non amavano molto il periodo della Juve insieme. Altre due grandi speranze sono venute da Roma. Francesco Totti e Antonio Cassano (nato a Bari vecchia). Da non dimenticare che Totti è stato il grande esempio dell'italiano meridionale pugliese. L'unico giocatore che mancava veramente in questa squadra era Paolo Maldini. Ma Ferrari e Oddo, i giovani difensori, a un certo punto hanno dovuto seguire le orme di Maldini. Naturalmente, e naturalmente, c'era anche uno dei giocatori di cui speravo ancora di avere una svolta nella nazionale. Alex (mitico) Del Piero. Quando avrebbe finalmente girato l'Italia nella beatitudine? Vedremo. Nonostante questa, ancora una volta, grande squadra, un solo fattore sarebbe potuto tornare ad essere un problema…

«Perso tre volte ai rigori. Quattro anni fa, mancavano solo 16 secondi per vincere. In Giappone, erano gli arbitri. Nessun problema, siamo comunque i più forti e questa volta vinceremo facilmente questo torneo. Non avremo la stessa sfortuna degli ultimi tornei. Senza dubbio saremo campioni d'Europa!»

…La cara arroganza era già costata ai capi di molte squadre. In vista del torneo, ho sottolineato più volte che avrei preferito giocare nel gruppo tedesco piuttosto che contro gli scandinavi. Gli svedesi e i danesi giocano un calcio piuttosto rude. Tecnicamente non così forte, più orientato al corpo. Sono anche grandi e massicci. Il vichingo è ancora nel loro sangue. Contro l'Olanda e i cechi del gruppo tedesco, bisogna dare tutto fin dall'inizio. Questi due grandi favoriti non sarebbero stati certamente da sottovalutare. L'Italia è sempre stata più favorita contro le squadre più forti che contro i le più deboli. Solo Vieri avrebbe potuto vincere la partita contro la Danimarca per tre volte. Ma ci sono stati negati i festeggiamenti per il gol nella prima partita. Perché anche Totti, Cassano e Del Piero non sono riusciti a entrare nella lista dei punteggi. A Francesco Totti si deve il primo grande scandalo del Campionato Europeo. Dopo un attacco con uno sputo contro Poulsen, il capitano della Roma è stato successivamente sospeso per cinque partite. Certamente il danese non l'aveva solo provocato con un urto prima. Ma Totti avrebbe dovuto agire in questa situazione in modo più virile e professionale. Perché con la sua sospensione, all'Italia mancava un giocatore cruciale e importante. La Svezia, invece, ha fatto scoppiare un unico fuoco d'artificio contro la Bulgaria. Ljiungberg, Ibrahimovic e Allbäck hanno segnato una volta ciascuno per gli scandinavi. Anche Larson ha contribuito in modo impressionante alla vittoria per 5-0 con i suoi due gol. Così ancora una volta gli italiani hanno iniziato a tremare. Ancora una volta già dopo la prima partita. E ancora una volta l'allenatore è stato fatto a pezzi dalla stampa, addirittura fatto a pezzi in aria. L'hanno accusato di errori tattici nella formazione. Perché non ha lasciato giocare Cassano fin dall'inizio? Inoltre, c'era molto risentimento, che era già stato espresso nella fase di preparazione al Campionato Europeo. Alberto Gilardino, il capocannoniere italiano alle spalle di Sheva (dell'AC Parma) neo-campione europeo e capocannoniere del Campionato Europeo U21 in Germania, era stato lasciato fuori da Trapattoni. Sono assolutamente sicuro che se Trap lo avesse nominato, avrebbe fatto molto bene alla squadra con il suo gioco fresco e vivace. Ma anche così, la Squadra aveva il potenziale per segnare almeno tre gol contro la Danimarca. Niente contro Perrotta e Zanetti (che probabilmente avrei lasciato in Italia con Materazzi). Ma la domanda che mi pongo qui è: quale squadra ha vinto il campionato la scorsa stagione?

Un anno prima, la Champions League, la Coppa Italia e la Super Coppa Europea. Il Milan, naturalmente. Gattuso e Pirlo sono stati un asse quasi insostituibile nel sistema di gioco rossonero. Invece erano seduti sulla panchina di Trap. Quindi la partita contro gli svedesi riguardava già la salsiccia. Senza menare il can per l'aia, è stato di nuovo un torneo per rompere l'abitudine. Sì, semplicemente per vomitare! Vieri, con innumerevoli occasioni mancate, avrebbe potuto segnare più di sei gol dopo solo due partite. Al contrario, ha tirato dappertutto ma nella rete dell'avversario. Era a Cassano che dovevamo i nostri primi applausi. Al 37° minuto ha finalmente portato l'Italia nel torneo. Ma Trap ha rimesso l'accento sulla difesa invece di spingere per un altro gol. Già al settantesimo minuto ha sostituito il marcatore romano con Fiore, centrocampista. Gattuso dovette far posto anche al difensore Favalli, un altro delle fazioni Zanetti e Materazzi. Quando Ibrahimovic ha colpito la rete all'85° minuto con un tiro di tacco insolitamente raro su Vieri, che saltava sulla linea della porta, la classica falsa partenza è stata perfetta. Appena due minuti prima, aveva sostituito Del Piero, il suo ultimo attaccante per il Camoranesi. Il mio padrino Franco, suo fratello Vincenzo, Francino, Rino, Antonio, Mario e Pino, e io... (tutti i parenti e gli amici) abbiamo vissuto questa tragedia nello stesso luogo in cui, pochi mesi prima, ho dovuto assistere alla sconfitta per 4-0 del Milan contro il Deportivo in Champions League. Ma era anche lo stesso locale, lo stesso ristorante dove anni prima avevamo festeggiato il trionfo della Juventus sull'Ajax. Dopo quella sera sapevo che non avrei visto un'altra partita di squadre italiane in questo ristorante del club. Comunque, avevo un brutto presentimento prima della partita con gli Svezia. Ma mi sono persuaso solo perché anche tutti gli altri amici italiani si erano incontrati lì.

Così la Svezia e la Danimarca erano quasi finite. I vicini della Germania avevano vinto 2-0 contro la Bulgaria grazie ai gol di Tomasson e Grönkjaer. Se i due si fossero accordati sul pareggio nell'ultima partita a gironi, più precisamente sul 2-2, l'Italia avrebbe potuto segnare venti gol. Perché allora il confronto diretto avrebbe contato. Ma il diavolo avrebbe dovuto fare i conti con questo. In un confronto diretto, Italia e Danimarca erano a 0-0, ma questo avrebbe significato che avrebbero segnato molti più gol contro la Bulgaria. Anche se era solo 3-0. È lo stesso nel confronto diretto con la Svezia. Una vittoria con più di sei gol di differenza probabilmente avrebbe superato il 5-0 della Svezia. Beh, tutto sommato, non ho capito bene questa ingiusta regola di merda della UEFA. Quindi non aveva molto senso spiegarmelo. Alla fine, l'Italia avrebbe vinto di fatto per sei o sette gol se gli Azzurri avessero avuto la differenza reti migliore. In ogni caso, quindi questo fatto che un 2-2 sarebbe stato sufficiente per i danesi e gli svedesi mi è sembrato del tutto illogico.

Trapattoni era, secondo me e secondo molti altri tifosi di calcio, da biasimare per il pareggio contro la Svezia. Con quel maledetto Catenaccio. Ancelotti ha seguito una tattica simile. Ma solo dieci minuti prima della fine di una partita ha sostituito un Costacurta o un Ambrosini per sicurezza. Tuttavia, sono assolutamente certo che non avrebbe mai tolto entrambi gli attaccanti dal campo. Berlusconi avrebbe potuto staccargli la testa. Ma anche Vieri non era estraneo alla situazione attuale. Mamma mia, quante occasioni aveva perso. Baggio, 38 anni, o Vialli, 40, avrebbero segnato tre o quattro gol. Ma Vieri si è sviluppato sempre più in un piccolo "Del Piero Anno 2000". Come nei precedenti tornei, la sfortuna o lo scandalo non potevano mancare. La rivista calcistica svedese

"Offside" ha riportato un accordo interno tra i "fratelli" scandinavi. Prima dell'inizio della partita, il giocatore svedese, Erik Edman, ha chiesto al suo collega danese, Daniel Jensen, se dovessero giocare indecisi. Jensen ha risposto...

«*Sì, possiamo, ma*
devi prima far entrare un cancello!»

...e rideva mentre lo faceva. Durante la partita, con il punteggio di 1:2 per la Danimarca, la partita è continuata. Lo svedese Anders Andersen, al danese Thomas Gravensen...

«*Facciamone entrare uno!*»
...Al che Gravensen gli ha urlato contro,
«*Si', beh, attaccate, dannazione!*»
Dopo la partita, entrambe le squadre erano felicissime. Marcus Allbäck ha preso la palla in spalla e ha gridato.
«*Amico mio!*»

...Era il biscotto del torneo per eccellenza. Il quotidiano svedese Expressen sospettava che la UEFA avrebbe indagato sulla questione. Ma come nel 2002 in Giappone e in Corea, lo scandalo è stato semplicemente spazzato via. Entrambe le squadre avrebbero dovuto essere bandite dalle qualificazioni ai Mondiali di Germania. Tuttavia, entrambe le squadre hanno beneficiato del fatto che il Presidente UEFA Johansson era svedese. Almeno così si diceva tra molti tifosi di calcio. Quindi i due gol di Perrotta e Cassano nella seconda parte della partita sono stati vani. La Bulgaria aveva addirittura condotto 1-0 a metà tempo. E ancora una volta è stato Vieri a decapitare insensatamente una mezza dozzina di gol nel cielo notturno. Cassano era felice come un bambino quando ha segnato il gol vincente al 94° minuto di gioco. Ma i suoi colleghi a bordo campo erano già a conoscenza del risultato finale del gioco parallelo. L'Italia aveva fallito di nuovo. Incredibilmente, c'è sempre una nuova storia tragica o folle sul calcio italiano. L'Italia, infatti, è uscita dal torneo senza dover registrare una sconfitta. Ancora e ancora una volta c'è stata la possibilità di lasciare il torneo senza fallire come un perdente chiaramente meritato. Sarebbe bastato un solo gol contro la Danimarca per farci passare. Un unico obiettivo che avrebbe fatto la differenza. E ancora una volta il mio sogno non si è avverato. Come gli anni precedenti, anche questa volta non avevamo motivo di inzuppare il corso di Augsburg, nei colori verde-bianco-rosso. Doveva invece essere un mese speciale. Un mese che rimarrà indimenticabile per molti appassionati. Indimenticabile, perché non si erano sognati di superare il turno preliminare. Trapattoni è stato decapitato. Per la prima volta ho trovato questa decisione appropriata. Anche se è stato davvero sfortunato in Giappone e in Corea. Non mi piaceva affatto la sua tattica. Solo che non era abbastanza moderno e aggiornato per vincere grandi titoli. Scusa Trapattoni, questa è solo la mia opinione. In segreto, speravo di vedere un giovane allenatore prendere finalmente il suo posto in panchina in Italia. Anche se avevamo a disposizione due ottimi allenatori, Capello e Lippi. Ho desiderato ancora Gianluca Vialli. Era giovane, aveva fatto la sua prima esperienza di allenatore con il Chelsea ed era un ex attaccante a tutto tondo. Aveva certamente quello che serve per formare una squadra forte e disciplinata per la Germania. Allo stesso tempo, Vialli era anche un uomo che sapeva difendersi e farsi valere. Ma purtroppo il mio candidato da sogno non era nella lista degli allenatori italiani. Marcello Lippi, della Juventus, è stato alla fine l'erede di Giovanni Trapattoni.

Il gruppo B con Francia, Inghilterra, Croazia e Svizzera era certamente il gruppo presumibilmente più forte accanto al gruppo D tedesco. Ma come previsto, i francesi e gli inglesi hanno raggiunto i quarti di finale senza grandi difficoltà. L'incontro di punta tra le due nazioni calcistiche, l'equipe tricolore e i Tre Lions è stato, tra l'altro, la partita d'apertura di entrambe le squadre. E avrebbe dovuto essere) un gioco! Un gioco per l'eternità. Davanti a 65.200 spettatori all'Estadio da Luz di Lisbona, l'atmosfera era meravigliosa. Entrambe le parti non vedevano l'ora del torneo più lungo possibile. Gli inglesi erano un po' in minoranza sugli spalti. La Francia contro l'Inghilterra è stata molto più di una partita di calcio. Le vecchie rivalità non si placano. E anche se non ci sono stati grandi disordini nella fase di preparazione alla partita, è stato chiaro sia agli spettatori che ai giocatori di cosa si trattava in realtà. Dopo la catastrofica Coppa del Mondo, i francesi, in quanto campioni ufficiali d'Europa, hanno avuto molto da recuperare in termini di tifosi e di immagine. Per molti esperti erano i favoriti per il titolo. In una partita davvero di alta classe, però, gli inglesi hanno posto molti più accenti. Forte e affamata di vittoria, la squadra del coach Sven Goran Erikson, nato in Svezia, ha preso 1-0 al 39' con Frank Lampard. Il francese non è stato disposto a trovare nulla di brillante nei restanti sei minuti del primo tempo, né nei quarantacinque del secondo tempo. Tuttavia, la squadra blu ha avuto uno Zinedine Zidane che, attraverso una situazione standard al 91° minuto, o più precisamente un calcio di punizione, ha segnato il più che felice 1-1. Ebbene, chiunque abbia seguito la storia della parte francese in Olanda nel 2000 probabilmente ha pensato di vivere un déjà-vu in quei secondi. Perché dopo quell'1-1, la stufa era ben lontana dall'essere spenta. In un attacco diretto, dopo che i francesi avevano conquistato il pallone, dopo che gli inglesi avevano calciato di nuovo, Henry è stato così stupidamente messo KO dal n.1 dell'Inghilterra, David James, che il dottor Markus Merk non ha avuto altra scelta che decidere un rigore per la Francia. E ancora una volta è stato uno Zinedine Zidane a fare la grande differenza. Povera Inghilterra, felice Francia. Ero terribilmente turbato perché tutta la mia simpatia era per gli inglesi. Ma come ho detto prima, entrambe le squadre hanno raggiunto i quarti di finale. I croati, ancora una volta considerati la squadra segreta favorita o a sorpresa di questo gruppo, hanno già perso quasi tutte le loro possibilità di sopravvivere al turno preliminare nella partita d'apertura contro la Svizzera. Se fossero riusciti a vincere, avrebbero potuto prepararsi mentalmente per la finale contro l'Inghilterra in modo completamente diverso dopo il pareggio 2-2 nella seconda partita di girone contro la Francia. Quindi dovevano assolutamente vincere l'ultima partita se volevano creare la grande sorpresa, dopo tutto. Ma gli inglesi, che avevano perso la partita d'apertura contro la Francia, per quanto fossero sfortunati, non avrebbero abbassato la guardia. Una sicura vittoria per 3-0 sulla Svizzera e una convincente vittoria per 4-2 sui croati hanno garantito il passaggio al turno preliminare. La qualità delle partite in Portogallo 2004 è stata in realtà un miglioramento rispetto all'ultimo Campionato Europeo del 2000. Le partite sono state ancora più emozionanti. Il calcio d'alta classe è stato celebrato quasi ogni giorno. A parte qualche sorpresa, i favoriti hanno superato il turno preliminare. Ma soprattutto erano presenti gli arbitri che hanno capito veramente il loro mestiere. Dato che questo Campionato Europeo è finito molto velocemente per me, non vedevo il motivo di preoccuparmi di andare ogni giorno ad Augsburg al cinema, il Cinemaxx. Ho visto l'ultima partita contro la Bulgaria insieme alle mie due ragazze dal mio padrino ad Augsburg. Con la speranza di raggiungere i quarti di finale e di andare a Maxstrasse con la mia famiglia per la prima volta. Ma purtroppo gli scandinavi avevano apparentemente fatto un accordo.

Germania!

Nella partita d'apertura contro gli olandesi, sono stati davvero la squadra migliore, nonostante fossero degli outsider. Tuttavia, il secondo classificato del campionato del mondo non ha avuto un po' di fortuna. Nistelrooy ha recuperato il vantaggio dei tedeschi a Frings nove minuti dal coprifuoco e ha assicurato agli olandesi una vittoria per 1-1. L'unico che ha veramente sofferto dopo quella notte è stato Dick Advocaat. I Paesi Bassi sono stati considerati i favoriti e la Germania gli outsider prima della partita. Quello che la stampa olandese ha poi fatto al povero Dick era in parte sotto la cintura. La Germania, invece, ha avuto un inizio fantastico del torneo. La vittoria individuale è stata celebrata come una vittoria dai dipendenti di Media Markt interessati al calcio. Molti hanno persino osato prevedere che sarebbero diventati campioni d'Europa. Potevo solo sorridere per questo. Più di una volta avevo guardato di nuovo la partita in Premiere e mi sono dovuto rendere conto che gli olandesi stavano semplicemente facendo troppo poco e che le i tedeschi stavano dimostrando ancora una volta le loro virtù, cioè l'assoluto spirito combattivo. Ma proprio come nella partita tra francesi e inglesi, c'era una certa sensazione di derby nell'aria. La cosa positiva del mio lavoro di promotore è stata che nel periodo tra giugno e luglio pochissimi clienti hanno visitato il mercato e che erano veramente interessati a sottoscrivere un abbonamento. Infatti, il mio banco di vendita era pieno di gente che voleva vedere le repliche delle partite. Nella partita contro i lettoni, la Germania avrebbe potuto creare un'ottima posizione di partenza per l'ultima partita contro i cechi. Ma per quanto fossero stati bravi a giocare contro gli olandesi, hanno fallito miseramente davanti alla porta lettone. I tedeschi sembravano aver perso quel pizzico di fortuna in questo gioco. Nell'ultima partita contro la Repubblica Ceca, una vittoria era assolutamente necessaria. Poiché i vicini dell'est erano già determinati come vincitori di gruppo (2-1 contro la Lettonia e 3-2 contro l'Olanda), pensavano di avere una reale possibilità contro una migliore seconda squadra. All'inizio sembrava tutto uguale. Perché ancora una volta è stato Ballack a far avverare i sogni tedeschi nel 21° minuto. C'erano anche possibilità di vincere due e tre a zero. Ma solo nove minuti dopo, la squadra era di nuovo a terra. Heinz con l'1-1. La fine di una favola tedesca è stata poi annunciata al 59' dal Milan Baros, la nuova acquisizione del Liverpool FC. Tuttavia, la squadra di Rudi Völler ha potuto dire addio al Portogallo a testa alta. Dopo tutto, con l'Olanda e i cechi, avevano due candidati molto caldi per il titolo. Ad essere onesti, ero un po' contento che la Germania sia dovuta tornare a casa. In primo luogo, non avevano una squadra migliore dell'Italia. Solo Ballack, Schweinsteiger, Kahn e Lahm erano giocatori davvero eccezionali. Philip Lahm e Sebastian Schweinsteiger sarebbero stati giocatori che avrei potuto immaginare con il Milan. Ma io non ero e non sono responsabile della politica di acquisto del Milan. Inoltre, secondo molti italiani, in Italia avevamo tantissimi giocatori del genere. Quindi questa storia ci riporta indietro, al Gruppo A. Al gruppo con cui è iniziato questo capitolo. Dopo il primo giorno di gara, gli spagnoli erano in prima posizione insieme ai greci di Otto. Questo non sarebbe dovuto cambiare anche dopo il secondo giorno di partita. Ancora una volta, la squadra a sorpresa ha suscitato una piccola sensazione.

Ancora una volta l'allenatore tedesco è riuscito ad adeguare la sua squadra in modo da evitare la sconfitta. Spagna e Grecia separate 1-1 (1-0 Morientes 28° minuto, 1-1 Charisteas 66° minuto). In Grecia avrebbero già eretto un monumento a Otto Rehhagel. È stato il più grande successo di una squadra greca finora. Ma la grande serata per i greci doveva ancora arrivare.

Nonostante la sconfitta i greci avrebbero potuto qualificarsi per i quarti di finale. A condizione che i paesi vicini Portogallo e Spagna non si accordassero su un pareggio. Ma proprio questo risultato è stato un rischio troppo grande per entrambe le squadre. Il Portogallo sapeva che solo una vittoria contro la Spagna avrebbe significato un passaggio sicuro in avanti. Inoltre, a casa, nel loro stadio, non volevano perdere contro il loro grande vicino. Il Portogallo non era riuscito a vincere contro la Spagna per oltre 23 anni. Quindi questa vittoria sarebbe stata ancora più significativa. Quindi, se i sogni della generazione d'oro di vincere il titolo dovevano essere realizzati, questo ostacolo doveva essere superato e questa lunga serie negativa si è doveva concludersi. Il calcio del Portogallo aveva cambiato volto dopo la partita contro i greci. Con il cuore e l'anima, hanno messo in ginocchio i russi. gol di Maniche e Rui Costa. È con lo stesso atteggiamento che alla fine hanno disincantato gli spagnoli. Nuno Gomez, 57° minuto, 1-0. Con le ultime volontà e la testimonianza della vittoria e un atteggiamento combattivo e di abnegazione, hanno mandato a casa i loro grandi rivali. Il Portogallo ha vinto il gruppo, ma ha preceduto i suoi conquistatori, davanti ai greci di Otto nei quarti di finale. Nonostante la sconfitta per 2-1 dei russi, sono stati poi un po' fortunati a raggiungere la fase ad eliminazione diretta.

I quarti di finale.

Le partite sono state molto promettenti. Portogallo contro Inghilterra, probabilmente la più grande esplosione che abbiamo dovuto affrontare. La Francia contro la Grecia è stata l'unica partita dei quarti di finale in cui abbiamo conosciuto il vincitore prima ancora che la partita iniziasse. Alla fine, l'unica questione era quanto bene gli svedesi avrebbero venduto contro gli olandesi e i danesi contro i cechi. Gli scandinavi erano davvero così forti, o gli italiani troppo arroganti e Vieri troppo stupido per segnare? Cominciamo con quest'ultima partita, che viene anche raccontata molto velocemente. La Danimarca non ha avuto alcuna possibilità! Una volta si mangiava il Koller, due volte il Baros e il formaggio danese. Svezia contro Olanda... Probabilmente la peggior partita di tutto il torneo. La parte migliore di questa partita è stata giocata solo dopo la fine. Quando ai figli dei giocatori della nazionale è stato permesso di saltare in campo per raggiungere i loro padri, si è creata un'atmosfera davvero bella, anche umana, intorno a tutte le superstar. Ma questo non è servito per rendere gli olandesi molto più favoriti. Entrambe le squadre avevano purtroppo completamente dimenticato di giocare a calcio. Alla fine, il vincitore è stato determinato di rigori. 4-5 per l'Olanda. E chi era particolarmente felice per l'eliminazione delle due aurore boreali... Io, naturalmente! La Francia contro la Grecia è stata una partita molto speciale. Sempre più spesso questi sfavoriti mi hanno ricordato gli italiani. La Grecia ha giocato in difesa. E quello ero davvero solo io! Aspettavano solo che i loro avversari commettessero degli errori. Sì, la Grecia era in agguato, la Francia ha provato di tutto. Ma né Zidane, né Wiltord, né Henry, né Trezeguet potevano segnare. Anche se i francesi erano di gran lunga superiori... Il gol d'oro è stato segnato ancora una volta da Charisteas, un protetto di Brema. Si era ripetutamente lamentato del suo dispiacere di doversi sedere troppo spesso sulla panchina di Brema. Ma Otto lo aveva confortato con le parole, aspetta e vedrai, sarebbe arrivato il suo momento. E il greco tedesco non si era sbagliato sul potenziale di Angelos Charisteas. Non solo la Grecia era in stato di festa dopo questa vittoria. No, c'è stata una festa frenetica per le strade della Germania. Non riuscivo a smettere di pensare ai miei tanti amici greci. Come sarebbero andati via, quanto sarebbero stati felici, e come ancora non riuscivano a crederci. Nessuno all'Acropoli, ad Atene, a Creta o in qualsiasi altro luogo della Grecia si sarebbe aspettato di raggiungere la finale. Per quanto alta sarebbe stata la sconfitta contro i cechi in semifinale, Otto Rehakles era già da tempo mutato nel semidio dei greci.

Portogallo contro Inghilterra.

Un gioco con molte figure tragiche. Con suspense, dramma, calcio eccellente e naturalmente un solo vincitore e un solo perdente. Proprio come deve essere nel calcio. Michael Owen, simbolo vivente del calcio inglese. Dopo soli tre minuti ha sparato ad una nazione calcistica totalmente pazza, entrando nel settimo cielo. Chissà cos'altro avrebbero ottenuto gli inglesi in questo gioco se Wayne Rooney non si fosse rotto il metatarso. È stato sostituito da Darius Vassell al 27° minuto. Il Portogallo ha combattuto, la squadra ha giocato per la sua nazione. Come padroni di casa con la pressione di vincere il titolo. Figo, tuttavia, è rimasto completamente pallido in questa partita. Così è stato tolto dal campo al 75° minuto per Postiga. Il vecchio svedese, la star del Real Madrid, avrebbe potuto essere arrabbiato per la sua sostituzione. Il tempo stava scadendo per gli europei del sud della costa atlantica. Ma a sette minuti dalla fine, è stato Postiga a riportare in vita il suo lato. 1-1! Con molta fortuna, la squadra di coach Scolari si è salvata nei tempi supplementari. Urs Meier ha negato agli inglesi un gol regolare nel minuto finale, che ha ricordato loro immensamente il gol di Wembley. Rui Costa, 110 minuti, 2-1, Lampard, 115 minuti, 2-2, quindi anche i tempi supplementari non sarebbero stati decisivi. Il gol d'oro era già stato ripreso. Come sempre, se non c'era un vincitore dopo 120 minuti, bisognava trovare i fortunati vincitori nei rigori, che potevano continuare a sognare il titolo. I portoghesi sono arrivati in finale! Ma alla fine, tre situazioni sono state i fattori decisivi. Il numero uno, David Beckham. Primo rigore per l'Inghilterra. Poco prima di calciare il pallone, il cuoio ha iniziato a rotolare via dal punto del rigore (inosservato dall'arbitro). Beckham è sceso a terra e ha calciato la palla oltre la porta. La numero due, Vassell, che è stato sostituito da Rooney, ha mancato il 6:6. La numero tre, il portiere Ricardo, che aveva iniziato il tiro di rigore senza guanti, è corso a tirare lui stesso e ha segnato 7:6. Che partita pazzesca quella dei due. Nessuna delle due squadre meritava di essere eliminata alla fine. Non sono state le grandi star come Figo e Rui Costa ad essere gli eroi della serata, ma Deco e Ronaldo a lasciare il segno. Con questi due giocatori, il Portogallo aveva tra le mani due giovani eccezionali. Quindi la semifinale era completa. Portogallo contro l'Olanda e Grecia contro la Repubblica Ceca. Così tre delle squadre favorite erano avanzate al turno preliminare. Nessuno si aspettava davvero la Grecia. Francia, Inghilterra e Spagna erano le favorite che erano già andate a casa. Se tutto fosse andato normalmente il 1° luglio 2005, nessuno all'Acropoli avrebbe osato rimproverare il tedesco. Ma come nella partita contro la Francia, i greci hanno avuto più che successo con la loro tattica di contrattacco. Dopotutto, i cechi non erano riusciti a segnare neanche un gol al 105° minuto. Il difensore greco Dellas, che si era guadagnato il torello all'AS Roma, ha invece segnato l'importante gol d'argento. Il che, naturalmente, significava la fine per i cechi alla fine dei tempi supplementari. Quindi la Grecia era in finale e bisognava guardarla due, no, tre e quattro volte per capirlo. Perché nessuno aveva scommesso un solo centesimo su questa squadra nella fase di preparazione. Quanti greci, giunti ai quarti di finale, hanno chiesto un congedo speciale, hanno chiesto un prestito o hanno annullato la vacanza prenotata altrove per volare in Portogallo e aiutare e sostenere la loro squadra fino alla fine? Perché di partita in partita erano sempre più numerosi i tifosi greci presenti alle partite. E i ricordi della vittoria del Campionato Europeo dei danesi in Svezia si sono rapidamente risvegliati, o l'eroica storia dei 300 spartani contro un esercito persiano quasi invincibile. Ma per coronare il tutto, era la prima volta in un torneo di questo tipo che le due squadre che avevano aperto il torneo avrebbero giocato in finale. Il Portogallo, che non ha lasciato dubbi sul suo status di favorito, ha combattuto gli olandesi con un magnifico spettacolo di calcio magico. Figo, che è stato sostituito da coach Scolari all'inizio della partita contro gli inglesi, ha fatto la partita della sua vita per il Portogallo. Nell'Estadio Alvalade di Lisbona, 46679 spettatori hanno assistito a un altro spettacolo calcistico. Gli olandesi, che non avevano fatto molta impressione nella fase a gironi ma che erano andati giù come la squadra migliore contro la Svezia, si sono arresi quasi indifesi al loro destino di outsider (in parte a causa della loro precedente prestazione in questo torneo) nella tana del leone. Senza senso dell'umorismo, senza idee, e anche senza spirito combattivo, la squadra di star olandesi non è riuscita ad arrivare in finale. Ancora oggi mi è incomprensibile come questa squadra, con giocatori di punta come Seedorf, Davids, Kluivert, Stam, Reizinger, Cocu, Overmars e Nistelrooy, non sia riuscita a vincere un solo titolo. Dopotutto, per anni sono state probabilmente una delle migliori squadre del pianeta al fianco di brasiliani, francesi e italiani. Ma come italiano posso essere molto tranquillo fino ad ora.

Bene, Portogallo contro Grecia, la finale a sorpresa è stata perfetta. Almeno per quanto riguarda i greci. Nessuno poteva davvero dire chi fossero i veri favoriti per il titolo dopo questo torneo. Naturalmente, i portoghesi hanno avuto il grande vantaggio di giocare davanti al loro pubblico di casa all'Estadio da Luz di Lisbona. Ma anche questo è stato un'enorme pressione per i giocatori a vincere. Hanno perso

2-1 nella partita d'apertura contro la Grecia. Se i portoghesi avessero vinto il campionato europeo in casa, nessuno avrebbe parlato di sensazioni. Con i greci era molto diverso. Per caso, il miracolo di Berna è avvenuto l'ultimo giorno della Coppa del Mondo, il 4 luglio 1954, esattamente cinquant'anni fa. Qualunque fosse l'esito della partita, Otto Rehhagel era stato promosso da tempo cittadino onorario di Atene. Un semidio, una leggenda vivente del calcio greco. Rehhagel, che all'epoca aveva 65 anni, ha vissuto il già citato Miracolo di Berna da sedicenne in un atrio della stazione con centinaia di appassionati di calcio. Se qualcuno gli avesse profetizzato che esattamente cinquant'anni dopo sarebbe stato alle finali del Campionato Europeo con la Grecia come allenatore, lo avrebbe certamente dichiarato pazzo. Ma che percorso impressionante quello che uno degli allenatori di maggior successo del calcio tedesco si è lasciato alle spalle con questa squadra greca. Quando ha assunto l'incarico di allenatore della nazionale nell'agosto 2001, deve essersi chiesto molto rapidamente che brillante avventura stava intraprendendo. Le qualificazioni ai Mondiali del 2002 erano state perse e la squadra aveva perso molto rispetto da parte di tifosi e dirigenti. Nessuno voleva più indossare la maglia bianca e blu. Non c'era una disciplina come quella a cui era abituato dalla Germania. Prima del test match contro la Russia, quando Rehhagel era membro della delegazione ma non era ancora seduto in panchina, tutta la squadra ha dovuto passare ore all'aeroporto di Mosca. La ragione di ciò sono state alcune formalità che non erano state adempiute. Anche il suo debutto come capo allenatore è andato a puttane. Con un 1:5 la sua squadra è stata mandata a casa. Naturalmente ci sono state molte critiche sul fatto che Rehhagel fosse davvero l'uomo giusto per questa posizione. Ma ciò che seguì fu il progresso da allora in poi... progressi enormi, sottolineati dalla fiducia nell'allenatore e segnati dalla passione. Semplicemente costruito sulle fondamenta del nulla. Un percorso che la squadra e Otto hanno intrapreso insieme. Un percorso che li aveva portati alle finali del Campionato Europeo. Progressi che possono essere raggiunti solo attraverso grandi cambiamenti. A causa degli undici che erano stati a Helsinki in quel periodo, alla fine rimasero solo Basinas e Dabizas. Ha anche convinto l'attaccante greco Nikolaidis (Atletico Madrid) a tornare in squadra. Allo stesso tempo, ha chiaramente sottolineato...

> «Io sono il capo. Io sto rimanendo leale
> e darò una possibilità a ogni buon giocatore».

...A poco a poco Rehhagel è riuscito a formare un'unità chiusa partendo da un gruppo di insicuri. Una squadra che credeva sempre più nella propria forza. Ma l'eliminazione dei giocatori non è stato assolutamente l'unico cambiamento che Rehhagel ha apportato. Con la sua pretesa di essere l'unico responsabile, ha protetto la sua squadra dai funzionari che avevano costantemente giocato i loro giochi politici a spese dei giocatori. Inoltre, come allenatore straniero, Rehhagel non doveva essere assegnato a nessun club rivale di alto livello come Panathinaikos, Olympiakos o AEK. Pertanto la sua selezione del personale è stata considerata oggettiva. Si era anche già fatto molti amici attraverso la sua, come già detto, probabilmente disciplina tedesca. Perché a sessantacinque anni ha imparato la lingua greca, anche se non perfettamente, ma comunque. Nel frattempo le sue capacità sono diventate addirittura sufficienti per cantare l'inno greco. E dopo 50 anni, tutto era pronto per far accadere il miracolo di Lisbona, dopo il miracolo di Berna. Il suo numero opposto, Luis Felipe Scolari, aveva già vinto il più grande titolo di allenatore di sempre. Ha trionfato con il Brasile in Giappone e Corea, e ha vinto il quinto titolo mondiale di Coppa del

Mondo di Selecao. Con la sua nomina, i portoghesi speravano finalmente in un grande titolo. Dopotutto, come ho detto prima, era la generazione d'oro che non stava ringiovanendo. Un meraviglioso Campionato Europeo stava volgendo al termine. Gli europei del Sud erano riusciti a superare il Campionato Europeo 2000. Puramente in termini di ospitalità e organizzazione avrebbero più che meritato il titolo.

L'ultimo giorno, ogni pub di Augsburg che aveva una TV nel suo inventario era pieno di tifosi di calcio. Solo al Cinemaxx c'erano abbastanza posti a sedere. Io e Rado non avevamo voglia di passare la partita tra i tifosi entusiasti. Così abbiamo guardato la finale nello stesso posto di quattro anni prima, senza stress. Tra di noi c'erano anche alcuni greci e naturalmente alcuni portoghesi. Neanch'io sono riuscito a essere neutrale in questa finale. Tutti i favoriti avevano fallito. Italia, Francia, Olanda, Inghilterra, Spagna e Repubblica Ceca. Quindi era chiaro che la Grecia doveva vincere. Perché allora il Campionato Europeo sarebbe stato come la stagione di Champions League appena conclusa. Nessuno si aspettava l'FC Porto e l'AS Monaco in finale. E se i greci avessero vinto davvero, come sarebbero stati felici i miei compagni di scuola dei giorni passati? Nestor, il nostro portiere dello Stadtwerke SV, è stato qualcuno a cui ho pensato molto in questi giorni. Ma anche a Johannes, che è stato condannato a sei settimane di arresti domiciliari dalla madre a causa mia. Una volta ha dovuto organizzare un appuntamento con una bella donna greca per me ed è stato preso al telefono dai suoi genitori. Come penso che si sarebbe sentito Vango se avesse vinto la finale? Il mio migliore amico, che ora ha deciso di diventare insegnante di tedesco a Creta. Insieme a lui, alla sua ragazza Sylvia e a Christin mi sono divertito molto. Con una splendida festa di laurea e Nelly Furtado come ospite principale, i 62865 spettatori si sono scaldati molto. Puntualmente alle 20:45 il

Dr. Markus Merk ha fischiato per l'ultima volta una partita a questo Euro 2004. Che cosa sarebbe successo adesso? Il titolo del favorito, o del martello più feroce, la più grande sensazione del calcio mondiale?

Nessuno dei due finalisti era riuscito a prendere il comando nel primo tempo. E come nelle due precedenti partite della Grecia, quello che nessuno si aspettava è successo in finale. Al 57° minuto, il greco romano Dellas è entrato nella prima curva dei greci in questa partita. Il portiere Ricardo ha sbagliato i calcoli quando è uscito e Angelos Charisteas ha segnato il primo gol per la Grecia in una finale dei settantotto anni di storia del calcio Hellas. È facile immaginare cosa sia successo nell'angolo bianco e blu dietro la porta portoghese. Ma probabilmente non abbastanza bene da esprimere a parole ciò che stava accadendo in ciascuno dei greci. Molte migliaia di fan avevano approfittato di un'offerta spontanea delle loro banche, un prestito a basso interesse, e non volevano perdersi questa esperienza unica. Tutto faceva sembrare che questo investimento dei greci sarebbe stato utile. E in effetti, il Portogallo non è riuscito a mettere le mani sulla rivista. Una buona decina di minuti prima della fine della gara, si vedeva un velocista che aveva scavalcato la recinzione, attraversava la piazza verso Figo e gli lanciava in faccia una bandiera Barca. Solo allora poteva essere catturato dalla sicurezza dopo il suo salto in rete. Questa azione a volte ha dato ai portoghesi altri cinque minuti di pausa. Figo si è quasi pareggiato, in fondo, ma è stata la Grecia, cinquant'anni dopo Berna, a compiere il miracolo ancora più grande. Paralizzati e scioccati, i portoghesi versarono innumerevoli lacrime di tristezza durante la notte. No, perdere non è davvero bello. Ma purtroppo qualcuno deve sempre crederci. Il Portogallo ha giocato il miglior calcio d'attacco del torneo. Ma la forte tattica difensiva dei greci è stata sufficiente a far crollare tutte le nazioni calcistiche. Otto non aveva molte opzioni a disposizione. Ma ha sfruttato perfettamente le sue possibilità.

"Il moderno è quando si vince".

Questa dichiarazione di Otto Rehakles sarà sarebbe stato certamente l'inizio di molte storie della buonanotte di padri e nonni greci. Questa fu la sua risposta alle critiche alle sue tattiche. Era successa la più grande sensazione nella storia del calcio. La Maxstrasse di Augsburg era in stato di emergenza. Il ristorante greco "Poseidon", che si trovava proprio lì sul miglio della festa, serviva birra gratis. Per quanto siano state belle queste celebrazioni, mi è dispiaciuto un po' per i portoghesi. Anche se prima ho detto che tenevo le dita incrociate per i greci. Forse anche per il fatto che ero un po' eccitato. La notte è durata ancora a lungo. Almeno per i greci. Rado ed io abbiamo incontrato molti amici greci sulla Maxstrasse, o altri che erano semplicemente felici di stare insieme ai vincitori. Quasi tutti mi avevano chiesto cosa stava succedendo di nuovo con gli italiani…

«Finalmente siamo noi i favoriti!»
Dio, quante volte ho sentito questa frase…
Ho solo scrollato le spalle e ho detto.
«Abbiamo ancora il Milan. E la nazionale?
No, non riusciremo mai a festeggiarli»
E se lo faremo, probabilmente saremo molto vecchi.
Le parole di consolazione…
«L'Italia sarà campione del mondo nel 2006»
…sono stati annegati in un sentimento di disperazione con me. Perché a cosa servono un Totti, un Del Piero, un Inzaghi, un Vieri, un Cassano, per citarne solo alcuni, se la squadra non resta unita come fratelli, se l'unica stella che conta non è la squadra, e se non si è pronti a combattere e

morire per l'unica cosa che conta... come sosteneva una volta un Romario. A volte desidero un po' di virtù tedesche nella squadra. Ma, come gli olandesi, l'arroganza ha ostacolato ancora una volta gli italiani. Francesco Totti aveva prolungato il suo contratto con la Roma fino al 2009. Se giocasse davvero per i capitolini per così tanto tempo, dovrebbe essere consapevole che non potrebbe mai vincere la Champions League. Con tutto il rispetto per tutte le altre squadre italiane. Solo il Milan, la Juve o l'Inter potevano pianificare con questo titolo. Ma con questa decisione, Totti ha dimostrato di appartenere al cuore e all'anima della Roma. Allora perché non ci si può aspettare un simile atteggiamento nei confronti della nazionale? E Totti non ha fatto eccezione.

Atene era in stato di emergenza. C'è stata una festa tutta la notte. Anche i tre giorni successivi sono stati dichiarati festa nazionale. Otto Rehakles, dio del calcio dei greci, è stato accolto da milioni di persone con la sua squadra in Grecia. In seguito, la celebrazione della vittoria si è svolta nel vecchio Stadio Olimpico dei tempi moderni. Tutte queste erano immagini molto commoventi. Mai prima d'ora la Grecia era stata presa in considerazione per un titolo nel mondo del calcio. Nel corso della notte questo è cambiato bruscamente. Un trionfo che ha unito le squadre del club. Un paese che andava pazzo per il calcio, che ha reso le sue star come Charisteas, Dellas, Vryzas, Zagorakis e Giannakopoulos indicibilmente orgogliose. Grecia, campioni d'Europa 2004. Gli dei devono essere pazzi. Quello che venne dopo furono altri due anni. La Germania 2006 era proprio dietro l'angolo. Ma questo torneo non sarebbe iniziato per me il 09 giugno 2006. No, piuttosto il giorno dopo il trionfo della Grecia. Italia in Germania Campione del Mondo? No, sarebbe stato l'equivalente di un duetto con Eros Ramazzotti, che non avrei mai sperimentato! Quasi alla nascita di Farina. Cosa è venuto

dopo... è stata la mia personale caduta nel nulla... e la seguente
salita in paradiso... LA FOLLIA ASSOLUTA!!!!

*

Milan

Settembre 2009, l'autunno era dietro l'angolo. Il nuovo millennio aveva ormai quasi dieci anni. E in questi giorni mi sono spesso chiesto dove fosse finito il tempo. Gli anni sono passati troppo in fretta. Anni pieni di turbolenze! Anni movimentati! Sia in positivo che in negativi. Alcuni ricordi sono forti come se fossero accaduti solo ieri. Alcuni giorni avrei voluto cancellarne alcuni dal mio palazzo della memoria. Ma questa è la vita, e il tempo che ci viene dato in questo mondo non è una lista dei desideri. Oggi sei su, domani sarai di nuovo giù. Alla fine, qualunque cosa mi sia successa, non voglio perdermi niente di tutto questo. E considerando altri tragici destini, sarebbe comunque solo un lamento di alto livello. Eppure, all'epoca in questione, quasi nulla era più come dieci anni fa. E a mio parere, niente di tutto ciò, come avrebbe dovuto essere, o almeno avrebbe potuto essere. L'uno o l'altro di voi avrà sicuramente pensato al perché e per quale motivo esistete in questo mondo in tempi difficili. Che senso ha tutta l'esistenza. Non importa se si cerca di affrontare la normale vita quotidiana o se si cerca di raggiungere la massima realizzazione di sé ogni giorno. Forse è proprio vero che la nostra vita non deve avere alcun senso, e non lo ha affatto. Che solo noi umani ci diamo a questa illusione, solo con i nostri sogni, le nostre azioni, la realizzazione dei nostri obiettivi, per dare alla nostra vita questo -desiderato significato- . Perché alla fine, nonostante la nostra intelligenza, spesso siamo troppo stupidi per renderci conto che in realtà siamo una sola specie di animali e spesso ci rendiamo la vita inutilmente difficile. Mi sono spesso posto questa domanda sul senso della vita. Naturalmente non ho mai trovato una risposta che mi abbia mai soddisfatto. A volte ero così insoddisfatto della mia vita... e persino depresso che ero convinto che sarei morto l'11 luglio 2006, nessun altro momento sarebbe stato migliore. Perché due giorni prima il mio desiderio più grande era stato esaudito. Avendo raggiunto la cima della vetta più alta dei miei sogni che conoscevo all'epoca, ho dovuto perdere tutto per questo unico sogno per poter vincere tutto alla fine. Naturalmente, ci sono persone che hanno sofferto cose molto peggiori, che devono affrontare problemi completamente diversi. E non voglio lamentarmi a lungo. Tuttavia, le esperienze che ho fatto negli ultimi anni sono sufficienti per una vita intera. In quel momento, subito dopo il Campionato del Mondo in Germania, i problemi sono davvero sfuggiti di mano. Per questo ho pensato più volte alla morte. E penso di meritarmelo. Perché è la mia vita, la mia stessa vita! Non ho mai chiesto di nascere. Allora perché non mi dovrebbe essere permesso di decidere da solo se voglio farla finita? Non credo né all'inferno né al paradiso. E le religioni che ho messo in discussione molto tempo fa, e naturalmente mi sono fatto una mia opinione su di esse. Per esempio, io chiamo le grandi sacre scritture, che siano la Bibbia o il Corano, libri per bambini obsoleti e superati, con buone intenzioni morali. Tuttavia, non ho bisogno della fede per sapere cosa è giusto e cosa è sbagliato. Se posso aiutare altre persone, lo faccio. E anche per questo, perché non mi sento di appartenere a nessuna religione, non mi importa se, secondo la Bibbia (cito soprattutto la Bibbia perché appartengo a questa denominazione), si ottiene un biglietto gratuito per l'inferno se si finisce la vita da soli. Nessuno a questo mondo avrebbe il diritto di giudicarmi se scegliessi davvero il suicidio. Ma per rassicurare i miei simili, posso assicurarvi che ho superato questa fase. Ma ho sempre avuto una tendenza al drammatico, nel bene e nel male. Forse una caratteristica tipica delle persone con forti sentimenti emotivi. Perché ero e sono tutt'altro che razionale. Altrimenti non sarei quello che ho raccontato di me stesso finora, e di certo non sarei quello che sarò nelle storie a venire. Ma qual era lo stato delle cose in quel momento, e che cosa mi aveva spinto a questa triste esistenza, ero divorziato da poco... dal 2006 vivevo già con Katharina in separazione. Ho organizzato la mia routine quotidiana fino a tarda notte con tre lavori. Siccome ero fortemente indebitato e dovevo uscire da questa palude in qualche modo (infilare la testa nella sabbia non mi ha aiutato a lungo termine), non avevo altra scelta che combattere. Alla fine la somma ammontava a ben 120000 euro. Avevo 32 anni e in ogni modo lontano da tutti gli obiettivi che avevo osato sognare. Inoltre, dall'estate 2008 fino a Natale 2009, ho avuto al mio fianco una partner che avrebbe potuto competere emotivamente con l'iceberg dove il Titanic è affondato. Non sono stato il padre che ho sempre voluto essere in quel periodo. Il rapporto con i miei genitori era, come sempre, piuttosto teso. Ebbene, e per mia fortuna, anche le mie dita erano afflitte da un blocco dello scrittore estremamente persistente. Ma per quanto grandi fossero i miei problemi, non ho mai perso la passione per il Milan, l'Italia e la musica. In effetti, la mia passione per la musica e soprattutto per Eros Ramazzotti è cresciuta in modo incommensurabile. Questi cinque... Farina soprattutto! Cinque pilastri fondamentali del mio mondo, lasciatemi ricordare ancora e ancora, non importa quanto profonda sia stata la caduta. Questo piccolo mondo dentro di me mi ha dato la forza e l'intuizione di trovare sempre una via d'uscita ai miei problemi. E do uno di questi pilastri racconto ora la storia dal fondo fino alla beatitudine.

Il 16 dicembre 1899 dovrebbe essere considerato una data memorabile per molti appassionati di calcio in tutto il mondo. Sicuramente qualcuno sa dell'anno della fondazione. Ma la data esatta della nascita del loro club è sconosciuta a molti. Da uomini d'affari inglesi emigrati, sotto la guida di Alfred Edwards, il **-Milan Football and Cricket Club-** è stato fondato quel lunedì di dicembre

Domenica 15 aprile 1900

Il Milan perde la prima partita ufficiale di campionato della sua storia al Velodromo Umberto I di Torino per 3-0 contro il Torinese. Il campione era ancora determinato in un round ad eliminazione diretta in quel momento.

Domenica 14 aprile 1901

Ci sono alcuni cambiamenti nella squadra rispetto all'anno precedente. Non meno di sette nuovi giocatori stanno plasmando il volto del Milan. D'altra parte, la squadra ora è composta da 13 giocatori. Due giocatori in più rispetto all'anno passato. Seconda partita ufficiale di campionato del Milan contro la città rivale Mediolanum. Sede Trotter-Piazza Doria Milano. Prima vittoria per i rossoneri nella storia del club. Punteggio finale 2-0

Domenica 28 aprile 1901

Semifinale a Torino, Piazza d'Armi. Il loro avversario: la Juventus. La partita termina dopo 90 minuti con il risultato del primo tempo. 3-2 per il Milan.

Domenica 5 maggio 1901

Finale a, e contro il Genoa. Il Milan vince il primo scudetto nella storia del club. Punteggio finale 3-0. Una squadra composta da inglesi, svizzeri e italiani pone le basi per una storia gloriosa. Giocatori i cui nomi non significano molto, semmai, per noi tifosi di calcio di oggi. Quindi, per favore, perdonatemi se ho menzionato solo i nomi delle squadre.

Questo è stato l'inizio! Oggi, a ben 118 anni di distanza, i rossoneri possono guardare al passato come quasi nessun altro club. Allo stesso modo, naturalmente, il Real Madrid, il Barcellona, il Liverpool e il Bayern di Monaco di Baviera (da un punto di vista europeo). Sicuramente, nel corso degli anni, altri grandi nomi sono stati attivi sul campo di Champions League e si sono uniti a loro. Ma possedere grandi nomi dei tempi moderni non significa avere una storia e un passato glorioso. I nomi possono essere acquistati. Ma la storia e la tradizione non hanno prezzo!

Dove vorrei portarvi nelle pagine seguenti, cari lettori? Nei capitoli precedenti della mia autobiografia personale e della mia storia d'amore vi ho dato una visione degli ultimi 15 anni della mia sempre crescente follia. Almeno ci ho provato. E sono convinto di aver tirato fuori dal cassetto dell'uno o dell'altro fan dei bei ricordi. Per alcuni un sorriso sul viso, per altri una lacrima. Sì, ci sono stati davvero dei bei momenti. Ma ora cari lettori... non so con quali parole concludere al meglio questa introduzione al gran finale della mia prima metà di questa storia. Perché i prossimi eventi, che sono accaduti da tempo e sono già un ricordo del passato, sono stati gli anni migliori, più belli e più belli che un tifoso di calcio, un pazzo emotivo, possa solo desiderare. Storie che nessuno sceneggiatore avrebbe potuto scrivere meglio. Storie che suonano così assurde che nessun normale comune mortale avrebbe mai pensato di sognarle così. Ma comunque... sono accaduti davvero, e non solo hanno arricchito il mio mondo emotivo in modo indescrivibile. Posso e posso, nonostante tutti i sacrifici che ho dovuto fare per questi ricordi, affermare con la coscienza pulita che posso morire un giorno soddisfatto con un sorriso sul viso!

Beh, il calcio non è tutto nella vita. Anche il calcio non è l'unica cosa vera, eppure il calcio può diventare uno scopo assoluto nella vita di una persona.

Noi tifosi del Milan siamo stati viziati dal successo. E abbiamo avuto difficoltà ad affrontare le sconfitte sul palcoscenico europeo. Per non parlare del fatto che a livello nazionale eravamo solo a centrocampo. Negli ultimi ventotto anni i rossoneri hanno raggiunto la finale di Champions League non meno di otto volte. Tuttavia, hanno raggiunto la finale nel 2007, e fino al 1992 la competizione era conosciuta come la Coppa dei Campioni d'Europa, prima di diventare la Champions League. In questo periodo, per cinque volte, i vincitori hanno potuto presentare il trofeo in via Turati. Tre volte sono stati purtroppo lasciati indietro. L'ultima volta, però, è stata la sconfitta più dolorosa nella storia del club. Ma a volte bisogna perdere tutto prima di poter andare in paradiso. Ho ancora così tanto buon senso che sono sostanzialmente sicuro di poter descrivere la mia passione per il Milan e il mio amore per la nazionale come pura follia nelle dimensioni che sento. Fortunatamente, mi trovo in buona compagnia a livello globale. Anche se sono consapevole di questo fatto, non ci penso nemmeno a cambiare questa situazione. Qual è il punto? Le persone che sono importanti per me e che amo hanno imparato da tempo ad affrontare questo problema e ad accettarmi così come sono. Perché se mi portassero via il calcio o cercassero di cambiare il mio modo di vivere la mia passione, sarei solo un insignificante guscio di carne e sangue, che cammina nella vita senza senso e senza scopo. Non sono una di quelle persone che vedono il senso della loro vita nel rastrellare denaro, andare in vacanza ogni anno, comprare una macchina nuova e pagare una proprietà ogni due o tre anni. Beh, per me tutto questo non è né più né meno del normale percorso di una persona nella vita. Le stazioni o le tappe come i numerosi capitoli di un libro. Solo la cosiddetta corsia di destra dell'autostrada. Ma quali sono gli obiettivi e le esigenze in corsia di sorpasso? Quale piccola cosa speciale distingue una persona da un'altra? Per molte persone non c'è altro significato della vita se non il >corso normale della vita< appena descritto. Per me personalmente è importante cogliere e vivere certi momenti emotivi della vita. Voglio semplicemente qualcosa di più dalla vita che le cose normali. Naturalmente il mio matrimonio nel 2001 è stato un giorno meraviglioso. Era il giorno più caldo dell'anno. La chiesa di epoca tardo barocca è stata un vero e proprio colpo d'occhio. Il cibo e la band erano perfetti, gli ospiti si sono divertiti molto. E Katharina era una bella sposa da sogno, come non poteva essere più bella nei miei sogni. Inoltre, due giorni prima del matrimonio avevamo saputo che Farina era in viaggio. La nascita di mia figlia è stata allora un'esperienza ha dovuto essere sottoposta a taglio cesareo. L'ho avuta tra le mie braccia prima io! Non Katharina. La prima volta che l'ho guardata negli occhi, la follia! una sensazione incredibile, insondabile per me in quel momento. Deve sperimentare "l'uomo", indescrivibile! Fortunatamente questo momento si è impresso nei miei pensieri a tal punto, che spesso mi sembra che sia successo solo ieri. Molto prima ancora l'acquisizione della patente di guida, la prima auto, la mia carriera professionale. Sì, sono stati dei grandi momenti. Ma nessuno di essi ha suscitato in me una tale gioia emotiva, quasi animalesca, come gli eventi del 28 maggio 2003, o del 4 e 9 luglio 2006. E il 9 luglio in particolare è stato un giorno per il quale non ho ancora trovato le parole giuste. Prima di continuare, la nascita di mia figlia è stato uno degli eventi più grandi e più belli della mia vita. Non importa quali altri punti salienti si leggano qui... Lei è la cosa migliore della mia vita, ed emotivamente su un binario completamente diverso. Fabio Grosso, il rigore finale contro la Francia! Questi 60 secondi del 9 luglio 2006 non erano nulla, ma davvero nulla, con cui confrontarsi. La cosa peggiore è proprio l'unicità di quei sentimenti follemente emotivi in quei minuti o in quelle ore. Perché una volta vissuta, la si vuole sentire ancora e ancora. Ma passano così incredibilmente veloci. ...come l'acqua che scorre nelle tue mani. A volte avevo paura che i ricordi si affievolissero e desideravo di poterli in qualche modo rivivere allo stesso modo. Beh, almeno è così che mi sento, per quanto mi riguarda. Sì, solo poche volte fino ad oggi, dopo più di 40 anni, mi ero sentito così. Il Milan è dentro di me! Nei miei pensieri, nei miei sogni, giorno e notte, sempre presente! Consapevolmente, quanto inconsapevolmente! A volte posso diventare un vero ceppo per i miei simili. Soprattutto quando io scrivevo ad alcune mie ex fidanzate, con storie o notizie sul Milan che sono noiose per loro, o anche su altre squadre come la Juve e il Real. Spesso, quando ne parlavo con loro o volevo scusarmi, negavano ogni noia e dicevano che non gli importava affatto. Ed erano felici di parlarmi dei miei interessi. Ognuna di loro, senza eccezione, aveva truffato con questa affermazione. La peggiore di tutte è stato l'iceberg... non importa il nome della signorina... che voleva farmi capire che mi sarei definito solo attraverso il calcio, ma che non dovevo farlo. In sostanza, ho sempre saputo che il calcio era un argomento che le ragazze non avrebbero mai affrontato da sole. Per fortuna sono riuscito a mettere insieme la mia vita in modo tale da poter a malapena esistere tra i comuni mortali. Basta fare a meno delle partite meno importanti del campionato nazionale e guardare il riassunto della Serie A o della Bundesliga su YouTube quando la tua ragazza si è già addormentata. Anche la coppa nazionale è nel frattempo piuttosto insignificante. Quindi, per favore, mettilo anche nel cassetto –YouTube–. Ma la Champions League e partite internazionali, per me sono state più sacre della Bibbia. Per questo motivo non mi sono dato malato solo una volta sul posto di lavoro. E anche la radio era ancora presente. Ho ascoltato molte delle partite del Milan durante il mio lavoro di pizzaiolo. Sì, non è facile vivere davvero una passione come quella quando si vuole iniziare a vivere una vita normale o si è costretti a rinunciare alla maggior parte delle partite di calcio per un po' di tempo per motivi finanziari. Intendiamoci, una "vita normale" per i comuni mortali. Perché tutto ciò che mi ha tenuto lontano dalle partite dei rossoneri e della nazionale sono stati in ultima analisi gli impegni. Obblighi di pagamento delle spese di sostenimento e delle bollette. Ma anche per mantenere i rapporti umani.

Spesso non ero sicuro che questa vita normale fosse davvero ciò che volevo. Almeno per un po' di tempo non ne ero sicuro. Finché non è entrata nella mia vita Tanja, che ha messo tutto sottosopra, ha fatto sembrare poco importante quasi tutto ciò in cui credevo. Era la donna che avrei potuto avere 22 anni fa. Ma ho deciso di prendere una strada diversa. Quella strada era dannatamente lunga, ed è ancora una strada senza fine nella mia vita. che ancora non voglio lasciare. Oggi non sono ancora sicuro di aver preso allora la decisione giusta. Perché ci sono sempre due strade nella vita, quella facile e quella giusta...
Penso di aver preso la strada giusta, anche se negli anni ho pagato un prezzo elevato. E spero sinceramente che Tanja mi aspetti alla fine di questa strada e che questa sensazione di pancia che sarà così non mi inganni. Molte persone della mia età hanno una casa, un cane e un bambino... Non ho raggiunto questo obiettivo in questa forma fino ad oggi. Ma quando guardo indietro nei ricordi degli ultimi 10 anni, ho vissuto emotivamente un'infinità di momenti di felicità, e ho ricevuto un dono dal cielo, ho vissuto momenti che eclissano persino la mia storia prima del 2006. Ma questa storia, e anche tutta la storia di Tanja... è il gran finale della

mia vita finora. Anche se ancora oggi fa così dannatamente male dopo 20 mesi di separazione. No, non posso dire con assoluta certezza se la mia decisione di oltre 20 anni fa sia stata giusta. Tuttavia sono felice di poter definire Tanja una parte molto importante dei miei ultimi sei anni. Lei è stata l'amore della mia vita e posso dire di aver condiviso con lei due dei cinque momenti più grandi della mia vita. A causa della presenza di mia figlia, non ho altra scelta che adattarmi un po' alla società, per ragioni di responsabilità nei suoi confronti e, naturalmente, di amore per lei. Per fortuna non viviamo a Milano. San Siro sarebbe stato comunque il mio secondo soggiorno. Spero sinceramente che subito dopo la mia morte ci sia un pazzo della mia cerchia di amici che sparga lì alcune delle mie ceneri sul prato. E questa è davvero la mia assoluta serietà. Mio padre non mi ha mai costretto a giocare a calcio. In effetti, il calcio è sempre stato presente nella mia vita. All'inizio, quando non capivo molto del gioco con la palla tonda, ero davvero infastidito dagli schermi verdi della nostra TV e dalle persone che correvano dietro al pallone in modo così insensato. Tuttavia, si poteva solo presumere che l'erba su cui gli uomini giocavano fosse davvero verde. Perché il nostro televisore era ancora un set in bianco e nero fino al 1989 (Ma anche l'erba è verde). Quando ero bambino, preferivo guardare un programma western o per bambini, e per molto tempo, fino all'età di undici anni, i miei unici grandi eroi sono stati Zorro, Winnetou e Tarzan. Ma per fortuna mio padre era così entusiasta del calcio, e di come il mio amore per il calcio si è sviluppato negli anni, l'ho già raccontato nelle pagine precedenti. Ma naturalmente anche i viaggi a Milano a San Siro sono stati molto importanti. Molto prima della mia visita alla Mecca della beatitudine, ho assistito a diverse partite allo Stadio Olimpico di Monaco di Baviera. Memorabili partite di Champions League contro Barca, Manchester, Dortmund, o Real che abbiamo vissuto lì. Rado, Gordan, Zette e suo fratello

Thomas (entrambi siriani e amici della mia giovinezza per aver giocato a calcio) e io naturalmente. Mai, in nessuna partita, abbiamo pagato neanche un centesimo per il biglietto d'ingresso. Al contrario, abbiamo sempre scavalcato la recinzione alta tre metri dietro le tribune prima dell'inizio dei giochi. Dio, è sempre stato snervante. Nonostante la sorveglianza delle telecamere e il trambusto dei tifosi. Ebbene, per la recinzione dietro lo stand avversario abbiamo dovuto camminare su una collina, che per fortuna si trovava dietro una grande tenda da birra, e anche questa era relativamente fitta di alberi e cespugli. Non ci è mai venuto in mente che avremmo pagato per questi giochi. Ciò che abbiamo effettivamente rischiato con questo reato ci era abbastanza chiaro. Inoltre, Thomas, che aveva poco meno di vent'anni, era anche arbitro della federazione dei ragazzi. In sostanza, non ci importava se la polizia ci avesse beccato a farlo. L'unico panico che abbiamo avuto durante l'arrampicata è stata la paura di essere feriti e che se ci avessero preso, ci saremmo persi le partite. Ma la fortuna è sempre stata dalla nostra parte. Anche quando eravamo in ritardo per la partita contro il Manchester, abbiamo mancato il calcio d'inizio e abbiamo scavalcato la recinzione accanto alla folla che ancora si affollava nello stadio, vicino agli ingressi della curva nord. Tutti potevano vederci durante l'azione, ma nessuno ci aveva notato miracolosamente. Come dicevo, ce l'abbiamo sempre fatta! Tanto più grande è stata la gioia quando i bavaresi ne hanno avuta una in borsa e abbiamo avuto autografi dalle stelle dopo la partita sulla strada d'accesso al campo dei vigili del fuoco. Dico solo Figo, Beckham, Raul, Zidane e Roberto Carlos. Il pagamento dei biglietti è avveniva solo quando la Milan o la Juve erano ospiti. Le squadre italiane, ovviamente, erano qualcosa di completamente diverso. Siamo stati poi infiltrati nella curva nord senza problemi. Ci siamo semplicemente rivolti ai tifosi avversari. Li abbiamo aspettati in un punto d'incontro davanti alla curva, di cui avevamo discusso insieme, fino a quando non sono tornati con i biglietti dei loro amici, che naturalmente erano stati a lungo nel blocco degli ospiti. Non dimenticherò mai i volti inizialmente stupiti dei tifosi del Real quando io e Rado abbiamo marciato in tenuta milanista per abbattere i bavaresi. Alla fine, è stata un'amicizia italo-spagnola a celebrare l'ingresso definitivo a Parigi. O del 1995. Avevo avuto la patente solo cinque settimane prima. In realtà, noi quattro volevamo andare a Berlino. Il motivo è stato la finale della Opel Cup tra il Milan e la Baviera. Ma il giorno che me ne andai, tutti e tre mi avevano dato buca. Uno di loro ha avuto un guasto al motore a Stoccarda e stava aspettando l'ADAC (soccorso stradale). L'altro aveva bisogno dei soldi, che comunque non aveva, per il suo consumo di droga. E l'ultimo del gruppo si era completamente addormentato e non rispondeva nemmeno al telefono. Alla fine non mi importava affatto. Christin doveva lavorare e sapeva che avrei guidato in sicurezza, qualunque cosa fosse successa. Inoltre, erano giorni che non riuscivo a pensare a un pensiero normale. Avevo in mente solo il rosso e il nero ed ero troppo innamorato di Roberto Baggio, Dejan Savicevic, Paolo Maldini e Franco Baresi. Ma Baggio era già la motivazione più grande per questa breve avventura. La mia eccitazione avrebbe potuto essere paragonata all'umore prenatalizio che si prova da bambini poco prima della consegna dei regali.

La notte prima non riuscivo a dormire neanch'io. Così, dopo solo quattro ore di riposo a letto, mi sono alzato alle sette del mattino e sono partito per Berlino. La nuova maglia del Milan, le mie bandiere, e abbastanza provviste nel bagagliaio. La mia Fiat Uno era una vera auto da corsa. 75 CV, ma l'ho fatta viaggiare sull'autostrada a 220 km/h. Dannazione, è stata una corsa. Dopo otto ore sul cantiere permanente di un'autostrada (ex RDT dopo la caduta del muro in ricostruzione) ho parcheggiato la mia auto davanti allo stadio olimpico, completamente esausta. In equipaggiamento completo di ventola ho ottenuto l'accattonaggio e l'implorazione per il biglietto per la tribuna principale per 5,-marchi. Ho mentito alla cassiera e le ho detto che mi erano rimasti solo 50,-marchi e che dovevo tornare ad Augsburg dopo la partita. Lo Stadio Olimpico è stato uno dei campi da calcio più orribili che abbia mai visto. Solo la tribuna principale era coperta e lo stadio era lontano dall'essere completamente seduto. Come si può festeggiare un grande festival del calcio qui? L'architettura mi ha ricordato molto chi l'ha fatta costruire. Ma a un certo punto, mentre il mio sguardo vagava per lo stadio e mi sono quasi perso nei pensieri, ho notato improvvisamente i miei ragazzi ispezionare lo stadio, proprio accanto a me all'uscita della tribuna principale verso il campo, in piena sorpresa. In poche frazioni di secondo sono diventato un bambino di cinque anni che voleva essere fermato dal nulla e disfare i suoi regali. Certo che non potevo farlo, non potevo scendere in campo! Così ho scattato un mucchio di foto delle mie stelle. Non ero mai stato così vicino a loro prima di allora. Erano gli dei, gli eroi del mio tempo! Semplicemente il massimo del mio mondo in quel momento. Ma il gioco in sé è stato davvero pessimo, e non ricordo un solo momento saliente degno di nota. Entrambe le squadre si sono separate con un pareggio 0-0, ma dopo la partita ho avuto gli autografi di Robby Baggio, Demetrio Albertini e Marco Simone al man hotel. Momenti per l'eternità. Il seguente viaggio di ritorno ad Augsburg sembrava all'inizio molto più facile. Anche se ho dovuto lottare più volte con gli attacchi di sono. Se ci ripenso oggi, è stata una vera follia percorrere 1200 km a causa di un'amichevole assolutamente senza senso. Ma quando si è davvero innamorati, si fanno cose folli senza pensare ai rischi in anticipo. E alla fine, è stato un grande successo se non si tiene conto del risultato e del gioco stesso.

Il primo viaggio a Milano è stato un viaggio di piacere. In realtà, avrei dovuto accompagnare il mio migliore amico di allora, Vango, di origini greche, al consolato di Monaco di Baviera perché suo padre aveva bisogno dell'auto. Ma sono arrivato con tre ore di ritardo. Il consolato ha chiuso a mezzogiorno, ma erano già le 11. Quindi abbiamo dovuto rimandare questo progetto. Ma siccome la giornata era ancora giovane e la mia ragazza doveva lavorare fino alle 18 e Sylvia, la ragazza di Vango, aveva lezione fino alle 16, abbiamo deciso senza ulteriori indugi di andare in Italia. Solo a Verona avremmo dovuto decidere per Milano. In realtà preferiva andare a Venezia, ma poi ha lasciato a me la decisione. Non avevo pensato tra gondole, Piazza San Marco, la Cattedrale di Milano o la Scala. San Siro era a Milano, quindi Venezia non aveva alcuna possibilità. Ma con mio grande rammarico era un lunedì pomeriggio. Quindi niente Serie A o Champions League. Volevo solo stare davanti al mio stadio e fare una foto per l'eternità. E quanto era grande questo tempio, addormentato nel bel mezzo di un quartiere piuttosto tranquillo di Milano. Come un vulcano che spesso esplodeva durante le grandi partite. Proprio accanto c'erano i famosi ippodromi di fama mondiale, dove si svolgevano ancora grandi corse. A quei tempi non avrei mai pensato di vivere una partita a San Siro con il Milan. Ma da quel momento in poi tutto doveva fare il suo corso. Anche Milano di notte non era male. Abbiamo avuto il piacere di fare un giro della città con tre bellissime italiane, che ci hanno fatto fare un giro della città gratuitamente fino a tarda notte. Hmmm... No, non voglio approfondire l'argomento. Non è successo niente tra noi. Tornato ad Augsburg, ho avuto molto stress con i miei genitori, che erano preoccupati, naturalmente. Mi sono preso la libertà di mettere sul tavolo della cucina una nota per mia madre sui miei progetti. Christin, invece, non ha voluto vedermi per una settimana. Vango ha passato una notte molto calda con Sylvia dopo il breve viaggio. Beh, il mondo non è giusto. Non si può avere tutto! Milano per la seconda volta è stato un weekend d'avvento per fare shopping con Christin. Non c'è molto da dire. Solo che il Milan aveva una partita in trasferta quella domenica. Lo so, che stupido che sono. Avrei potuto combinarlo con il tour dello shopping una settimana dopo.

Il Milan era secondo in classifica nel penultimo giorno di gioco della stagione 98/99, a un solo punto dalla Lazio Roma. I romani giocarono per la Fiorentina, che all'inizio era stato uno dei favoriti, ma si ritirarono gradualmente durante la stagione in corso. Ci era chiaro che la Lazio non poteva vincere a Firenze. Dovevano assolutamente lasciare delle piume. Sulla strada, la Lazio non era una grande potenza in quel periodo. E noi? Abbiamo giocato all'Empoli FC solo a San Siro. Avevo previsto a Rado quattro gol di Bierhoff. Dio, che giornata è stata. Il 15 maggio 1999 ho avuto la mia seconda ora di nascita. I canti dei tifosi del Secondo anello blu, il cuore di San Siro, si potevano sentire per chilometri, molto prima della partita. E nel calderone stesso, il diavolo era ospite in persona. Ultima partita casalinga della stagione 98/99, il Milan ha avuto la prima possibilità di conquistare il primo posto in classifica in questa stagione e poi, una settimana dopo, avrebbe vinto il campionato vincendo a Perugia. Era chiaro, però, che se fosse successo davvero, il Milan non avrebbe vinto il campionato, ma la Lazio avrebbe dato via il titolo. Perché il Milan è stato tutt'altro che convincente in questa stagione. E ha avuto più fortuna che buon senso. La Lazio, invece, ha celebrato un'arte calcistica quasi onirica. Ma negli ultimi metri del tragitto verso casa, i romani sarebbero rimasti senza fiato, come un miracolo che avevo bramato. Milan contro Empoli non è mai stata oggetto di dibattito. Che i rossoneri avrebbero vinto era chiaro fin dall'inizio. Piuttosto, ci sono state molte speculazioni sull'altezza della vittoria. Come accennato qualche pagina prima, questo gioco è stato uno spettacolo assoluto. Tutto esaurito. Ben oltre 70.000 non volevano perdersi l'ultima partita casalinga della stagione. I fuochi verde-bianco-rosso bengalese sono stati accesi quando i giocatori sono entrati. Un mare di bandiere nere e rosse. Rado ed io in mezzo a tutto questo. Al centro della beatitudine. 4-0 avevamo spazzato via gli ospiti dallo stadio: tre volte Bierhoff, una volta Leonardo. La Lazio non ha superato il pareggio 1-1 a Firenze. E una settimana dopo il Milan ha vinto il 16° campionato italiano per 2-1 a Perugia. Da quel momento in poi tutto è stato diverso. Il dolce profumo dell'hashish, i canti dei tifosi, il mare di bandiere, gli sbuffi di fumo, la tempesta di tifo dei Tifosi dopo un gol segnato dai loro beniamini. E l'ambiente possente della venerabile San Siro. Gente delle classi inferiori, medie e superiori. Lana di cashmere o semplici jeans, niente di tutto questo ha importanza. Perché chi ha visitato San Siro la domenica pomeriggio voleva vedere spettacolo, sofferenza, gol e un calcio di livello mondiale mozzafiato. San Siro era un luogo dove tutte le persone erano dipendenti da un unico individuo. Due ore in cui si poteva dimenticare la routine quotidiana, una finestra di tempo che aveva fatto sembrare tutto il resto irrilevante. Milano, la droga stessa. Il Milan contro l'Empoli non è stata la mia ultima partita a Milano. Da allora in poi, ci sarebbero state molte altre serate di calcio. Una dipendenza che probabilmente non finirà mai e che è stata insaziabilmente presente in me. Ma a posteriori devo ammettere che il mio desiderio di San Siro è stato seminato in me molto prima. Fu in quelle serate che mio padre mi portò al vecchio Stadio Vittoria di Bari, nel profondo sud dell'Italia. Nessun tetto dello stadio, quasi esclusivamente posti in piedi.

Solo pochi minuti prima con una pista da corsa. Antichi riflettori, ma un fascino che si può trovare solo nel sud Italia. Tifosi a sangue caldo, lo stadio si trovava direttamente sul mare. Bari contro Roma, con Bruno Conti, campione del mondo a 82 dalla parte dei romani. Un 1-1 che ricordo ancora oggi con emozione, o una volta nel piccolo stadio Cosimo Puttilli nella vicina città di Barletta, a circa 65 km da Bari. Un'amichevole insignificante durante la pausa estiva. Ma la capanna era esaurita. Mio padre ed io eravamo arrivati a Ruvo poche ore prima. Tuttavia, noi tre siamo andati a Barletta insieme ad un nostro amico, Rocco Caputi, che aveva un negozio di alimentari proprio accanto alla nostra casa di vacanza...

Quando chiudo gli occhi e ricordo... Lo stadio era alla periferia di Barletta, proprio accanto alla stazione ferroviaria. Non ci sono Non c'erano posti a sedere! A parte la tribuna, lo stadio non era coperto, come a Bari! Antico e bisognoso di rinnovamento! Ma i tifosi a sangue caldo, che hanno provveduto all'atmosfera, e uno speaker dello stadio, che ha riscaldato i tifosi in modo adeguato. Dalla fila superiore dello stadio, sopra le piantagioni di ulivi apparentemente infinite, in un bellissimo tramonto in lontananza, si poteva vedere il Castel del Monte (il casino di caccia di Federico II, nipote di Federico Barbarossa, e patrimonio dell'umanità dell'UNESCO, che è raffigurato sulla moneta da un centesimo italiana). Forse 4000 spettatori erano presenti, per non esagerare! Non voglio controllare ora su Wikipedia per vedere quanti entrano effettivamente nello stadio... ok, lo ammetto, ho guardato ;-) Dio, è stato più di trent'anni fa. Eravamo tra i tifosi di Barletta. Ma non riuscivo a stare zitto nonostante le ammonizioni di mio padre e del suo amico...

«BA-RI... BA-RI...»

E i tifosi avversari hanno rispettosamente accettato che un piccolo topo di sette anni aveva più palle di un uomo adulto. A proposito, una o due visite allo stadio erano un must assoluto per me e mio padre ogni estate o vacanza di Pasqua a Bari...

Solo tre mesi dopo, dopo aver vinto il campionato italiano il 21 agosto, siamo tornati a Milano. L'abbiamo deciso da un giorno all'altro in modo del tutto spontaneo. Così io e Rado abbiamo attraversato le Alpi per andare alla finale di Supercoppa tra Milano e Parma. Poiché il vincitore è stato determinato in una sola finale e il Milan è stato il campione in carica, ha avuto un vantaggio in casa sull'attuale vincitore della Coppa Italia, l'AC Parma. Il Milan ha condotto a lungo per 1-0, e avrebbe dovuto vincere la partita con un punteggio superiore per le numerose occasioni di segnare che ha avuto. Ma il Parma ha invertito la tendenza poco prima del fischio finale e ha battuto il Milan 2-1, ed eravamo sicuri che avremmo avuto una serata di ricordi positivi, con il successo dei rossoneri e una bella cerimonia di premiazione. Ma purtroppo siamo stati derubati di questa performance. Dio, se penso alle stelle che entrambe le squadre avevano nelle loro file all'epoca. Il Milan ha preso d'assalto il Parma con Andriy Shevchenko, Oliver Bierhoff e George Weah... Sheva, il mio preferito in assoluto dei rossoneri, ha fatto il suo debutto per l'AC in quel periodo. Ma non meno apprezzati sono stati Paolo Maldini, Demetrio Albertini e Alessandro Costacurta. E a Parma, il giovane Buffon, appena 21enne, era in porta, Lilian Thuram, campione del mondo francese, e Fabio Cannavaro in difesa. Dino Baggio, Hernan Crespo, Ariel Ortega e Marco Di Vaio. Quelli sì che erano bei tempi! Sì, le serate di calcio a San Siro erano già qualcosa di meraviglioso. Ma le grandi notti di Champions League dovevano ancora arrivare. L'anno successivo, il 20.02.2002, siamo andati di nuovo a Milano, questa volta per una partita di campionato contro la Lazio. Campione contro il vice campione! Da Augsburg a poco prima di Lugano il tempo è stato molto modesto. Solo cielo nuvoloso! Era ancora in pieno inverno. Ma non appena abbiamo raggiunto il confine svizzero, la copertura nuvolosa si è aperta e abbiamo avuto un sole meraviglioso. Abbiamo comprato i biglietti al mercato nero come l'ultima volta. Ma non avevamo mai pagato più di 40,- marchi, come questa volta. Il Milan ha vinto questa partita per due rigori con 2 a 1, ma la cosa speciale di questa sera non è stata la partita in sé. Perché poco dopo la fine della partita ho avuto un lampo di ispirazione e ho cercato di scendere a bordo campo il più velocemente possibile. Rado, naturalmente, ha chiesto più volte la mia ragione. *«Aspetta e vedrai, e vieni con me»*, risposi con la sua crescente impazienza. Quando sono arrivato in fondo, lo stadio era quasi deserto all'interno. Solo nel settore Primo anello rosso, a sinistra sotto la curva dell'Inter, i tifosi laziali hanno dovuto aspettare ancora qualche minuto. Proprio per motivi di sicurezza! Ho trovato subito quello che cercavo e ho trovato l'ingresso del campo alla bandiera a destra, sotto la curva del Milan. Intorno al campo di gioco c'era un fosso alto circa tre metri e largo circa due metri. Alle bandiere d'angolo, una barriera di vetro antiproiettile. Tutto questo naturalmente per proteggere i giocatori. Alcuni poliziotti e guardie erano ancora posizionati a questi ingressi e aspettavano che tutti gli spettatori lasciassero la zona. Il personale dello stadio ha ripulito gli striscioni pubblicitari arrotolati, che sono stati sparsi sull'erba dietro le porte prima della partita. Non ci è voluto molto tempo prima di trovare la persona giusta da contattare, che aveva la chiave della porta per far entrare e uscire il personale dall'interno dello stadio e dal manto erboso. Rado aveva già da tempo dentro di me e aveva capito cosa stessi facendo. "Dai Rado, tira fuori le bandiere", gli ho detto un attimo, e poi sono andato a parlare con il giardiniere. In poche frasi gli avevo spiegato le mie intenzioni. Che siamo venuti da Augsburg e da Milano è stato il nostro orgoglio e la nostra gioia. Dopo un breve pensiero ha chiuso un occhio, gli ho dato la mia macchina fotografica, e per un breve momento ci ha lasciato entrare nel sacro prato. Rado ed io tenevamo insieme la bandiera di Milan, lui mi ha messo un braccio intorno alla spalla e la guardia ci ha fatto una foto. Dio, è stata una grande sensazione. Se avessi avuto con me un pallone, sarei corso attraverso il campo e l'avrei messo in porta prima della curva dell'Inter. Ma i pochi secondi sull'erba alla bandiera ad angolo sono stati sufficienti. Ancora brevemente ho toccato l'erba morbida fredda... l'erba era bagnata, ogni filo d'erba alla stessa altezza degli altri... tagliato molto corto, quasi come un tappeto! E già dovevamo sgombrare di nuovo il campo. Avevo promesso al poliziotto, o al guardiano dello stadio, qualunque cosa fosse, che non avrei causato alcuno stress e che sarei stato sul campo solo per una breve foto per l'eternità. Quei quindici o venti secondi sono stati abbastanza lunghi per parlare delle ore di viaggio di ritorno ad Augsburg. Perché è stato davvero un viaggio all'inferno.

Dalla Svizzera iniziò a cadere la neve. I serpentini, apparentemente senza fine, poco dopo Lugano sono stati un unico calvario. Da Lindau non avevo idea di come sono riuscito a tenere gli occhi aperti. Colpi di sono?... Sì! Probabilmente due o tre volte. Ho quasi avuto un incidente. Perché sulla strada di campagna subito dopo Kempten, in direzione di Landsberg, un'auto sulla corsia opposta ha fatto una manovra di svolta rischiosa. Non ho avuto modo di frenare. La macchina ha appena accostato nella mia corsia e io ho corso tra la macchina e il traffico in arrivo. Le strade erano piene di neve. Se avessi frenato, la macchina sarebbe scivolata per sempre e sarei stato sicuro di schiantarmi. Sì, Milano non è stata solo uno sforzo assoluto in questo viaggio. Milano è stata in realtà sempre stressante. Anche perché i tempi degli eventi erano così stretti e non abbiamo mai trascorso più di un giorno nella capitale della moda. Ci siamo sempre interessati solo al calcio. Tranne che per l'unico viaggio con Christin. Prima della partita contro l'Empoli volevo vivere San Siro, la casa dell'AC, solo una volta. Ma dopo quel giorno non si poteva più tornare indietro. Ora sapevo a chi appartenevo e dove si trovava la mia casa degli animali. San Siro, la Mecca del calcio! Un luogo di pellegrinaggio, paradiso e inferno in uno. Al centro di questa follia c'era l'AC, il club di cui mi ero innamorato perdutamente nel 1988. Milano è come un grande amore per me, con la differenza che so che questo rapporto durerà per sempre.

Milan e Inter... i giganti della Lombardia

Così la mia associazione è stata fondata nel 1899 da uomini d'affari inglesi. A non più di dieci anni da questo memorabile evento si è verificato il primo grande cambiamento nel quadro generale della CA. I cosmopoliti e scontenti membri del Milan Cricket and Football Club fondarono la Football Club Internazionale Milano il 9 marzo 1908, dopo un incontro di fondazione durato oltre cinque ore, presso il ristorante "Orologio" vicino al Duomo di Milano. Il motivo della scissione del club è da ricondurre alle diverse opinioni dei soci italiani e svizzeri che hanno partecipato alla riunione. Mentre nel nazionalista Milan CFC (oggi AC) erano ammessi a giocare solo gli italiani, la fondazione del nuovo club aveva lo scopo di dimostrare l'apertura verso i giocatori stranieri. I colori del club dell'Inter erano allora, come lo sono ancora oggi, il nero e il blu. Il primo stemma (con la sigla FCIM) è stato disegnato su un feltro da birra durante la riunione di fondazione di cui sopra. Giovanni Paramithiotti, veneziano rigorosamente cattolico, è stato eletto presidente. Un altro simbolo di "Internazionale" divenne lo stemma di famiglia dell'ex regnante di Milano, i Visconti. Per questo motivo si è tentati di riferirsi ai giocatori come ai "Biscioni" (i serpenti). Mentre il Milan era il club dei lavoratori all'inizio, l'Inter divenne il club dei cittadini, degli artisti e degli intellettuali. Il primo titolo di campione è stato vinto appena 2 anni dopo la fondazione del club nel 1910. Anche se questo titolo, così come quello successivo del 1920, non può essere paragonato ai campionati successivi. Nel 1929/30 l'Inter diventa il primo campione del neonato campionato professionistico tutto italiano, il diretto predecessore della Serie A. Nella rosa della squadra del campionato c'era il leggendario Giuseppe Meazza, entrato nell'Inter due anni prima. Con Meazza, che è ancora considerato uno dei migliori calciatori italiani di tutti i tempi, l'Inter ha vinto il campionato italiano per tre volte di fila e una coppa. In questi anni la Juventus è stata la principale rivale dell'Inter. Durante il periodo del regime fascista, l'Inter, che Mussolini riteneva troppo aperto, dovette fondersi. Così, nel 1928, avvenne la fusione forzata con la Milano milanese statunitense per formare la SS Ambrosiana Inter (dal 1930 AS Ambrosiana). I campionati del 1938 e del 1940 furono vinti nonostante la guerra in corso, visto che il calcio fu giocato in Italia fino al 1943. Nel frattempo Giuseppe Meazza divenne campione del mondo con la nazionale nel 1934 a 38 anni. Dopo l'Inter ha giocato anche per il Milan, la Juve, il Varese e l'Atalanta. Dopo la seconda guerra mondiale il club è stato rinominato di nuovo "Internazionale". L'Inter riacquista la sua supremazia in Italia e con l'allenatore Alfredo Foni e la nazionale svedese Lennart Skoglund diventa campione nella tempesta del 1953 e del 1954.

Il duello per il titolo tra Juventus e Inter nel 1961 divenne lo scandalo della Serie A. All'epoca, circa 10.000 spettatori si affollarono nello stadio, il che fece sì che l'arbitro fermasse la partita e il duello fu segnato 2-0 per l'Inter, facendo dell'Inter la campionessa designata. Alla fine, però, l'associazione ha ordinato un replay perché "lo sport dovrebbe vincere". Vale la pena di notare, tuttavia, che all'epoca Umberto Agnelli era presidente sia della Federazione Italiana Calcio che della Juventus. Per rabbia, l'Inter ha messo insieme una squadra giovanile per mostrare al mondo l'intrigo che esiste nel calcio italiano. La Juventus ha vinto 9-1 ed è diventata campione. Dopo che il magnate del petrolio Angelo Moratti, padre di Massimo Moratti, divenne il nuovo presidente dell'Inter, il nero-blu raggiunse grande fama negli anni '60. L'era Moratti è ancora oggi considerata l'epoca di maggior successo del club, durante la quale l'Inter è diventata una squadra di fama mondiale. Il motivo principale di questo successo, tuttavia, è stato Helenio Herrera, l'allenatore dell'epoca. L'argentino, cresciuto in Marocco, era famoso non solo per il suo sistema di gioco, il catenaccio, ma soprattutto per la sua insolita preparazione al gioco. Nello spogliatoio, ad esempio, i giocatori dovevano cantare canzoni di chiesa o lanciarsi la palla in rapida successione per sviluppare la fiducia e lo spirito virile. Il suo soprannome era "il mago". Herrera ha costruito una truppa forte, disciplinata e combattiva, è stato un maestro dell'esagerazione e si è occupato di psicologia dello sport prima di altri. Ha così fondato il ruolo della moderna professione di allenatore. Sotto la guida dello "schiavista" l'Inter ha vissuto il suo periodo di massimo splendore. A metà degli anni Sessanta, l'Inter ha raggiunto la finale di Coppa Europa tre volte in quattro anni, vincendone due. Dalla stagione 1961/62 in poi, l'Inter non è mai finita peggio che al secondo posto nei sei anni successivi. Copertura dura da uomo a uomo, come quella fornita da

Tarcisio Burgnich e Aristide Guarneri, Armando Picchi, uno "spazzino" dietro i marcatori da uomo a uomo senza avversari diretti, e un centrocampo molto compatto che si è assicurato la propria porta, mentre l'offensiva è stata dominata da attaccanti come Giacinto Facchetti, Luis Suárez, Jair da Costa e un attaccante come Sandro Mazzola, figlio del leggendario giocatore del Toro Valentino Mazzola. Questo approccio compatto e difensivo è stato la ricetta di un successo duraturo. Raramente l'Inter ha giocato una partita veramente bella, e di conseguenza non ha segnato molti gol, ma ha anche dato agli avversari poche possibilità di segnare. "La Grande Inter" vinse lo scudetto nella stagione 1962/63 e un anno dopo, con una vittoria per 3-1 sul Real Madrid, al Praterstadion di Vienna, vinse la finale della Coppa dei Campioni Nazionali.

Mio padre era presente in diretta a questa memorabile partita, il primo trionfo dei milanesi in prima classe. Nello stesso anno, l'Inter si è classificata seconda nello scudetto, l'unica ad aver vinto il titolo di Serie A contro il Bologna FC. Il primo calciatore tedesco di serie A ad essere sotto contratto con il Bologna dalla stagione 1962 è stato Helmut Haller. Più tardi, nel 1968, si trasferirà alla Juventus. In 296 partite di Serie A, il nativo di Augsburg ha segnato un totale di 69 gol per entrambi i club. I milanesi hanno festeggiato il loro più grande successo nella stagione 1964/65, diventando la prima squadra italiana a vincere la tripla. Quasi campionato, Coppa Europa e Coppa del Mondo in un anno. Nella finale della Coppa Europa dei campioni nazionali, in casa nel proprio stadio, il Benfica ha sconfitto il Lisbona per 1-0.

L'Inter ha poi difeso la Coppa del Mondo, che aveva già vinto l'anno precedente, contro l'Independiente dell'Argentina. Anche l'Inter ha raggiunto la finale del campionato nazionale nel 1967, ma ha perso 2-1 contro il Celtic Glasgow in una controversa sconfitta per 2-1 su un discutibile rigore. Con il decimo titolo di campione e la prima stella del campionato, si è concluso il periodo glorioso del nero-blu. Negli anni successivi furono vinti molti altri titoli, ma il club non poté continuare il periodo di successo degli anni '60, soprattutto sul palcoscenico europeo.

Lo scandalo arrivò nell'ottobre 1971, quando nella partita contro il Borussia Mönchengladbach, un tifoso al punteggio di 2-1 per i puledri, il giocatore Roberto Boninsegna viene colpito da una lattina di Coca Cola, venendo ferito alla testa. L'Inter ha bloccato la cabina in modo che nessun medico ufficiale potesse esaminare Boninsegna. La partita, passata alla storia come di lancio della lattina, è stata successivamente annullata. Dopo un replay 0-0, l'Inter ha raggiunto la finale della Coppa Europa dei campioni nazionali per la quarta volta. Tuttavia, hanno perso 2-0 contro l'Ajax Amsterdam, mentre il Milan non è stato in grado di continuare il successo iniziale dopo lo split. Solo nel 1915 i rossoneri raggiunsero di nuovo la finale del campionato italiano. Ma a causa dell'inizio della guerra, la finale non è stata giocata fino alla fine. Tuttavia, con i risultati ottenuti fino ad allora, non sarebbe stato comunque possibile vincere la finale. Durante la guerra il Milan ha giocato contro altri club milanesi nei dintorni. Dal 1929 in poi si sono affermati a centrocampo nel campionato italiano appena fondato. Solo dopo la seconda guerra mondiale si sono avuti i primi grandi successi. I rossoneri sono stati rafforzati dall'arrivo dei giocatori svedesi Gunnar Gren, Gunnar Nordahl e Nils Liedholm. Questi tre formarono anche il magico triangolo –*Grenoli*– che ancora oggi non viene dimenticato. Nordahl è stato capocannoniere in Italia cinque volte tra il 1949 e il 1955, segnando 210 gol per il Milan, più di qualsiasi altro attaccante AC fino ad oggi. Quando il Milan ha poi firmato con i due sudamericani Juan Schiaffino e José

Altafini, la superiorità in serie A è diventata sempre più evidente. Nei primi 20 anni dopo la fine della guerra, il Milan ha raggiunto uno dei primi tre posti in classifica con una sola eccezione, vincendo cinque titoli del campionato solo in quel periodo. A livello internazionale, si sono anche affermati tra i club più importanti d'Europa. Persero entrambe le semifinali nel 1956 e la finale nel 1958 contro il Real Madrid. Il 23 maggio 1963, però, riuscirono finalmente a vincere il tanto atteso titolo nella massima divisione. In finale, hanno sconfitto il top club portoghese, il Benfica Lisbona, 2-1. La finale di Coppa del Mondo, tuttavia, è stata persa per 1-0 contro il Santos FC nella partita decisiva. Entrambe le squadre avevano già vinto la loro partita in casa per 4-2. I club milanesi sono poi andati testa a testa sulla scena europea. Non appena il Milan ha vinto la corona europea, l'Inter è passata in corsia di sorpasso e nei due anni successivi ha aggiunto il titolo di campione nazionale alla sua collezione di trofei. Solo nel 1968 il Milan vinse la coppa del mondo contro il rappresentante tedesco Hamburger SV, che ottenne il suo successivo trionfo. E solo un altro anno dopo, i rossoneri hanno conquistato la corona europea per la seconda volta nella storia del loro club dopo una vittoria per 4-1 sull'Ajax Amsterdam. Questa volta, sono rimasti in controllo nella finale di Coppa del Mondo. Contro il vincitore dell'anno precedente, l'argentino Estudiantes de La Plata. Vinsero 3-0 a San Siro e persero solo di poco nella seconda tappa con il 2-1. Nel 1973 ottennero il loro secondo grande successo nella gara delle coppe. Leeds United dall'Inghilterra sono stati gli avversari finali. L'anno successivo subirono un'imbarazzante sconfitta. Come campione in carica in finale, sono stati battuti dall'FC Magdeburg. Il Milan ha sempre avuto grandi giocatori tra le sue fila negli anni dei primi successi. Trapattoni, Rivera, Capello, Maldini, Amarildo e Prati. Per citarne solo alcuni! Ma nel 1980 l'era del successo dell'AC si è bruscamente conclusa. A causa di operazioni di scommesse illegali, l'AC ha dovuto passare alla seconda divisione, proprio come la Lazio. Nonostante siano stati promossi subito dopo la stagione successiva, i rossoneri hanno avuto difficoltà a riprendersi da questo disastro. Solo un anno dopo, sono stati relegati in seconda divisione, terzultimi in campionato. Ci sono già stati alcuni presidenti che hanno dato filo da torcere all'AC. Sotto la guida di Andrea Rizzoli (dal 54' al 63' giugno) il Milan ha vinto quattro scudetti e la prima Coppa Europa dei Campioni Nazionali. Ma l'erede editoriale aveva completamente distrutto la sua azienda, proprio come l'AC. Felice Riva, (dal 63' giugno al 65' ottobre) è partito per il Libano dopo il fallimento della sua società. Albino Buticchi Petrol imprenditore (dal giugno 72' al dicembre 75'), rimase accecato in un tentato suicidio. Vittorio Duina è morto in un incidente in Sud America. Duina era un industriale metallurgico e fece anche un mucchio di debiti. Felice Colombo (da maggio 77' a settembre 80') dovette finalmente andare in carcere dopo lo scandalo delle scommesse del 1980. E Giuseppe Farina (dall'82' all'86' gennaio) è finalmente fuggito dai suoi stessi tifosi fino in Kenya. La sua politica di acquisti dopo la rinascita era semplicemente inaccettabile. Ma a Milano c'erano altri presidenti. Come Franco Carraro (dal 67' luglio al 71' giugno). Sotto la sua guida, i rossoneri hanno vinto la seconda Coppa Europa dei Campioni nazionali, la Coppa Europa di Coppa delle Coppe e la prima Coppa del Mondo. A differenza della vicina città di Torino, il club non faceva esclusivamente parte di una sola famiglia, come la Juve di Agnelli. No, il Milan non era un club nobile come la Juve o l'Inter. Milan apparteneva ai lavoratori. Ed è arrivato terzo in classifica.

Ma il 29 settembre 1936, a Milano, nasce un bambino che in seguito plasmerà la storia dell'AC e di tutta l'Italia.

Silvio Berlusconi è nato come secondo di tre figli. Il padre, Paolo Berlusconi, era un dipendente di Banca Rasini, dove si è poi fatto strada fino a diventare amministratore delegato. Nel 1954 Silvio Berlusconi ha ottenuto il diploma di maturità al Ginnasio salesiano Sant'Ambrogio di Milano. A ventuno anni Berlusconi era impiegato in un'impresa di costruzioni. Durante le vacanze guadagnava un reddito aggiuntivo come intrattenitore sulle navi da crociera. Tra loro c'era Achille Lauro. Nel 1961 Berlusconi consegna la sua tesi finale. Il titolo è -*Aspetti legali della pubblicità*- Lo vende ad un'agenzia pubblicitaria per 2 milioni di lire. Berlusconi inizia come imprenditore edile con un terreno alla periferia di Milan. Il capo di suo padre approva il prestito. Nel 1969, Berlusconi ha 33 anni, quando sui suoi conti vengono accreditati 3 milioni e mezzo di lire da un'origine ancora oggi sconosciuta. L'iniezione di denaro costituisce la base di un impero. Milano 2, la città satellite. Praticamente da un giorno all'altro, Berlusconi diventa una delle più grandi imprese di costruzioni italiane. Da allora in poi le cose sono andate a gonfie vele. Nel corso degli anni, gli abitanti di Milano 2 hanno potuto godere della gamma di prodotti Berlusconi dalle prime ore del mattino fino a tarda notte. Vivevano praticamente in una delle case di Berlusconi, potevano comprare i suoi prodotti e il suo cibo nel supermercato di Berlusconi, il suo programma veniva trasmesso in televisione, e al cinema si potevano vedere i suoi film dal suo negozio a noleggio Medusa. Uno o due di loro potrebbero ancora lavorare nella vicina Segrate, nella società pubblicitaria Publitalia di Berlusconi. E per rendere perfetto il quadro complessivo, i suoi abitanti e i suoi dipendenti erano forse anche tifosi del Milan. Da non dimenticare che le riviste e i giornali che potevano leggere erano naturalmente anche dei suoi gruppi editoriali. Berlusconi era già interessato a rilevare l'AC negli anni Settanta. Ma si rifiutò, e da allora si occupò dei cosiddetti "Mondialito Clubs", un piccolo torneo che si svolgeva ogni anno. Le migliori squadre di club del mondo si sono incontrate e hanno vinto insieme ai due club milanesi. Alla fine, però, dopo che il Milan aveva ritrovato la calma nel 1986, dopo anni di disordini, Silvio Berlusconi è diventato il mecenate dell'AC Milan.

Il 27 marzo 1986 è iniziata una nuova era. E doveva essere una cosa diversa da tutte le altre nel mondo. Ha portato il suo elicottero a Milanello, a nord di Milano. Come regalo di benvenuto, ogni giocatore ha ricevuto un piccolo trofeo d'argento di Cartier. Silvio aveva pagato due miliardi di lire per rilevare la società all'epoca, e ha speso quasi altrettanto per i nuovi giocatori. Cinque in un colpo solo, tra cui Giovanni Galli, il numero 1 in Italia, e Roberto Donadoni. Anche gli elicotteri erano in azione quando ha presentato la sua nuova Milan ai Tifosi nel vecchio stadio dell'Arena in una giornata di pioggia davanti a oltre 10.000 Tifosi. Doveva essere la migliore squadra del mondo. Ma questo progetto ha portato una serie di cambiamenti. Il centro di formazione di Milanello è stato completamente rinnovato. Anche Berlusconi stesso aveva una stanza arredata. È stata una grande motivazione per far scaldare la sua squadra prima di partite importanti. La Juve e l'Inter volevano allenarsi su campi di allenamento più adatti a una squadra da sportello o da villaggio. Il Milan, invece, incarnava da quel momento in poi la classe superiore assoluta. Verde intenso, campi da calcio curatissimi, estesi su tutto il campo. E quando i giocatori se ne andavano, dei bellissimi pavoni bianchi facevano il giro del campo. Dallo sgabello del bar alle maniglie della porta. Milanello è stato completamente arredato in nero e rosso, i giornalisti sono stati sempre viziati con un sontuoso pranzo e poi invitati a una conferenza stampa nella sala dei pompieri. Tra tutti gli uffici stampa e i centri di formazione, Milan aveva il più moderno e bello. Berlusconi una volta disse…

*«Il mio impero è come un iceberg,
la maggior parte di esso è nascosto.
E il Milan brilla al vertice».*

Così, da quel momento in poi, il Milan era destinato a vincere. Ma Berlusconi ha perseguito un obiettivo completamente diverso oltre ai suoi successi sportivi. Si può guardare il Milan in tutte le situazioni sui canali di Berlusconi. Dalle amichevoli di poco conto durante la pausa estiva alle grandi serate di Coppa Europa. Per Berlusconi è stato più economico di qualsiasi altro programma che avrebbe potuto trasmettere. Con questo tipo di leadership, e come il Milan ha giocato a calcio da allora in poi, niente rifletteva meglio le intenzioni, la mentalità e la gente di Berlusconi. In brevissimo tempo, il club dei lavoratori e dell'uomo comune avanzò fino a diventare il top club assoluto che avrebbe conquistato il mondo. Ma Berlusconi non voleva solo vincere e vincere titoli. San Siro doveva diventare uno spettacolo. Voleva incantare e affascinare il suo pubblico. Quando alla fine degli anni Ottanta, dopo il Campionato Europeo in Germania, arrivarono tre nuovi gladiatori, il corteo trionfale del Milan fu inarrestabile. Con van Basten e Gullit, due dei migliori scioperanti del mondo sono stati ingaggiati. Frank Rijkard ha finalmente completato il nuovo triangolo magico. Dopo anni di caos, è seguito il corteo trionfale assoluto verso la cima dell'Europa. Squadre come il Barcellona, il Real Madrid, i bavaresi e il Benfica sono state lasciate indietro. Tra il 1987 e il 1995 hanno vinto quattro volte il campionato italiano, tre volte la Coppa Europa, che da allora è stata convertita in Champions League, due volte la Coppa del Mondo, quattro volte la Supercoppa di Lega e tre volte la Supercoppa Europea. La sconfitta all'Ajax nella finale di Champions League del 1995 ha messo fine a questo successo. Il Milan era in uno stato di sconvolgimento, e passarono quasi dieci anni prima che i rossoneri riprendessero le forze. Possono aver vinto il campionato italiano nel 1995/96 e nel 1998/99, ma non erano più un nome di casa sul suolo europeo. Con giocatori come Kluivert, Davids, Bierhoff, Roberto Baggio o Weah, cercavano invano un rapido successo. Solo nel 1999/00, quando i brasiliani Serginho (fulminei come nessun altro), Gattuso e Shevchenko furono firmati, divenne chiaro che qualcosa di grande stava crescendo. Sheva e Gattuso avrebbero avuto certamente bisogno di un po' più di tempo, ma questi due hanno colpito come una bomba fin dall'inizio. Soprattutto dal giovane ucraino avevano sperato in grandi cose. A 24 anni, aveva già reso la vita difficile al Bayern con la Dynamo Kiev nelle semifinali di Champions League. Ho riconosciuto in Andriy lo stesso istinto omicida, la stessa fame di titoli, come una volta ho fatto con Marco van Basten. Andriy è nato per il Milan. Quando il trasferimento è avvenuto per poco meno di 23 milioni di euro, era chiaro che stava per albeggiare una nuova grande era per il Milan. Nei due anni successivi mancava ancora il grande successo. Nel frattempo la squadra continuava a crescere con giocatori come Andrea Pirlo, il colosso che ha quasi fallito all'Inter, l'olandese Clarence Seedorf, troppo creativo per l'Inter, Alessandro Nesta, uno dei migliori difensori al mondo e veterano della Lazio, il campione del mondo brasiliano Rivaldo, il forte attaccante Jon Dahl Tomasson di Rotterdam, Pippo Inzaghi, il portiere italiano della Juve, e Manuel Rui Costa, il playmaker portoghese e star mondiale di Firenze. La linea di approccio di Berlusconi era chiara. La quarta vittoria in Champions League sotto il suo regno doveva seguire nell'immediato futuro. San Siro sarebbe tornata ad essere il centro del calcio europeo. L'Inter è sempre stata in svantaggio in tutti questi anni. I rossoneri erano sempre davanti a loro. Milano. Il Milan era il chiaro numero uno. Solo alla fine degli anni Ottanta, frotte di tifosi sotto i trent'anni si sono confessate al top club del Milan. Eppure la Juventus godeva ancora la fama di essere il club più popolare d'Italia. Per Berlusconi, però, il successo sportivo non era l'unica priorità. Anche se una volta, durante un'udienza con Papa Giovanni Paolo II, disse...

«Entrambi esportiamo un'idea vincente nel mondo.
Tu il cristianesimo, io il Milan».

...I successi sportivi del Milan hanno avuto un forte impatto sull'intero impero di Berlusconi. Da un lato, Milano è diventata sempre più popolare attraverso le trasmissioni televisive in tutti i campi della vita. D'altra parte il mecenate ha apprezzato le alte cifre di visualizzazione. Quando il suo vecchio amico e statista Bettino Craxi è stato privato del suo potere nel 1992 ed è fuggito dalla giustizia a Hammamet in Tunisia, lo zar dei media, ormai fortemente indebitato, ha cercato febbrilmente una via d'uscita per salvarsi la pelle. E Milano non era del tutto disinteressata come carrozza. Tra le rovine politiche dell'Italia, decise finalmente di fondare la prima repubblica. Unirà i sostenitori dei partiti socialista e cristiano democratico recentemente sciolto. E nessun nome era più adatto a raggiungere i suoi obiettivi che "*Forza Italia*" come in "*Avanti Italia*". Significava. Forza Italia, il grido di battaglia della nazionale italiana di calcio. Il movimento politico si è dato il colore blu azzurro, proprio come le maglie della squadra. E chiamava i suoi sostenitori Tifosi. Da quel momento in poi non si sarebbe più dovuto sapere di cosa si parlava all'inizio. Politica o calcio. E quanto questa confusione di termini è stata voluta da lui. Voleva che i suoi seguaci facessero parte di un'Italia migliore. Un'Italia di successo. Proprio come il suo Milan. Nel 1994, quando il Milan giocò la finale di Champions League ad Atene contro un Barcellona

quasi invincibile per la corona europea, Berlusconi si presentò
al Senato...

«I ragazzi vanno in campo.
per difendere la loro bandiera,
ma anche i colori dell'Italia»

...Il Milan ha distrutto il Barca 4-0 e Berlusconi non era
mai riuscito a fare del Milan il nuovo numero uno in Italia tra
i tifosi. Ma è stato in grado di mostrare un aumento del 20 per
cento. E questo è stato davvero notevole. Berlusconi non
usava l'AC esclusivamente per il suo impero. Il Milan era il
suo giocattolo preferito, che amava con assoluta dedizione.
Un'udienza di milioni di persone ne è stata testimone il 22
febbraio 2004. Il Milan giocava il derby contro l'Inter quella
sera. All'intervallo, i nerazzurri hanno condotto per 2-0, ma
dopo la pausa il Milan ha ribaltato la classifica e alla fine ha
vinto per 3-2. Ancelotti, allenatore del Milan, ha fatto giocare
un solo attaccante nei primi 45 minuti. Alle 23.10, nel
tradizionale programma sportivo Domenica Sportiva, dove
un giro di esperti di calcio, giornalisti, arbitri e giocatori
discutono del gioco del giorno passato dopo le partite a punti,
il telefono squillò all'improvviso. Il presentatore si è improvvisamente trasformato...

«Il Presidente Berlusconi è in linea»
Da fuori scena si sentiva la voce inconfondibile di Berlusconi.
«Vedo che parli di me»

...Ed è per questo che ha voluto chiarire) una volta per
tutte che la sua squadra dovrà sempre giocare con due
attaccanti, non uno solo, come nell'inglorioso primo tempo.
Come presidente dell'AC, ha vinto più di chiunque altro al
mondo. E per questo motivo, essendo anche il proprietario

dell'AC, ha il diritto di dare istruzioni pubbliche al suo allenatore. Perché è lui che firma gli assegni qui. È così, diceva Berlusconi, il cui giornale Il Giornale aveva un direttore che nel frattempo era rimasto congelato nel terrore, che è stato inviato come partecipante alla discussione. Il calcio non è diverso dagli altri settori della vita lavorativa…

«I redattori fanno il gioco,
ma l'editore dà la linea chiara»

…La sua linea era quella di andare sempre avanti e di attaccare sempre. Una squadra come il Milan non può nascondersi! Il Milan deve attaccare! Ancelotti era imbarazzato fino all'osso e nelle settimane successive aveva abbastanza da fare per negare la voce che il suo capo gli stesse dettando la formazione. Alberto Zaccheroni è stato colpito ancora più duramente. Nonostante abbia vinto il titolo con il Milan nel suo primo anno da allenatore, nel 1999 si è rifiutato di seguire le indicazioni tattiche del suo mecenate. Quando un giornalista ha chiesto a Zaccheroni se voleva congratularsi con il suo capo per la vittoria elettorale, ha risposto…

«Perché avrei dovuto farlo, non ho votato per lui».

…Alla fine è stato troppo per Berlusconi. Nella pausa dell'intervallo di una partita di Champions League Alberto è stato sollevato dal suo incarico. L'umiliazione è stata deliberata! Ma si potrebbe dire che Berlusconi è un genio, nonostante tutto. Un genio come nessun altro! E il genio, come tutti sappiamo, cammina su una linea sottile. Nessun politico può cambiare i 3000 anni di storia di una nazione in pochi anni. Al contrario, ha dato all'Italia qualcosa che non sarà mai dimenticato. Emozioni ed eroi. Con il Milan aveva aiutato il calcio italiano a raggiungere una nuova gloria in tutto il mondo. E alla fine, per quanto Milano 2 e il suo impero siano nati, alla fine ha creato molti posti di lavoro per l'Italia. Il fine giustifica i mezzi!

Se si guarda al solo periodo dal 1988 al 2002, mi sono davvero divertito come rossonero. In 14 anni, il Milan ha raggiunto cinque finali di Champions League o di campionato nazionale... è fondamentalmente la stessa cosa comunque! Tre di loro sono stati vinti. Cinque titoli di campionato, tre Supercoppe europee e tre Coppe del Mondo sono stati aggiunti alla lista dei risultati. Sì, sono stati 14 anni che hanno fatto maturare il mio fanatismo. Naturalmente, i tornei della nazionale hanno avuto un ruolo decisivo in questo. E alla fine del 2002, dopo la sconfitta contro il Dortmund nelle semifinali di Coppa UEFA e il successivo disastroso Campionato Europeo dei favoriti italiani, era chiaro che un senso di realizzazione doveva guarire le nostre ferite. Non sono stato l'unico a desiderare lunghe ed emozionanti serate di Coppa Europa. Il tanto atteso sogno azzurro non voleva proprio avverarsi. Il Milan era un mondo completamente diverso. Nelle competizioni europee non c'era nessun'altra squadra italiana su cui si potesse contare come i ragazzi del Milan. E dopo che la squadra si era rafforzata nel migliore dei modi per la stagione 02/03, mi era sostanzialmente chiaro che il trionfo della sesta Champions League era la scelta più ovvia. Rispetto agli anni tra il 95 e il 02, la squadra ha avuto giocatori chiave ed esecutori come Seedorf, Rui Costa, Pirlo, Sheva e Inzaghi. Ma anche Gattuso, Serginho, Maldini e Nesta sono stati enormemente importanti per il successo dell'AC come artisti difensivi o portatori d'acqua.

Katharina ha accettato la mia illusione rosso-nero. Molto di più ha capito le mie emozioni attraverso il modo in cui ho vissuto questa passione, le mie emozioni, e sapeva che non era un amore superficiale quello che provavo il Milan. Dopotutto, Katharina aveva un'indole non meno appassionata. Una delle cose che avevamo in comune, è che non abbiamo mai fatto niente a metà. Al contrario, entrambi amiamo troppo la vita per questo. Era un caldo giorno di primavera a maggio. il 24, per l'esattezza. Me lo ricordo bene perché quella fu la notte in cui si giocò la finale di Champions League tra Real Madrid e Valencia. Maria, Markus ed io eravamo ancora in viaggio nel pomeriggio ad Annastrasse, la zona pedonale di Augsburg, e abbiamo fatto una campagna promozionale per la gazzetta -*Süddeutsche Zeitung*- (incoraggiando i passanti a fare una lettura di prova di due settimane senza obbligo). Entrambi erano membri del mio gruppo musicale, tra gli altri. Ricordo ancora questo pomeriggio quasi esattamente. Avevo ancora a disposizione esattamente tre abbonamenti di prova gratuiti. Maria ha sempre avuto più fortuna; anche per il suo aspetto il bel topolino ha scritto la maggior parte degli abbonamenti. In realtà volevo finire l'azione e sistemare le carte di abbonamento per tornare a casa in tempo per la partita. Ma all'improvviso, all'improvviso si è trovata davanti a me! Enorme, un po' larga, sì, si potrebbe dire un po' sovrappeso, con un sorriso ancora più ampio sul viso. No, non Katharina, ma sua madre! In ogni caso, sembra che anche lei volesse leggere il giornale, e senza ulteriori indugi si è abbonata a me in prova. Ma prima che potesse firmare la tessera d'abbonamento, qualcuno gliel'ha presa di mano davanti a noi, di nuovo come dal nulla, venendo dallo sfondo. Come ho potuto vedere dallo scambio di parole non particolarmente aggressivo, ma comunque impulsivo che ne è seguito, la terza persona era stata sua figlia. Che, a quanto pare, doveva prendersi cura della madre, dato che in passato aveva concluso molto spesso contratti con compagnie telefoniche o altri abbonamenti in tempi molto brevi. La follia, un martello assoluto questa donna. Temperamento, fuoco, assertività e una figura che aveva. Per non parlare degli occhi. I capelli scuri della lunghezza delle spalle hanno completavano questo quadro di una bella giovane donna. Beh, non c'è bisogno che vi dica che i miei pensieri non erano esattamente platonici. Prima di ottenere la firma della madre, sono uscito per una bottarella, infastidito da questo sfortunato ritardo. Volevo tornare a casa, finalmente per il finale…

> «*Dal tuo sguardo, dovresti dire a tua madre*
> *meno regolamentazione,*
> *e più probabilmente andrà in passerella*».

…Per qualche secondo c'è stato silenzio e Katharina mi ha guardato perplessa. Poi le chiacchiere sono ricominciate da capo. Alla fine, aveva firmato l'abbonamento. Non pensando più molto a questa situazione, ho inviato le cartoline compilate alla Süddeutsche Zeitung[1] di Monaco di Baviera nei giorni successivi. Erano passate quattro settimane, il Real aveva vinto la finale 3-0 allo Stade de France di Parigi con un netto vantaggio. Ero di nuovo in viaggio nell'Annastrasse. Questa volta, per qualsiasi motivo. In ogni caso, avevo molta fame e fino alle 16:00 circa di questo normale giorno feriale non avevo ancora niente tra i denti. (Grazie a Dio, forse la mia coscienza sporca mi avrebbe dato fastidio e sarei andato al bagno dei clienti dopo pranzo per vomitare di nuovo tutto). Ok, allora avevo fame e ho considerato la prossima possibilità di fermare questa sensazione fastidiosa dal mio stomaco. Il piccolo panificio –Dietsch- nella Annastrasse non aveva una sala di vendita in cui si potesse entrare, il venditore vendeva i prodotti da forno al banco, fuori dalla zona pedonale. Una breve coda si è rapidamente sciolta prima che la commessa potesse chiedermi del mio desiderio. Dopo aver pagato i due

---

[1] Una gazzetta

pretzel, la commessa mi ha chiesto quando avrebbe finalmente ricevuto l'abbonamento di prova. Sua madre lo aspettava con impazienza. Beh, ero sconvolto al primo momento.
Non sapevo con chi avevo a che fare. Con il cappello, non
riuscivo quasi a riconoscere Katharina dietro il bancone, e
nemmeno la maglietta dell'azienda è stata un grande
successo. Solo quando ho guardato più da vicino ho notato
quegli occhi e quel sorriso di nuovo e mi sono improvvisamente ricordato di questa ragazza che mi aveva fatto girare
leggermente la testa. **"Leggermente"** è un eufemismo. Beh,
le ho promesso che me ne sarei occupato io e che avrebbe
finalmente ricevuto il giornale al più tardi entro due settimane. Hmmm... la cartolina non era rintracciabile all'inizio. A
quanto pare dovevo averla inviata all'agenzia di promozione
di Monaco di Baviera. E fino ad allora non avevo l'indirizzo
di Katharina, quindi non potevo nemmeno compilare una
seconda scheda sostitutiva. In ogni caso, avevo deciso di
andare ad Annastrasse nei giorni successivi per avere di
nuovo il suo indirizzo. Ma una cosa in anticipo... davvero
senza secondi fini! All'epoca volevo incontrare tutto tranne
una donna, non importa a quale scopo. L'unica cosa che è stata
messa in discussione, semmai, è stata forse un'avventura di
una notte. Per questo avevo più che sufficienti possibilità nelle
discoteche. Non volevo nemmeno sapere i nomi delle donne.
La parte peggiore era sempre la mattina dopo. Quando la
maggior parte delle persone voleva ancora fare colazione
insieme. Aiutarmi a pulire l'appartamento, sì, avrebbero potuto farlo. Ma nessuno ci ha mai pensato da solo. Va bene, va
bene, divertente. Non ne sono mai stato così fuori. E non erano
state nemmeno tante le avventure di una notte! Beh, il progetto di Annastrasse è stato ritardato così a lungo che l'ho
dimenticato di nuovo. Erano passate quasi altre quattro settimane dopo il nostro secondo incontro. Ero seduto con alcuni

amici vicino alla Königsplatz, di fronte al McDonalds. Maledetta era una giornata calda. Per una volta mi ero permesso di rilassarmi un po'. Il signor Wimmer (Photo Porst) mi aveva dato il giorno libero e mi sono goduto il bel tempo e le tante giovani signore vestite con i miei amici. (Io deliberatamente non menziono i nomi. Ho perso di vista i ragazzi per anni e non hanno più un ruolo nella mia attuale vita quotidiana). In queste una o due ore molte donne ci sono passate davanti, ma nessuna di loro aveva trasmesso quello che poi ho visto correre lungo l'Annastrasse nella nostra direzione. Una figura stupefacente, gambe lunghe e sottili, abbronzate, in realtà ogni curva era semplicemente perfetta. I capelli lunghi fino alle spalle, con una treccia sul retro, gli occhiali da sole erano solo porno, pantaloni capri bianchi e un top a tracolla stretta. Si è fermata davanti al McDonalds, si è guardata intorno in modo un po' discutibile ed è andata al caffè di fronte a prendere un gelato. Stavo quasi impazzendo, desiderando disperatamente di sapere chi fosse questa granata. Dopo qualche minuto è tornata indietro e si è fermata di nuovo davanti all'ingresso del McDonald's. Sembrava che aspettasse qualcuno. Ha guardato l'orologio due volte e ha mangiato il suo gelato. I minuti passavano e non potevo perderla di vista. Improvvisamente si è voltata verso di noi e ha iniziato a salutarmi spontaneamente e un po' sorpresa. Ho guardato i miei amici con stupore…

«Chi è lei, come fa a conoscermi?
che non può essere»

…Ho guardato dietro di me, a sinistra, a destra. Ora ha persino puntato il dito contro di me e ha annuito. Gesticolavo con le mani in modo discutibile…
«Intendi me?»

...E di nuovo annuì. I miei amici mi hanno detto di mettermi finalmente in carreggiata e di andare da lei. Non l'ho riconosciuta per niente. Solo quando si è tolta gli occhiali e mi ha chiesto di nuovo dell'abbonamento di prova, mi sono subito reso conto di chi fosse questa giovane donna. Cavolo, era davvero molto più alta di me. Con i tacchi alti, più di mezza testa...

«Ok, ora mi prenderò cura
su questo hai proprio ragione,
che tu riceva il giornale,
Lo sto facendo diventare il mio progetto personale».

...Per sicurezza, ho preso il suo numero di cellulare, che in realtà avevo perso di nuovo prima di tornare a casa. Ho cercato in tutto il mio ufficio per oltre tre ore, in ogni angolo, in ogni angolo, in tutti i documenti che non avevo ancora ordinato. In seguito sembrava che fosse esplosa una bomba nel mio ufficio. Ma alla fine ho trovato quello che cercavo. Non credo di aver mai cercato un documento così intensamente come ho cercato questa quella cartolina. Quella stessa sera ho chiamato Katharina, ma non era disponibile. Ha trascorso la notte a casa di un amico. La sera successiva l'ho finalmente sentita al cellulare. Abbiamo parlato al telefono per circa sette ore fino al mattino presto e poi altre cinque ore la sera successiva. Quando la nostra terza telefonata è durata di nuovo quasi sei ore, sapevamo entrambi che probabilmente sarebbe stato meglio se ci fossimo incontrati. Avevamo parlato di tutto in quei tre giorni. Di questo e di quello. E quella donna era in grado di parlare davvero, non era mai a corto di parole, e non parlava di argomenti banali e superficiali. Niente pettegolezzi stupidi, no, argomenti profondi, dichiarazioni ponderate prima di aprire la bocca. Ma avrei potuto anche riascoltarla di nuovo, dannazione. Così abbiamo deciso di incontrarci, e siccome dopodomani era un giorno festivo ad Augsburg, il Festival della Pace di Augsburg l'8 agosto, ho suggerito un viaggio in Italia sul lago di Garda. Lei pensava…

«È tutto matto, è tutto chiacchiere»

…(Katharina me l'ha detto dopo), ma ovviamente si sbagliava. Poco dopo le dieci l'ho incontrata a Schwabmünchen con la mia BMW appena lavata. Ma Katharina ha chiarito fin dall'inizio che questo non era un appuntamento e che aveva un fidanzato che era in vacanza in Croazia. E che le piaceva molto. La cosa divertente è che non avevo nessun secondo fine, e che non mi comportavo in modo prepotente nei suoi confronti. Attraverso le telefonate che avevamo fatto in precedenza, volevo solo conoscerla. Certo che aveva un aspetto fantastico! Ma in realtà ero interessato a lei solo in modo puramente amichevole. E tutto il viaggio verso il lago di Garda, le passeggiate tra gli stretti vicoli di Bardolino, il cibo delizioso in un piccolo ristorante accogliente, sì, molto romantico, su una terrazza ricoperta di edera e cespugli di rose, fino al tramonto e al delizioso gelato. Sì, anche al ritorno non abbiamo mai esaurito la conversazione e nemmeno la noia. Ma nessuno di noi due aveva nemmeno l'intenzione di avvicinarsi all'altro in un modo che fino ad allora era stato solo amichevole. Solo una volta mi aveva davvero sorpreso in modo positivo. Al ristorante ha ordinato spaghetti ai frutti di mare. La maggior parte delle donne che conoscevo ne era piuttosto disgustata. È stato piuttosto figo. Era così semplice fino ad allora. E quando ho preso la mia razione giornaliera di cinque palline di gelato all'amarena per dessert dopo cena, ha chiuso un occhio. Perché a quel tempo ero poco meno di 56 chili e avevo il più alto grado di bulimia. Non pensava che ce l'avrei fatta, ma in pochi minuti avevo mangiato il gelato. Che a sua volta l'ha fatta sorridere con una piacevole sorpresa. Sì, le ho parlato del mio disturbo alimentare dopo soli due giorni. Poco prima delle nove, quando stavamo tornando a casa, sua madre ha chiamato sul cellulare per sapere dove fosse sua figlia. Naturalmente non era molto entusiasta del fatto che la figlia minorenne viaggiasse in Italia con un giovane che in realtà era un perfetto sconosciuto. Ma dopo aver saputo che Katharina stava bene, voleva solo sapere quando saremmo tornati a Schwabmünchen. Katharina aveva 16 anni all'epoca, e viveva nella piccola città a 25 km da Augsburg. Sedici anni, che uno non la guardava, né la notava. Oggi conosco ancora donne che hanno circa trent'anni, ma che si sono fermate da qualche parte nella loro fase di pubertà nella loro testa. Donne con le quali si può parlare solo di Sex and the City, della natura stronza dei loro colleghi di lavoro o dei loro cosmetici. No, Katharina era completamente diversa. Il martedì mattina, il giorno dopo il nostro breve viaggio, la scrittura degli SMS è continuata già al mattino. E ancora prima della pausa pranzo avevamo entrambi un appuntamento per la serata per andare al cinema. Andavamo davvero splendidamente d'accordo. E rispetto alle altre donne, non c'erano restrizioni di tempo a cui doveva attenersi. Soprattutto, non aveva disturbi alimentari. Alla fine siamo finiti in uno dei miei ristoranti italiani pre-feriti, il già citato Ristorante Michelangelo. Ma questa volta non con lo scopo di ordinare una Pizza Italia! All'epoca fre-quentava la scuola elementare di Schwabmünchen e, come vi ho già detto, lavorava come commessa di panetteria. I giorni successivi siamo andati di nuovo al cinema, poi abbiamo cenato di nuovo e abbiamo continuato a divertirci. Giovedì ci siamo organizzati per andare a ballare il venerdì sera, tanto per cambiare. Alla fine è stata la famosa goccia che ha fatto traboccare il vaso. L'ultimo passo mancante per scatenare una valanga di emozioni. Perché quella sera era finalmente, ma anche veramente scoccata la scintilla tra noi due. Ma quello in realtà non lo avevo pianificato o voluto in alcun modo. Il sabato successivo non ci siamo visti, ma naturalmente abbiamo parlato al telefono. Questo perché sua madre non l'aveva vista per tutta la settimana e aveva già sospettato che stava per succedere qualcosa tra noi. Ma la telefonata di quella sera era su un livello emotivo completamente diverso rispetto alle precedenti conversazioni. Le sere prima ci eravamo salutati come vecchi amici, con la promessa di chiamare o scrivere il giorno dopo. Ma non dopo il precedente venerdì sera, quando è scesa dalla mia macchina... I suoi occhi mi hanno trasmesso un forte desiderio di baciarmi... Volevo farlo, ma lei aveva già un altro fidanzato. Un fidanzato che, secondo i suoi racconti, sarebbe stato molto meglio per lei come amico. Un fidanzato che all'epoca aveva un enorme problema di alcolismo, ed è stato proprio questo problema di alcolismo a ostacolare la loro relazione. Entrambi eravamo stati colpiti duramente, ma non volevo incontrarla il giorno dopo. La domenica giocavo sempre a calcio con alcuni amici al Kuhsee. Così ho messo in scena un piccolo teatro e mi sono fatto chiamare da Hansi mentre Katharina era con me domenica. Ma prima le ho mostrato il mio appartamento, i miei conigli e naturalmente il mio mazzo di tarocchi. Dalle nostre numerose conversazioni sapevo naturalmente che avrei guadagnato punti con lei con il mio attuale interesse per l'esoterismo. Ancora una volta, perché era molto interessata alla lettura delle carte e aveva un debole per l'esoterismo. D'altra parte lei stessa aveva due conigli e divenne rapidamente amica dei due coccoloni. Il risultato della telefonata con Hansi è stato che dovevo assolutamente venire a giocare a calcio, perché presumibilmente c'erano troppo pochi giocatori. Alla fine Katharina ha guardato me e gli altri amici dei miei ragazzi giocare a calcio. Il che ha portato al risultato di un aumento del 50% delle mie prestazioni. Comunque, ho giocato sempre meglio comunque, quando ha assistito alle mie partite da allora in poi. È stato un tempo meraviglioso che abbiamo passato insieme. Va anche detto che, ovviamente, si era subito lasciata con il suo fidanzato. Dopo qualche settimana si è più o meno trasferita a casa mia. Siamo stati insieme quasi sempre, e non avevamo ancora finito le cose di cui parlare. Fino a quando, nel cuore della notte, siamo stati impegnati in una conversazione. Naturalmente, ha anche sentito parlare del mio amore per il calcio. Non mi sono trattenuto in alcun modo. E come detto, lei stessa l'ha accettato e in parte ha anche mostrato interesse per esso. Per quanto riguarda l'improvviso trasloco in casa mia, in fondo era contenta di allontanarsi da sua madre. Sua madre, che aveva grossi problemi con il suo fidanzato ogni giorno di nuovo. Katharina non poteva raccontare di un'infanzia particolarmente bella con sua madre. Molto presto, e molto prima dei 16 anni, ha dovuto assumersi la responsabilità di se stessa e di sua sorella. Proprio perché la madre era una vera e propria scocciatura e solo raramente ha rinunciato alla madre che avrebbe dovuto essere e di cui le due ragazze avevano disperatamente bisogno. La madre di Katharina era una donna che attirava magicamente i problemi. E non di rado era da biasimare per le situazioni in cui si trovava. Katharina ha dovuto sopportare un bel po' di colpi del destino anche a causa di sua madre. No, la mia ragazza non aveva una spalla forte che le desse sostegno e conforto. Così è dovuta crescere troppo presto. Ma alla fine, Katharina era diventata una donna forte e padroneggiava la sua vita. Ciò che ci unisce entrambi non è solo la nostra figlia comune oggi. Entrambi siamo caduti ancora e ancora profondamente e siamo tornati ancora più forti. Non mi addentrerò in questo argomento. Katharina aveva ormai solo 16 anni. Era la leggendaria estate calcistica del 2000 e ci siamo incontrati più e più volte per molte coincidenze. Alla fine ci siamo incontrati e ci siamo innamorati. Indipendentemente da ciò che entrambi avevamo già vissuto, indipendentemente dalla nostra differenza di età, dai nostri interessi e da ciò che la gente si è strappata la bocca su di noi. Ad essere onesti, non mi importava allora e non mi importa adesso. È difficile credere a quanti idioti ti girano intorno e continuano a dare la loro opinione non richiesta e indesiderata su un argomento. Su un argomento che li riguarda, se mai, un pasticcio umido. Non tutti questi pazzi hanno i loro problemi. E lasciate che vi dica una cosa, non rimpiango un solo secondo della mia vita. Né i bei ricordi né i cattivi. E io li sostengo al 100%. Così Katharina si è trasferita da me dopo solo due settimane. Tre settimane dopo, abbiamo trascorso un weekend romantico insieme, sempre sul lago di Garda. Era ottobre e nel frattempo faceva piuttosto freddo. Ma non abbiamo avuto molti momenti in cui ci stavamo congelando.

A novembre avevamo passato due settimane a delirare su un gattino nero. Ma alla fine erano tre... due maschi e una femmina... bambini a cui badare, Casimir, Puma e Minka. Anche se Casimir è stato il mio gatto personale fin dall'inizio. Ora, per tornare alla nostra differenza di età. Sì, lei aveva 16 anni e io 23... Se lei avesse avuto 26 anni e io 33, nessun gallo avrebbe cantato o sollevato le sopracciglia. Ed ero così sicuro di me stesso! Perché tutto si era appena sistemato. Era molto sexy, intelligente, orientata alla carriera. Anche lei mi era molto familiare. Sapeva esattamente cosa voleva. E le conversazioni con lei sono state, come già detto, molto più profonde e interessanti di quelle con la maggior parte delle donne avevo incontrato prima di lei. Sono ben consapevole che il suo comportamento e la sua maturità erano dovuti in particolare al suo passato. Questa non vuole essere una giustificazione. Voglio solo che questa storia sia vista dalla giusta prospettiva. Perché gli anni con Katharina sono stati probabilmente uno dei momenti più importanti ed emozionanti della mia vita, che fino ad allora era stata relativamente breve. Non volevo aspettare tre, quattro o cinque anni... Da qualche parte ero davvero sicuro di me stesso, nel profondo del mio cuore avevo semplicemente il desiderio di condividere con lei una fase dannatamente lunga della mia vita. Così una volta a pranzo sono andato in gioielleria da una cara amica e ho comprato un anello in oro 18 carati per Katharina, con pietre bellissime incastonate. A entrambi piaceva l'esoterismo, la magia e tutto ciò che ne derivava. Così quella sera ho messo i miei candelieri in macchina, li ho sistemati al buio sul pontile di Kuhsee e sono tornato a Maxstrasse per andare a prendere Katharina a un evento. A quel tempo faceva ancora la modella a fianco e aveva una presentazione di moda allo Steigenberger Hotel "Drei Mohren". Siamo tornati a Kuhsee insieme, l'ho portata all'imbarcadero, ho acceso le candele... Era abbastanza nebbioso, ma la luna piena era ancora visibile... E alla fine ha detto "Sì".

Il raggiungimento delle semifinali di Coppa UEFA, e il terzo posto finale nel campionato italiano, è stato soddisfacente, considerando quanto sia stato miserabile il Milan 01/02 in alcune parti. La squadra aveva un vero potenziale con Pirlo, Gattuso, Sheva e Rui Costa. E con pochi nuovi acquisti, avrebbero potuto anche essere i favoriti per la Champions League nella nuova stagione. E come i rossoneri avrebbero dovuto colpire sul mercato dei trasferimenti! Francesco Coco è stato ceduto all'Inter per Clarence Seedorf. Rivaldo, ex calciatore mondiale del 1999 e campione del mondo in carica del Brasile, è stato sostituito dal Barcellona. Il veterano di Roma, e capitano della Lazio, Alessandro Nesta, uno dei migliori difensori al mondo, è arrivato per quasi 30 milioni di euro. Anche Dario Simic, l'internazionale croato, che si è unito a noi anche dall'Inter, doveva sostenere la difesa. L'ultimo importante trasferimento è stato effettuato da Jon Dahl Tomasson, che si è trasferito il Milano senza essere sostituito dal fresco vincitore della Coppa UEFA Feyenoord

Rotterdam. Ma questo l'ho già detto prima. Quindi non c'era bisogno di fare grandi cambiamenti all'obiettivo. Nessun altro titolo era più importante per il Milan della corona europea. E dopo nove lunghi anni di astinenza nella cerchia dei favoriti per il titolo, la squadra desiderava questo ambito trofeo. E diavolo, stava per arrivare il momento di Sheva. È stato il successore personificato del leggendario Marco van Basten. La nostra sete di un solo titolo era immensa ed ero praticamente sicuro che nessuno avrebbe potuto fermarci in quella stagione.

Prima fase di gruppo

Mio Dio, siamo stati fortunati. Dopo il terzo posto dell'anno precedente, siamo arrivati a malapena al turno di qualificazione per la Champions League. Ma a causa della supremazia di essere sempre tra i primi tre campionati europei più forti, abbiamo dovuto giocare solo nel terzo turno di qualificazione. Il nostro avversario era Slovan Liberec dalla Slovacchia. Quello che sembrava così semplice sulla carta stava per rivelarsi un vero e proprio thriller. A San Siro il Milan ha segnato un magro 1-0, che alla fine è stato sufficiente nonostante la sconfitta per 2-1 a Liberec. Avevo una strana sensazione prima della seconda tappa. L'1-0 a Milano non è stato davvero un granché. E ci sono sempre i miracoli del calcio. Perché la partita non è stata trasmessa da nessuna parte e non ho potuto ascoltare la radio quella sera -. Quella sera io e Katharina siamo stati invitate a cena a casa di un'amica - ho chiesto all'ufficio informazioni internazionale di darmi il numero di telefono di un qualsiasi bar sportivo di Milano, ho chiamato lì nel tardo pomeriggio e ho descritto la mia situazione attuale, non potendo tenermi aggiornato sulla partita e sui suoi progressi. Naturalmente, la partita è stata trasmessa in Italia su Sky, la Pay-TV italiana. Così ogni 15 minuti sono sgattaiolato via durante la partita... a volte alla toilette, a volte sul terrazzo, e telefonavo al bar di Milano.

Il Milan aveva mostrato molte facce in tutti questi anni da quando mi ero innamorato di quella squadra. E io personalmente non avrei portato nessuno dei giocatori ai rossoneri. Ma tra il 2003 e il 2005 abbiamo avuto una squadra davvero forte, la migliore squadra che credo la maglia nera e rossa abbia mai rappresentato. Di conseguenza, desideravo tanto vincere di nuovo la Champions League. Me lo ricordo ancora bene. Era un martedì, 20.05.2003. La stagione in corso era quasi finita, perché la Juve era già incoronata campione d'Italia a quel punto. Il Milan, come l'anno precedente, era arrivato terzo in classifica. E anche se la Juve aveva nove punti di vantaggio dopo l'ultima giornata di gioco, per i miei ragazzi è stata una stagione completamente diversa. Il Milan aveva ancora tre partite importantissime in programma. E con il posto di qualificazione alla Champions League già in tasca, l'ultima giornata di gioco a Piacenza è stata l'ombra di questa squadra eccezionale. 20.05.2003: Prima tappa della finale di Coppa Italia a Roma. 28/05/2003: Finale di Champions League contro la Juventus a Manchester. E il 31.05. la seconda tappa della Finale di Coppa Italia a Milano contro la Roma.

Quel martedì sera mi ero preso una pausa extra. Niente appuntamenti, niente stress. Katharina era alla scuola serale. Solo io e il mio piccolo tesoro eravamo a casa da soli. Ho messo a letto Farina poco prima delle 20, e mezz'ora prima dell'inizio della partita mi sono seduto in poltrona in salotto, completamente rilassato e pieno di aspettative, in attesa della prossima finale. Che anno, che stagione folle. E mai prima di allora ero stato così profondamente coinvolto come lo ero stato quell'anno come fan. Nell'estate del 2002 lavoravo ancora a Photo Porst. Ma ero già sul punto di lasciare l'azienda, che era già stata trasformata in franchising. Engin Tezel, il mio capo, aveva rilevato il negozio, e mi era chiaro fin dall'inizio che non avrei avuto prospettive o opportunità di svilupparmi. Farina aveva ormai un buon anno e ci eravamo trasferiti a Schwabmünchen in campagna. Da un lato, Katharina ed io eravamo d'accordo che la vita di campagna avrebbe fatto del bene a nostra figlia. D'altra parte speravamo in un sostegno da parte della madre di Katharina. Da parte mia speravo segretamente che Farina avrebbe dato un nuovo contributo positivo al rapporto di Katharina con la madre. Ma la madre di Katharina non aveva riconosciuto questa possibilità. E devo dire in secondo tempo molto chiaramente che questa mossa è stata un grave errore. Da un lato, ho quasi completamente perso i contatti con i miei amici, dato che ero costantemente al lavoro e la distanza da Augsburg era di ben 30 km. D'altra parte, mi sono messo sempre più nei guai con Katharina, quando sono arrivati sempre più problemi familiari e finanziari. Per descrivere la situazione un po' più esattamente: Non ho avuto il successo desiderato con il mio nuovo lavoro di commerciante finanziario e assicurativo. Sono stato nominato responsabile di zona che avrebbe dovuto occuparsi dei clienti trascurati. Questo file era composto esclusivamente da clienti C. Clienti che non erano realmente interessati a firmare un accordo. Per lo più disoccupati, studenti e pensionati. Ed è proprio a questo gruppo target che avrei dovuto vendere i contratti della società edilizia. In realtà l'azienda era destinata a fallire fin dall'inizio. Perché anche se ero un ottimo venditore, non riuscivo a conciliare questo con la mia coscienza. L'industria immobiliare e il finanziamento, questo sarebbe stato l'argomento che avrebbe suscitato in me un vivo interesse. Non vendere i contratti della società edilizia a ex clienti che non erano solvibili. Un'ulteriore attività secondaria, come la promozione e le ricerche di mercato, mi è stata vietata dal mio nuovo datore di lavoro, anche se sono stato assunto come rappresentante di vendita indipendente. Ad un certo punto, però, le cose sono diventate impossibili e ho dovuto lavorare di nascosto come promotore per Debitel alla Galeria Kaufhof di Monaco di Baviera sullo -Stachus-. Anche la casa a schiera che abbiamo affittato a Schwabmünchen non era esattamente economica, poi le spese di viaggio giornaliere per la mia auto ad Augsburg. Katharina aveva poi bisogno di una babysitter durante la settimana dalle 17 in poi, perché stava frequentando scuola serale di Augsburg. E come singolo salariato è stato ovviamente molto difficile. Il mio datore di lavoro mi ha dato uno stipendio fisso mensile, ma dopo aver detratto tutti i costi, non potevo fare a meno di un lavoro part-time. Inoltre, il contratto prevedeva anche che dopo i primi 12 mesi questo stipendio fisso non venisse più corrisposto. In questo periodo avrei dovuto costruire la mia base di clienti e dovevo essere abbastanza in forma per sopravvivere almeno senza questo stipendio fisso. Ora ho avevo questi costi immensi e una giovane famiglia da un lato. Dall'altra parte una fila di clienti che era come un mucchio di rottami metallici. Come diavolo avrei dovuto metterlo in ordine? Ricordo ancora le innumerevoli notti insonni. Sì, questo nuovo lavoro come venditore finanziario sul campo è stato il più grande errore professionale della mia vita. Forse è per questo che ero spesso piuttosto teso, ho fatto un gran casino e ho fatto da una mosca un elefante. Ma mi mancava anche un po' di sostegno da parte di Katharina. Di solito mi occupavo di cucinare la sera e mi era anche richiesto di occuparmi del bucato per la maggior parte del tempo. Mi sono sentito un po' deluso da questo punto di vista. Se tornate a casa la sera dopo 10 ore di lavoro e dovete anche occuparvi della casa. Ma non è stata colpa di Katharina, ma di sua madre, che era sempre sul tappeto quando non ero a casa. A un certo punto ho scoperto dalla nostra vicina che andava a prendere Katharina e mia figlia quasi tutti i giorni, poco dopo che ero uscito di casa. Non ero felice nella mia situazione attuale. Ma io stesso non sono stato in grado di affrontare adeguatamente i problemi con Katharina. Eravamo entrambi ancora così dannatamente giovani e forse avevamo voluto troppo dalla vita troppo presto e troppo in fretta. Naturalmente avrei potuto avere più sostegno dai miei genitori, ma non volevo fare il discorso dipinto di nero e odioso di loro due alle mie due ragazze e a me stesso. Forse la vicinanza, la breve distanza dai miei genitori è stato anche un motivo per fuggire in campagna con la mia famiglia, solo per guadagnare distanza. Perché Katharina non voleva davvero lasciare Augsburg, è stata soprattutto una mia idea. Dopo gli ultimi anni ad Augsburg, desideravo solo un po' di pace e di tranquillità per me e per la mia giovane famiglia. Ma questo piano, questo semplice desiderio, minacciava di andare sempre più male. Ma alla fine è stata anche colpa mia. Proprio perché ho messo la testa nella sabbia troppo presto e non ho saputo affrontare i problemi.

A quel tempo non conoscevo ancora l'animale che dormiva dentro di me. L'animale che può lottare così duramente per i suoi sogni. Questo non si arrende mai ed è più forte quando i problemi sembrano insormontabili. Ci volle un bel po' di tempo prima che questo lato di me uscisse fuori. Con il senno di poi, ci sarebbero stati dei modi per evitare la crisi. La madre di Katharina non era del tutto irreprensibile nei problemi, come già detto. Tra le altre cose, ci aveva promesso una grossa somma di denaro per il nostro matrimonio. Non che ci aspettassimo molto dai nostri ospiti. Ma alla fine nemmeno un biglietto d'auguri è arrivato da lei. In confronto, anche mio fratello ha raggiunto un punto culminante assoluto. Da lui e dalla sua prima moglie abbiamo ricevuto solo biancheria da letto. Ora credo di non dover dire altro. Ma io e Katharina non ci siamo sposati per i regali o per i soldi. No, ci amavamo davvero. E non mi sono mai pentito del nostro matrimonio, anche se non ce l'abbiamo fatta insieme... Ma oggi, un decennio dopo tutta questa follia, posso anche riderci sopra. Perché è stato anche un buon momento e un momento di follia. Prima ancora di iniziare la mia nuova carriera nel 2003, ho avuto una breve performance come ospite al nuovo Media Markt di Augsburg. Tuttavia, questa apparizione è durata solo due settimane. Un ringraziamento speciale al mio destino per questa esperienza! Sono stato attirato da Photo Porst, ma questo prima che la società fallisse. Quindi ero un giovane padre di famiglia, dovevo trovare un nuovo percorso professionale, niente andava così bene e facilmente come prima del mio matrimonio e negli ultimi anni. Ma per fortuna avevo ancora il Milan per compensare la mia tranquillità. E poi stava per iniziare un grande spettacolo. Così l'ultima stagione 2001/02 si è conclusa con il terzo posto in Serie A. E si è qualificata per la fase a gironi qualificandosi. Il giorno dell'estrazione il mio telefono era caldo. Gli SMS sono arrivati incessantemente da Pino, Gordan, Bennie e Rado. Oltre a Lens, il rappresentante francese, e al Deportivo La Coruña dalla Spagna, eravamo stati sorteggiati per l'FC Bayern Monaco. Ed è stato un sogno senza martello. All'epoca non avevo paura di un solo avversario in Europa. Ci eravamo rafforzati a tal punto che niente di meno di un attacco al sesto titolo di Champions League sarebbe stato troppo poco. Da quel momento in poi, c'è stato quasi un solo argomento per me e oggi posso ben capire che ho spesso turbato Katharina in queste settimane. Perché è successo anche che la mia prima parola dopo il risveglio non è stata "Buongiorno" ma... solo pochi secondi dopo il risveglio, la mia prima parola è stata **"Milan"**. È comprensibile che Katharina non sia riuscita ad entusiasmarsi. La tensione prima della partita era ancora più alta dopo che i bavaresi hanno perso la loro prima partita in casa contro il Coruña e sono riusciti ad ottenere solo un pareggio 1:1 a Lens. La terza partita contro il Milan è stata una vittoria per tutti, se non verranno eliminati dopo tre partite. Ma il Milan è arrivato a Monaco con sei punti da due partite, e i ragazzi sapevano di avere la possibilità di fare un grande passo avanti verso la seconda tappa a gironi. Ma sapevano anche che avrebbero dovuto affrontare i bavaresi con un colpo mortale morale con un'altra sconfitta. Eravamo in viaggio per Monaco di Baviera abbastanza presto quel pomeriggio. Non volevamo bruciare nulla e volevamo arrivare a Monaco presto e rilassati. Rado, Bennie, Gordan e mio padre. Noi cinque siamo andati in macchina allo Stadio Olimpico, pieni di aspettative e con la voglia di un grande Milan. I soliti successi del calcio italiano sono usciti dalla mia autoradio. E la mia BMW era naturalmente ben equipaggiata con bandiere e sciarpe per il viaggio. Una cosa era assolutamente chiara a tutti noi quel pomeriggio. Il Milan non avrebbe perso questa partita. Anche se giocatori come Kahn, Scholl, Elber, Pizarro, Ballack o Ze Roberto erano tra la squadra del Bayern. Con il Milan si è sviluppata a centrocampo una potenza ludica che avrebbe dovuto conquistare il mondo negli anni successivi). Il playmaker e il suo portatore d'acqua... Ivan Gennaro Gattuso e Andrea Pirlo (sottolineo qui il termine portatore d'acqua con una matita d'oro e il massimo rispetto, probabilmente da parte di tutti gli italiani) e con i due in campionato per completare la Santissima Trinità, l'indimenticabile Clarence Seedorf. La Perla Nera era passata al Milan a inizio stagione in cambio di Francesco Coco. Aveva già abbastanza esperienza in Champions League. Con Ajax e Real aveva già vinto una volta la Coppa dei Campioni. Secondo un articolo di stampa, però, era stato troppo creativo per l'Inter. Beh, l'abbiamo preso con un bacio della mano. Sheva purtroppo si è infortunato, ma abbiamo sperato fino alla fine che Ancelotti avesse una sorpresa per noi. Ma purtroppo non è stato così. Ma la formazione iniziale non lasciava nulla a desiderare. Con Rui

Costa, Inzaghi e Rivaldo avevamo abbastanza qualità offensive da offrire. Non ho bisogno di dire molto di più sul bastione del reparto difensivo quando faccio i nomi. Nesta, Maldini, Simic, Kaladze! Oh, non vedevamo l'ora che arrivasse lo Stadio Olimpico. A proposito, mio padre non aveva nulla da dire in anticipo. Per me era ovvio che sarebbe venuto. Dopo aver visto la mia prima partita di AC con lui nella stessa sede, 13 anni prima, non mi è venuto in mente nient'altro. Le mie motivazioni avevano certamente un retrogusto superstizioso. Era una fresca serata d'autunno, ma nessuna traccia di pioggia. La casa è stata venduta, e questa volta siamo stati alloggiati nella Curva Nord. Naturalmente, ho prestato particolare attenzione a questo aspetto nella fase di preparazione alla gara. Perché ovviamente sapevo che la maggior parte dei tifosi del Milan si sarebbe radunata lì. Mio padre non ne era affatto entusiasta e naturalmente mi ha chiesto perché non avessi comprato i biglietti per il rettilineo del retro, dove eravamo seduti 13 anni prima. A quel punto, naturalmente, gli ho detto le mie ragioni, che naturalmente non gli sono piaciute molto. Ma non mi importava affatto. Volevo essere tra i miei amici, la mia famiglia milanese e quanti più italiani possibile. E quella sera ce n'erano parecchi. Quasi tutta la Curva Nord era stata occupata dai nostri pari. Dovremmo davvero vivere un gioco memorabile. Naturalmente il Milan non ha messo il Bayern contro il muro. È stato un gioco prevalentemente equilibrato con opportunità da entrambe le parti. Eppure si capiva subito che il Milan era molto difficile da battere. I bavaresi di Monaco di Baviera hanno naturalmente cercato di porre fine alla loro falsa partenza nella terza giornata della fase a gironi, ma hanno avuto una delle migliori squadre del mondo contro l'AC. Nel primo tempo i bavaresi hanno avuto più partita. Ovviamente mancavano le possibilità di segnare il punteggio. I tiri a distanza sono stati la ricetta con cui la squadra di casa, soprattutto Michael Ballack, ha cercato di ottenere l'AC. Nel secondo tempo la partita è stata più equilibrata.

Il Milan è uscito dalla pausa in modo più aggressivo, e dopo una splendida doppietta tra Seedorf e Rivaldo a sedici anni, Inzaghi ha dovuto solo spingere per fare 1-0. Ma questo è stato preceduto da un sensazionale pass di Seedorf. Avevamo ottenuto i posti migliori allo stadio. Perché eravamo seduti proprio dietro il gol dove era stato Oli Kahn nella seconda metà della partita, e siamo andati completamente fuori di testa con il tifo di Inzaghi, che come tutti sappiamo è stato inimitabile. Ma la gioia del vantaggio è durata solo 3 minuti, mentre Pizarro ha pareggiato al 54° minuto dopo un cross da Salihamidzic a un meritato pareggio 1-1. La Baviera ha provato ancora da lontano. Entrare in area di rigore è stato tutt'altro che facile contro questa difesa di livello mondiale. Il Milan, invece, non ne ha avuto abbastanza da centrocampo quella sera. Ancelotti, però, era determinato a vincere la partita a tutti i costi e ha riconosciuto la situazione, portando al 76° minuto per Pirlo, il velocissimo brasiliano Serginho, che ha reso la partita italiana molto più veloce. E solo 7 minuti dopo, dopo un fantastico passaggio nella zona di Seedorf, Serginho, con il tacco passato sulla linea centrale, è entrato davvero in azione, è passato sulla sinistra, croce perfettamente cerchiata sulla testa di Inzaghi... E Kahn è stato battuto una seconda volta. Naturalmente, siamo di nuovo impazziti. perché sapevamo che la vittoria era nostra. Milan 9-0 punti, 8-2 gol, Bayern 0-9 punti, 3-6 gol... Una perfetta immagine da tavolo nei miei occhi. Ma la serata era tutt'altro che finita per noi dopo il fischio finale. Naturalmente ci siamo recati all'ingresso dei vigili del fuoco a lato dello stand principale, dove i giocatori correvano verso gli autobus dalle cabine. Ulli Potofski, all'epoca giornalista di RTL, presente anche lui con la sua squadra di cameraman per intervistare alcuni giocatori del Milan, è stato così preso dai nostri canti dei tifosi che, mentre aspettavamo i nostri preferiti, ci ha intervistato brevemente e ci ha fatto domande sugli attuali star del Milan. La mia maglia, che avevo con me a Berlino, su cui Robby Baggio e Marco Simone sono stati i primi giocatori ad essere immortalati, non poteva certo mancare quella sera. E tutto il divertimento è stato poi trasmesso in diretta su RTL. Naturalmente avevo questa maglia con me a Monaco di Baviera e ci avrebbero dovuto esserci molte più firme questa sera. Inzaghi, Kaladse, Simic, Dida, Maldini, Serginho, Nesta per citarne solo alcuni. Sì, è stata una serata perfetta! Già sulla via del ritorno ad Augsburg abbiamo fatto progetti per la prossima successiva tappa di gruppo e speravamo di incontrare Dortmund. Perché con i borussiani avevamo ancora un conto in sospeso. Questa partita contro i bavaresi è stata la prima volta in assoluto che noi cinque, compreso mio padre, abbiamo visto una partita di calcio insieme. E non doveva essere l'ultima. Solo tre settimane dopo, dopo un'altra vittoria in 2:1, il Milan ha potuto giocare in casa allo stadio Giuseppe Meazza (per i tifosi del Milan sarà sempre lo stadio di San Siro. Lo stadio si chiama ufficialmente Stadio Giuseppe Meazza e si trova nel quartiere di San Siro. Una leggenda che risale all'VIII secolo fa di Siro un discepolo di sant'Immagora, discepolo di Pietro e primo vescovo di Aquileia. Hermagoras mandò Siro (Syrus), insieme a Juventius, a Pavia (allora Ticinum Papiae), dove Siro divenne vescovo), attraverso i bavaresi di Monaco, per prenotare il biglietto per la seconda tappa a gironi. Le ultime due partite senza senso contro Lens e La Coruña sono state entrambe perse, ma la vittoria di gruppo è stata la nostra dopo la quarta partita di gruppo.

Questa stagione 2002/03 è diventata sempre più un concerto di auguri per noi. Infatti, abbiamo avuto i borussiani di Dortmund oltre al Real Madrid, di cui avrei voluto fare a meno. Il quarto avversario era allora il Lokomotive Mosca. Martedì 26 novembre 2002: le due squadre di club di maggior successo al mondo sono arrivate a San Siro. Il Milan ci ha mostrato il suo vero volto per la prima volta, secondo me. Nel primo tempo era ancora uno scambio di colpi aperto, ma al 40° minuto Sheva ha segnato l'unico gol della serata con un contrattacco dopo un passaggio del suo stesso tempo lungo quasi 40 metri. Nel secondo tempo i rossoneri avrebbero potuto facilmente segnare altri due o tre gol. Avevano il cento per cento di possibilità di segnare, e ne avevano abbastanza. È stato un gioco di altissimo livello. Il grande reale, i campioni in carica con Zidane, Morientes, Roberto Carlos e Raul, sono stati messi al loro posto. E la partita successiva, che ora era in palio, l'11 dicembre, è stata la vendetta per l'umiliazione 4-0 del 4 aprile. Non era passato un secondo dopo il sorteggio per la seconda fase del gruppo, e tutti e quattro sapevamo che saremmo andati ai mercatini di natale di Dortmund il pomeriggio dell'11 dicembre. E così è avvenuto. Avevo già coinvolto Katharina da molto tempo, e naturalmente conosceva ognuno dei giocatori del Milan per nome. Ma aveva seguito le partite dell'AC con me per molto tempo. Credo che la prima volta che l'abbiamo fatto insieme sia stata quando Rado è venuto da me per festeggiare il derby contro l'Inter, che è stato vinto in modo impressionante 6-0 (2x Sheva, 2x Comandini, Giunti e Serginho). Sì, non dimenticherò mai quella sera. Uno spettacolo pirotecnico di gol, Serginho, Sheva e Co. in preda alla frenesia. Seedorf giocava ancora per l'Inter... Bene allora, Rado, Bennie ed io siamo andati a Dortmund l'11 dicembre. Gordan voleva unirsi a noi allo stadio. Non era ad Augsburg, così ha preso il treno e ha voluto proseguire per Amsterdam. E ancora una volta, i numeri hanno giocato un ruolo non indifferente, perché le temperature si sono casualmente adattate alla data. Prima di arrivare a Dortmund e sapere esattamente cosa aspettarsi, abbiamo fatto una sosta a Meinerzhagen con i nonni di Katharina. Dopo una breve visita e una sostanziosa zuppa calda, abbiamo continuato il nostro cammino verso il nostro grande obiettivo. Sì, la zuppa è stata pianificata con fermezza, perché i meno 11 gradi erano davvero insopportabili. Al mercatino di Natale ho bevuto del vin brulé, ma questo non mi ha aiutato affatto. Al contrario, l'alcol assorbe l'acqua. Ma purtroppo non lo sapevo all'epoca. Stavamo congelando come cani, anche se eravamo avvolti in un involucro molto caldo. Avevamo con noi tre paia di calze, magliette, maglioni e giacche. Già prima dell'inizio della partita sono andato alla toilette dello stadio, mi sono tolto calze e scarpe e ho provato a strofinarmi i piedi con le mani per riscaldarmi. Gordan si era unito a noi allo stadio poco prima dell'inizio della partita e in qualche modo era riuscito a far passare di nascosto due bottiglie di vodka oltre la sicurezza. Oh Dio, il freddo può essere così fottutamente doloroso. Soprattutto se ti piace il cemento. E nonostante le fredde temperature, lo stadio era completamente esaurito, come al solito. Ma, a differenza della primavera, quella sera non abbiamo visto alcuno spettacolo pirotecnico offensivo. Un gioco molto tattico, senza grandi risultati. Nella pausa dell'intervallo io e Bennie abbiamo iniziato a fare jogging in piedi, che ha portato la temperatura corporea alla normalità dopo 10 minuti e i piedi non ci facevano più così male per il freddo. Ma poi ho avuto la grande idea di procurarmi una salsiccia, Rado e Gordan sono rimasti al loro posto, io e Bennie abbiamo iniziato a cercarla. Purtroppo non siamo tornati in tempo per il calcio d'inizio del secondo tempo e abbiamo mancato l'unico gol della serata. Inzaghi 1-0 al 49esimo minuto. Nonostante tutto il viaggio ne è valsa la pena. Dopo due partite, eravamo in cima al tavolo con il massimo di sei punti e ora avremmo avuto gli avversari presumibilmente più facili nel gruppo a Milano la primavera successiva. Contro la Lokomotive Mosco abbiamo avuto in realtà due vittorie per 1-0 non spettacolari. La seconda partita contro i russi si è giocata a Mosca, con temperature che non permettono di mandare un cane a prendere un buon pasto. Durante questa partita ho partecipato a un corso di formazione finanziaria del mio datore di lavoro vicino a Ingolstadt. E questo non doveva essere l'ultimo corso di formazione che si sarebbe dovuto svolgere. Il mio supervisore, tuttavia, ha avuto l'opportunità di concordare con me in anticipo il periodo del seminario. Perché una cosa mi era assolutamente chiara, le partite ad eliminazione diretta a Milano! Sicuramente ne avrei guardato uno o due con i miei ragazzi. Naturalmente c'è sempre stata una storia finanziaria. Ma da quando ho messo a disposizione la mia auto, le altre spese per la benzina e il pedaggio sono state coperte. Dopo la quarta giornata di gara della seconda fase a gironi, il Milan si è saldamente qualificato per la fase a eliminazione diretta. E il concerto dei desideri è continuato. Nei quarti di finale abbiamo avuto a che fare con il rappresentante olandese Ajax Amsterdam. Dolorosamente, alcuni tifosi del Milan ricorderanno la stagione 1994/95 quando hanno perso 2-0 contro l'Ajax per due volte nella fase a gironi di Champions League e poi non sono riusciti a difendere il loro titolo 1-0 in finale per la terza volta contro gli olandesi. Erano passati otto anni da quella finale. Da quel momento, ad Ajax rimasero solo Litmanen, con Maldini e Costacurta di Milano a fianco. L'Ajax ha davvero fatto scalpore in questa stagione. Con il giovane Ibrahimovic, Van der Vaart e Sneijder, avevano lasciato dietro di sé squadre come Roma, Arsenal e Lione. E devo ammettere che ho davvero sottovalutato questa squadra. Quando ho invitato i miei ragazzi alla prima partita dei quarti di finale a Schwabmünchen, ero sicuro che avrei vissuto una gara di tiro italiano. ma le cose sono andate diversamente. Entrambe le squadre si sono separate con un 0-0 all'Amsterdam Arena, quindi la posizione di partenza per la seconda tappa è stata chiara. Il Milan si è goduta il diritto di casa. Ma l'Ajax non doveva necessariamente vincere. Bennie e Rado sono andati a Milano per la seconda tappa. Purtroppo Pino e Gordan hanno dovuto lavorare. Il 23 aprile è stata una bella giornata di primavera a Milano. Qui ad Augsburg non si poteva andare in giro senza la giacca invernale. Così ci siamo goduti per la prima volta al Duomo di Milano, dopo aver ovviamente comprato i biglietti al mercato nero di fronte allo stadio, le prime signore carine e leggermente vestite di quest'anno. Era davvero solo per guardare! Nel pomeriggio abbiamo preso il tram per tornare allo stadio di calcio. Mancava ancora molto tempo all'ingresso dello stadio, quindi posso dire per esperienza che se si passa un po' più di tempo a Milano, si dovrebbe assolutamente assistere ad una corsa di cavalli nel quartiere di San Siro, vicino al tempio del calcio. Davvero molto raccomandata! Sicuramente ci siamo seduti sulla tribuna per una buona ora e abbiamo lasciato che i caldi raggi del sole splendessero su di noi durante la gara. Ebbene, più ci avvicinavamo alle ore serali, più grande era la nostra impazienza e il nostro nervosismo. Certo, eravamo consapevoli di quanto fosse forte la nostra squadra. Ma anche l'Ajax sapeva giocare a calcio. Non si trattava più di un gioco di gruppo in cui si poteva calcolare con i punti o permettersi un lapsus. Questa era la seconda tappa dei quarti di finale. Tutto o niente! Siamo entrati nello stadio abbastanza presto, in realtà quando sono state aperte le porte. Bennie, che era (è) davvero un grande fan dell'Bayern, non ha perso l'occasione di acquistare una maglia del Milan di Inzaghi come souvenir di Milano. In realtà era andato tutto alla perfezione. Ok, i biglietti non erano non erano così ottimali perché abbiamo ottenuto i biglietti per il terzo anello, in cima alla curva. Il secondo anello blu, dove c'erano le Milan-Ultras, era naturalmente esaurito. Ma questo non ci ha dato fastidio. Perché più di una volta abbiamo scavalcato il divisorio di vetro, oltre il pozzo del tunnel, in seconda posizione. Solo che questa volta Bennie era con noi. Si è buttato nel pozzo, ma a causa dei problemi alla schiena e del suo sovrappeso è stato un problema tirarlo fuori di lì. Beh, mi sentivo davvero nauseato, in realtà stavo per avere un attacco di panico! Perché non sapevo quanto fosse realmente stabile l'albero. Bennie pesava oltre 110 chili, e se la cosa si fosse rotta nel punto in cui eravamo, saremmo precipitati a diversi metri di profondità... A cui non credo saremmo sopravvissuti. Rado era già sul muro in seconda fila e aveva già delle perle di sudore sulla fronte. Fin troppo bene che la nostra azione è passata inosservata. Ho raccolto tutte le mie forze e ho fatto una scala per Bennie. Con le ultime forze, quando era già appeso alla ringhiera, ho spinto di nuovo dal basso. Rado gli ha tirato le braccia. E insieme siamo arrivati all'anello centrale. Alla fine siamo rimasti seduti sul muro, perché non c'era davvero nessun posto da vedere in lungo e in largo. Lo stadio era completamente esaurito e avrebbe dovuto vivere un altro spettacolo di quella stagione di Champions League. Inzaghi ha messo i rossoneri in testa dopo solo mezz'ora, ma ha perso l'occasione di mettere il coperchio sulla partita ed è diventato sempre più spericolato. Litmanen ha quindi fornito il meritato pareggio al 63° minuto. Ma solo due minuti dopo, dopo uno splendido attacco a sinistra di Inzaghi, Sheva si è diretto verso un altro vantaggio. La semifinale è stata di nuovo pesata troppo presto, ma l'Ajax ha combattuto e non ha voluto arrendersi. Così Pienaar ha pareggiato di nuovo al 78° minuto. Mancavano solo 15 minuti, dannazione. Questo non doveva succedere. Ero SICURO di vincere la Champions League con il Milan anche quest'anno. Ancelotti ha dovuto agire e ha portato un nuovo attaccante per la difesa Simic, all'82° minuto, con Thomasson. Il tempo passava senza sosta e lentamente abbiamo perso la speranza. Quando mancava solo un minuto all'infortunio, ho chiesto a Rado e Bennie di andarcene. Completamente delusi dall'uscita dei quarti di finale, anche vicino alle lacrime, siamo saltati giù dal muro e siamo andati verso l'uscita, lanciando qualche altro sguardo di speranza sul campo... Il Milan aveva il possesso palla, altezza del centrocampo. Mancavano solo pochi secondi...

«non succede più niente»
...Ho detto ai ragazzi. In quel momento, mentre ci giravamo verso l'uscita, totalmente sconvolti, gli spettatori dello stadio si alzavano improvvisamente con grida di speranza, si faceva sempre più forte... ci giravamo verso il campo... la palla veniva da Maldini a centrocampo, fiancheggiata dalla linea dei sedici metri, Ambrosini allungava la testa a Inzaghi... E quest'ultimo lanciava la palla su Lobont, il portiere dell'Ajax, in porta. Thomasson aveva ancora la punta del piede, ma la palla sarebbe entrata comunque. Tutta la folla della curva a ventaglio, noi compresi, si è riversata sul campo con grida assordanti. Ci siamo sdraiati l'uno nelle braccia dell'altro con dei completi sconosciuti e non potevamo credere all'incredibile cosa che è appena successa. Per la nostra prima partita di Champions League a Milano è stato un degno battesimo del fuoco. E sarebbe dovuto succedere molto di meglio. L'Ajax è stato eliminato! Il modo in cui questa vittoria è arrivata deve essere stato il calcio finale per padroneggiare le ultime tre partite sulla via del trionfo totale. E ora, in semifinale, le partite di tutte le partite erano in programma. Milan contro Inter e Real Madrid contro Juventus. Mio padre non era affatto entusiasta che io andassi a Milano con i miei ragazzi per il ritorno della semifinale. Ma naturalmente non mi importava affatto. Aveva il suo vecchio atteggiamento. Lavoro e casa per la famiglia. In sostanza, era completamente al di fuori dei tempi. Le discussioni erano inutili, mia madre aveva sperimentato questo con lui per anni. Era sempre e contro il volere di tutti. È un uomo testardo. I miei ragazzi

hanno condiviso con me la stessa opinione. Non saremmo stati in grado di viaggiare fino al possibile finale a Manchester. Sarebbe stato al di là dei nostri mezzi. Così è stato concordato.

Pino, Rado, Gordan ed io siamo andati di nuovo a Milano il 13 maggio 2003. Al gioco di tutti i giochi. Sicuramente le due squadre avevano combattuto un anno di accese battaglie a livello nazionale. Ma ora le semifinali di Champions League erano all'ordine del giorno. E come il diavolo vuole, il mio supervisore mi ha iscritto ad un seminario sulle assicurazioni sulla vita proprio questa settimana... -Vaffanculo-! Ho pensato tra me e me. Costantemente stressarsi con i clienti che non hanno comunque un centesimo in tasca. E ora il seminario durante le semifinali. Quella settimana mi sono dato malato, sono andato a Milano con i miei ragazzi e ho assistito a una vera e propria battaglia a San Siro. Dev'essere stata un'emozione noiosa per gli estranei. Per i tifosi di quei club del Milan è stato un inferno. Le opportunità di punteggio scarseggiavano. Entrambe le partite sono state giocate al massimo livello tattico. ...e molto combattivo. L'Inter giocava in casa. I tifosi del Milan erano solo nel secondo anello blu... Quindi per noi, poco meno di 60.000 Interisti a sangue caldo. Biglietto d'ingresso al mercato nero, abbastanza umano 190 DM. Materazzi, difensore dell'Inter e tifoso confessante dell'Inter è entrato provocatoriamente nella nostra curva prima dell'inizio della partita, ci ha voltato le spalle e ha guardato la sua curva dell'Inter pieno di orgoglio... Naturalmente, ha ricevuto dalla nostra curva un doveroso concerto di fischi e canzoni come...

«Maaaa-te-razzi... figlio di puttana»,

...è stato mozzafiato. L'aria nello stadio sembrava bruciare. C'era una tensione nell'aria che non avevo mai provato prima in una partita di calcio in uno stadio... Quando i protagonisti sono entrati in campo, le due ultra-curve hanno creato una coreografia indescrivibile. Inter, su tutta la curva un enorme striscione con sopra il suo stemma, un cobra. E il Milan, il Duomo di Milano su uno striscione con i colori del club nero e rosso. La pelle d'oca su tutto il corpo, e l'indicibile sensazione di sapere di aver fatto tutto bene quest'anno. Facevamo parte di questa virilità. Li abbiamo accompagnati nel loro viaggio. E questo viaggio non avrebbe dovuto e non sarebbe potuto finire. Sheva ha preso il comando poco prima della pausa del 45° minuto. L'Inter ha davvero provato di tutto nel secondo tempo per invertire la tendenza. Dopo la pausa, Recoba ha portato Martin in gioco. Ma ha segnato il pareggio solo 6 minuti prima della fine. In sostanza, abbiamo tremato di eccitazione per tutta la partita fino alla fine. Ma quando l'arbitro ha concluso la partita, l'intero secondo anello blu era tra le braccia dell'altro, e ancora una volta, lacrime di gioia sono state versate tra assordanti canti dei tifosi. L'1-1 è stato sufficiente per raggiungere la finale. Nella prima tappa, entrambe le squadre si sono separate 0-0, e abbiamo festeggiato per ore con i nostri favoriti per raggiungere la finale... E ora... è arrivata la Juve... Il culmine della follia, il culmine di una vera fiaba nel teatro dei sogni!

Finale a Manchester, Old Trafford Stadium 28.05.2003

FC Juventus Torino vs AC Milan

Buffon, Thuram, Tudor (Birindelli), Ferrara, Montero, Zambrotta, Davids (Zalayeta) Tacchinardi, Camoranesi (Conte), Del Piero, Trezeguet,

Dida, Costacurta (Roque Junior), Nesta, Maldini, Kaladze, Gattuso, Pirlo, (Serginho), Seedorf, Rui Costa, (Ambrosini) Inzaghi, Shevchenko,

Una stagione folle si stava avvicinando al suo grande culmine. E quello che tanti tifosi del calcio italiano avevano voluto era successo. Per me personalmente, è stata comunque la più grande finale che abbia mai visto in Champions League. Tutto era andato perfettamente quest'anno. Abbiamo avuto una delle migliori squadre del Milan in tutta la storia di questo club. Naturalmente la squadra con i tre olandesi era una squadra del secolo alla fine degli anni Novanta. Ma la squadra di Carlo Ancelotti, con giocatori come Sheva, Maldini, Nesta, Rui Costa, Gattuso, Pirlo, Rivaldo e Inzaghi, non era molto indietro rispetto alla squadra degli anni Novanta, se non altro! Fin dall'inizio di questa stagione, il Milan è stato il favorito per il titolo. E non ero l'unico ad avere questa opinione. È stata una stagione molto speciale per me e per i miei ragazzi, perché avevamo visto molte partite dal vivo. Contro i bavaresi allo Stadio Olimpico con un incomparabile Pippo Inzaghi, contro il Dortmund a dicembre nel freddo glaciale. E le due partite contro Ajax e Inter. Il Milan non ha avuto avversari facili sulla via della finale, per non dimenticare il Real Madrid. E si era quasi giunti a una nuova edizione di questa partita contro il Real Madrid in questa finale. Ma il Real ha fallito in semifinale contro la Juventus. E questa non è stata l'unica squadra spagnola a perdere contro la Juve in questa stagione. Nei quarti di finale la squadra torinese ha eliminato anche l'FC Barcellona. A Barcellona, dopo essere stati mandati via, hanno dovuto giocare anche in dieci uomini. Sì, anche la squadra torinese aveva fatto grandi cose sulla via della finale. L'unico depresso sul versante piemontese è stato Pavel Nedved, il successore di Zinedine Zidane, partito per raggiungere il Real Madrid, che è stato bandito per la finale. Nedved, tra tutte le persone, per le quali questa finale aveva significato tanto. Era così determinato a vincere la Champions League. Non era più il più giovane, e sarebbe stata la sua prima finale in assoluto per il titolo: all'epoca era in gran forma, ha fatto una prestazione di livello mondiale contro il Real ed è stato il motore centrale del centrocampo torinese. Per il resto, entrambe le squadre ave-vano a disposizione la loro formazione più forte. Nella mia testa, gli ultimi mesi sono stati comunque tutti dedicati a questo titolo. Katharina era spesso infastidita da me. Ma lei aveva rinunciato per sempre quando io ero seduto nel mio salotto a tarda notte con Farina una settimana prima della finale e festeggiavo il 4-1 dell'AC nella finale di coppa contro la Roma quando è tornata a casa dalla scuola serale. Farina non voleva addormentarsi, cosa avrei dovuto fare. Poi doveva solo guardare la partita. Ma ovviamente le è piaciuto. Ci siamo divertiti molto. Tutto era pronto per il gran finale. Il barbecue sulla nostra terrazza è stato avviato, è stata inserita la videocassetta. Il soggiorno era completamente decorato con bandiere e poster. Avevamo decorato un inferno di calcio rossonero a Schwabmünchen. Nel pomeriggio sono andato a prendere Rado e Gordan insieme a Farina. Nessuno dei due aveva una macchina all'epoca. Bennie ha guidato da solo ed è venuto più tardi da noi a Schwabmünchen. Dopo essere andato a prendere i due ragazzi, abbiamo fatto una breve gita da Francesco Bergamo a Oberhausen. Aveva allestito delle panchine per la birra davanti al suo negozio e posizionato la TV in modo da poter guardare la partita dalla strada. A giudicare dalle panchine della birra, si aspettava qualche visitatore. E naturalmente non era meno nervoso di noi. Tuttavia, abbiamo condiviso la stessa opinione: il Milan vincerebbe avrebbe vinto sicuramente. Dopo una breve festa barbecue era finalmente arrivato il momento. Katharina era abbastanza contraria al mio nuovo piccolo portafortuna per guardare la partita. Ma Farina mi ha portato tanta fortuna nella partita contro la Roma una settimana prima. E ha farfugliato per tutto il giorno già il nome del nostro portiere davanti a lei ...

«Di-da Di-da Di-da Di-da»,

...Non so perché abbia scelto lui tra tutti. Beh, Farina doveva andare a letto. Ma non credo che abbia avuto un sonno particolarmente riposante a causa del nostro volume.

L'Italia è stata ospite a Manchester, al Theater of Dreams. Entrambi i fan camp hanno bagnato lo stadio con i colori del loro club con una coreografia impressionante. Ma solo per una squadra un sogno si sarebbe dovuto avverare quella sera. La partita stessa è stata giocata al massimo livello tattico. Il Milan e la Juve non si erano dati alla macchia. Dopo otto minuti, i rossoneri avrebbero potuto essere in testa. Ma il Gol di Sheva non è stato contato a causa di un fuorigioco passivo. Nel periodo precedente la partita, si è parlato di un possibile risultato. E molti erano convinti che questa partita sarebbe finita ai rigori. Ma il Milan ha cercato di evitarlo, soprattutto nel primo tempo. Entrambe le squadre non si sono risparmiate assolutamente nulla. E più la partita durava, più il gioco diventava tattico. Dopo 25 minuti il Milan era di gran lunga superiore e aveva già 5-0 angoli sul suo conto. Ma dopo una buona mezz'ora la Juventus era finalmente arrivata in partita. Da quel momento in poi è diventato uno scambio aperto di colpi. Per citarne solo alcuni. Costacurta era dubbioso per questa finale, dato che aveva già perso la finale di Coppa del Mondo nel 94 e la finale di Champions League contro il Barca, un'altra mancanza sarebbe stata estremamente amara per lui. Seedorf per il Milan e Davids per la Juventus avevano già vinto la coppa con l'Ajax nel 1995, contro il Milan. Ed entrambe le squadre hanno avuto un'influenza speciale su questa competizione negli anni '90. Ognuna delle due squadre ha raggiunto la finale per tre volte nel decennio. Se si aggiunge la finale dei rossoneri contro il Benfica al nuovo decennio, il Milan aveva già raggiunto la finale per quattro volte. Beh, i primi 45 minuti sono stati quelli del Milan. Si sentiva l'assenza del loro playmaker, Pavel Nedved, dalla parte di Torino. Ma dopo la pausa la Juve ha trovato la sua strada nella partita e dopo un solo minuto ha avuto una grande possibilità di prendere il comando attraverso il sostituto Antonio Conte. Ma per fortuna il suo colpo di testa ha colpito solo la traversa. Nel nostro soggiorno c'era un'atmosfera molto tesa. Dopo il primo gol, che purtroppo non è stato segnato, sono scappato di casa con un grido di incoraggiamento e non mi sono nemmeno accorto che il gol non era stato segnato. Ora eravamo seduti completamente tesi davanti al televisore. Bennie era l'unico che poteva seguire questo gioco un po' più rilassato, era un fan dell Bayern. Katharina è stata a lungo contagiata dalla febbre del calcio, si è seduta dietro di me sulla scala a chiocciola e ha assistito allo spettacolo non meno entusiasta. Più la partita durava, meno possibilità c'erano di segnare. La Juventus era ormai ad altezza d'occhio con noi e la partita si è svolta soprattutto a centrocampo. Al 65° minuto, Roque Junior è stato sostituito da Costacurta. L'italiano, che ha 37 anni, non poteva più giocare. Tuttavia, il brasiliano ha subito una rottura della fibra muscolare solo poco dopo. Visto che il Milan aveva già cambiato tre volte, il campione del mondo ha zoppicato sul campo per il resto della partita. Di conseguenza, entrambe le parti hanno cercato di creare opportunità, ma dopo 90 minuti il punteggio era ancora 0-0, e non è stato trovato alcun vincitore nemmeno nei tempi supplementari. Quindi, quello che molti avevano previsto si è avverato e non ce ne stato bisogno. La mia maglia del Milan, che Katharina mi aveva regalato per Natale, era bagnata dal mio sudore già da tempo. Rado era pronto e in attesa, Bennie non osava fare una prognosi, il mio nervosismo era passato da tempo a lui. E Gordan, il culo... completamente rilassato.

«Il Milan vince, al 100%».

...Anche Katharina si è mordicchiata le dita e non si è allontanata dalle scale. Sapeva esattamente cosa stavo facendo. Se il Milan avesse dovuto davvero vincere ora, e Dida fosse diventato l'eroe della partita, e potrei aver portato certamente Farina alla Maxstrasse di Augsburg per festeggiare. Seedorf e Kaladse avevano ceduto contro Buffon. Serginho e Nesta hanno entrambi segnato. E sul lato AC, Dida aveva tenuto gli scatti di Trezeguet, Zalayeta e Montero. Solo Birindelli e Del Piero hanno segnato. Ora l'ultimo tiratore è stato il rossonero Andriy Shevchenko... È stato il mio giocatore preferito del Milan fin dall'inizio. E devo confessare che lo è ancora. Anche prima di Marco Van Basten... Tutto il mondo del calcio lo guardava ora mentre camminava verso il punto. Se questo fosse il suo primo grande titolo internazionale... non ce la facevo più. Quelli erano i secondi che avevo tanto sperato. Quello è stato il momento che noi tifosi del Milan avevamo tanto desiderato. 9 anni dopo Atene... Fare di nuovo la storia. Con un Milan che abbiamo amato più di ogni altra cosa. Ogni giorno, ogni singolo minuto, questa squadra è radicata nei nostri cuori. Questo era ora il centro dei nostri sogni. E Sheva era pronto, mani sui fianchi. Sguardo breve a Buffon, sguardo breve all'arbitro tedesco Markus Merk... che ha rilasciato la palla. Sheva con l'aspetto di una pantera annuì brevemente... tutte le dighe si ruppero! Un vulcano è esploso dentro di me... Solo pochi secondi dopo eravamo distesi l'uno tra le braccia dell'altro e saltavamo davanti a casa mia come pazzi per la pioggia, urlando come bambini piccoli, versando lacrime di gioia che non potevano essere più sincere. Naturalmente Katharina mi ha impedito di mettere Farina in macchina... L'avevamo fatto. Il Milan faceva festa nel Teatro dei Sogni come se non ci fosse un domani. Il quarto trionfo di Maldini e Costacurta nella classe regina, il terzo di Seedorf, con tre diversi club. E Dida era davvero diventato un eroe quella notte. Questa finale avrebbe lasciato la Juventus in sospeso per molto tempo. Ma il Milan aveva dominato per tutta la stagione sulle squadre più forti d'Europa. Alla fine, non c'è stata davvero una sola vittoria felice. Anche se il suo ingresso in semifinale contro l'Ajax è stato chiarito solo all'ultimo secondo. Il Milan è stato il degno vincitore della Champions League di quella stagione, e noi ragazzi... dopo quell'anno, nel paradiso delle emozioni. Ma quell'anno il Milan mi ha dato molta più forza per superare fasi difficili. Perché, come già detto, non tutto è sempre stato facile. Beh, negli anni a venire sarebbe stato ancora più turbolento. Seguirà un giro sulle montagne russe attraverso il paradiso e l'inferno... Sì, ora stavano arrivando le tempeste, ma il sole avrebbe di nuovo spaccato queste spesse nuvole. Emotivamente visto, quello che è venuto ora nei prossimi 13 anni è stato un campionato completamente diverso, sotto ogni aspetto! Ma questa storia non può essere spiegata in poche frasi. No!!!!!... Questa storia inizia con un'incredibile fiaba, da un punto di vista inglese, a Istanbul... e finisce con un cuore azzurro felicissimo, che si innamora della vita stessa... e alla fine di questo viaggio... un'emozione per sempre...!

Ci incontreremo di nuovo nella terza parte...

«Il mio mondo... un amore senza fine»
(Grazie Lidia)

MichelAngelo DiFranco
Gli altri miei libri di questa serie in quatro libri

Disponibili presso la vostra libreria

Poesia di
MichelAngelo DiFranco

Disponibile presso la vostra libreria

www.michelangelo-difranco.com
www.bod.de